Philipp Luidl

Typografie

Basiswissen

Deutscher Drucker

Mit 160 Abbildungen
und
über 200 Beispielen

1999
Dritte überarbeitete
Auflage

Philipp Luidl, 65 Jahre jung, bekannter Typograf, Schriftexperte und Buchautor, ist der Leserschaft des Deutschen Druckers vor allem durch seine Serien Basiswissen Schrift & Typografie (zusammengefaßt in dieser vorliegenden Broschüre) und Typografie & Gestaltung (gerade neu gestartet im Deutschen Drucker) und vielen Beiträgen zu diesen Bereichen bestens bekannt.

Luidl begann seine Berufslaufbahn 1945 bei der Jos. C. Huber KG in Diessen als Schriftsetzerlehrling, legte die Gehilfenprüfung 1948 ab, arbeitete in den Folgejahren u. a. bei C. H. Beck, Nördlingen, Universitätsdruckerei H. Stürtz AG, Würzburg, F. Bruckmann KG, München, D. W. Callwey, München, Franzis-Druck, München.

1955 legte er die Meisterprüfung als Schriftsetzer in München ab und trat 1958 in den Schuldienst ein. Die nächsten Stationen: Lehrer für Satz und Typografie an der Berufsschule in München, Dozent für Schrift und Typografie an der Akademie für das Grafische Gewerbe in München, an der Meisterschule für Mode, Abteilung Grafik, München, und der Fachhochschule, Abt. 4, Kommunikations-Design, München.

Ehrenämter: 1966 bis 1971: Ausstellungskomitee der legendären Galerie Intergraphic. 1979 bis 1985: Erster Vorsitzender der Typographischen Gesellschaft München. Erster Vorsitzender der Gehilfenprüfungskommission der IHK. Erster Vorsitzender der Meisterprüfungskommission der IHK München. Gutachter bei Gericht.

Bücher: Typografie neu, Verlag Kohlhammer, Stuttgart; Druckornamente, Verlag F. Bruckmann, München; Typografie, Schlütersche Verlagsanstalt, Hannover; Desktop-Knigge, tewi-Verlag, München; Gestaltung von Ornamenten, Verlag F. Bruckmann, München; Schrift, die Zerstörung der Nacht, TGM; Grundsätzliches 1 – 6, PentaComp-Gruppe, München.

Daß wir zwei Alphabete benützen, wenn wir lesen oder schreiben, wird uns selten bewußt. Nicht immer hat man das sogenannte große und kleine Alphabet gleichzeitig gebraucht. Die Griechen und Römer beispielsweise kamen mit nur einem Alphabet aus. Auch wenn dieses natürlich dem Werkzeug und der Mode entsprechend unterschiedlich aussehen konnte. Erst seit das Bedürfnis aufkam, dort, wo man ein Wort betonte, das auch in der Schrift ausdrücken zu können, ging man dazu über, dies in einer anderen Schrift, meist einer älteren, zu tun. Zunächst wurde das ganze Wort aus einer älteren Schrift geschrieben. Aber schon zur Zeit der Gotik schrieb oder setzte man nur noch den ersten Buchstaben des betreffenden Wortes anders. Während der Gotik war das ein Buchstabe aus der Unziale. Die Renaissance stellte der humanistischen Minuskel die römische Capitalis voran. Auf diese Weise entstand unsere heutige Groß- und Kleinschreibung. Wobei diese Bezeichnung nur teilweise richtig ist. Zwar wirken die einen tatsächlich größer als die anderen. Mißt man sie aber an ihrer Lesbarkeit, dann sind die Kleinbuchstaben den großen überlegen.

Unsere Großbuchstaben gehen aus einer bescheidenen Anzahl von Grundformen hervor, deren Basis sich auf Dreieck, Quadrat und Kreis beschränkt. Wobei nicht alle Buchstaben aus reinen Formen, sondern einige auch aus Mischformen bestehen.

Auf Grund der sparsamen Formenanzahl bilden sich keine allzu großen Unterscheidungsmerkmale zwischen den jeweiligen Figuren. Dieser Mangel an Unterscheidung wird lediglich durch die Tatsache etwas gemildert, daß ein Teil der Buchstaben geradeaus und ein anderer Teil nach rechts blickt.

Nebeneinander gestellt, ergeben Versalien, wie die Großbuchstaben auch ge-

Damianus Moyllus
Parma
um 1483

Johann Neudörffer
Nürnberg
um 1545

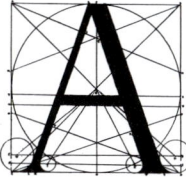 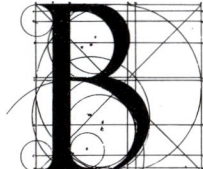 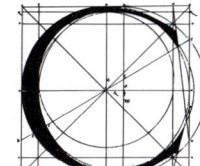

Vespasiano Amphiareo
Venedig
1554

Albrecht Dürer
Nürnberg
um 1525

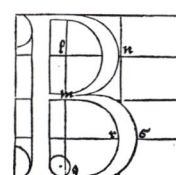 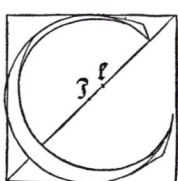

Günter Gerhard Lange
Leipzig
1942

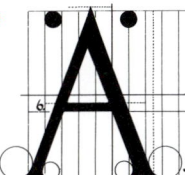 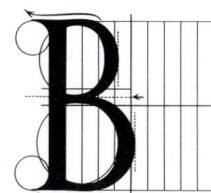 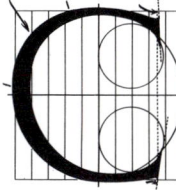

Großbuchstaben

Versalien

Majuskeln

Kapitale

nannt werden, ein Band. Das ist nun eine abermalige Vereinheitlichung. Die obere und untere imaginäre Begrenzungslinie gibt uns das Recht, bei solchen Buchstaben von einer Zwei-Linien-Schrift zu sprechen.

Eine größere Schrift ist immer auch eine wichtigere oder eine bedeutendere Schrift. Dieser Umstand wie auch ihre ornamentale Wirkung machen die Großbuchstaben zu den Lieblingen der meisten Grafik-Designer, ungeachtet der Tatsache, daß diese Großbuchstaben nicht gelesen, allenfalls buchstabiert werden können.

Da jedem Wortbild aus Großbuchstaben charakteristische Merkmale fehlen, ist es notwendig, das Charakteristische

ZWEI LINIEN

Mischformen meist

in eine

Richtung blickend

C B E   KALT   normal

G D F

Reine

Basisformen

richtungslos

A H   P K   KALT   gesperrt

T I   R L

V M   O J Q   KALT   ausgeglichen

der einzelnen Zeichen hervorzuheben, indem man ihre Abstände vergrößert. Großbuchstaben sollten der optimalen Erfaßbarkeit wegen ausgeglichen und etwas gesperrt gesetzt werden.

Sperren nennt man das rechnerisch gleichmäßige Dehnen der Buchstabenabstände. Spricht man hingegen von Ausgleichen, versteht man darunter das optische Gleichmaß. Hier müssen die Freiräume der einzelnen Buchstaben gegeneinander ausgeglichen werden.

W N   X S Z

Y U

△ □ ○) [

Kapitälchen

Kapitälchen, so nennt man unsere kleinen Großbuchstaben, sind, gemessen am Alter unseres Alphabetes, noch verhältnismäßig jung. Zwar waren sie schon zur Zeit der Renaissance bekannt, doch wurde die Vorliebe für sie eine barocke Angelegenheit.

Vor kurzem setzte man die Kapitelanfänge noch aus Kapitälchen. Überwiegend die ersten oder die ersten zwei Worte nach dem Initial waren so gesetzt worden.

Kapitälchen sind ein eigenständiges Alphabet, also nicht einfach verkleinerte Großbuchstaben. Ihre Zeichen sind etwas breiter als die normalen Versalien. Vor allem aber ist ihre Strichstärke der Strichstärke der Minuskeln angepaßt. Ursprünglich gehörten sie als dritte Garnitur zu den Werkschriften. Das heißt zu jenen Schriften, die überwiegend für den Satz von Büchern Verwendung fanden. Dort waren sie selten größer als in den Brotschriftgraden, also von 6 p bis 12 p, vorhanden. Heute, von der Werbung entdeckt, sieht man sie auch auf Plakaten.

Kapitälchen müssen nicht mit großen Anfangsbuchstaben gesetzt werden. Nur dort, wo man es tut, gelten die gleichen Regeln wie in der Groß- und Kleinschreibung. Wie die üblichen Großbuchstaben sollte man auch Kapitälchen nie kompreß, sondern immer gesperrt und ausgeglichen anwenden.

D REI L INIEN

kompreß K APITÄLCHEN

gesperrt K A P I T Ä L C H E N

ohne Versal K A P I T Ä L C H E N

G ROSSBUCHSTABEN WERDEN

BEI K APITÄLCHEN

SO ANGEWENDET WIE IN DER

G ROSS- UND K LEINSCHREIBUNG

keine Kapitälchen G ROSSBUCHSTABEN

Kleinbuchstaben

Minuskeln

Gemeine

Unsere sogenannten Kleinbuchstaben besitzen einen weitaus größeren Formen-
reichtum als unsere Versalien. Vor allem
durch ihren dreistöckigen Aufbau unterscheiden sich die einzelnen Buchstaben
deutlich voneinander. Ein Wortbild aus
Kleinbuchstaben zeigt einen charakteristischen Umriß. Er ist der Schlüssel
zur guten Lesbarkeit, ja, zur Lesbarkeit
überhaupt.

Ob bei gleich großen Schriften die
eine größer wirkt als die andere, hängt
von der Höhe der Mittellängen ab.

Vier-Linien-Alphabet

Oberlänge

bdfhklt

Mittellänge

aceimnorsuvwxz

Unterlänge

gjpqy

große Mittellänge

Die Mittellänge bestimmt

normale Mittellänge

Die Mittellänge bestimmt

kleine Mittellänge

Die Mittellänge bestimmt

Ligaturen sind keine ineinanderbelichteten Buchstaben, sondern Buchstabenverbindungen, denen eine eigene Zeichnung zugrunde liegt. Eine Ausnahme bilden ch und ck. Hier sind die beiden Figuren lediglich näher zusammengerückt. Alle anderen Verbindungen besitzen zwei Ursachen: Der f-Bogen erlaubte es im Bleisatz dem folgenden Buchstaben, wenn dieser eine Oberlänge war, häufig nicht, dicht anzuschließen. Es entstand ein Raum, der zuweilen einem Wortabstand gleichkam. Um das zu verhindern, fertigte man die beiden Buchstaben zusammenhängend und goß diese auf einen Kegel, also als einen Buchstaben.

Die zweite, weitaus wichtigere Ursache liegt in unserer Sprache begründet. Wer ihr genauer zuhört, bemerkt, daß sie einen gewissen Rhythmus besitzt. Nicht nur im Vers eines Gedichtes wechseln helle und dunkle Silben einander ab, sondern in jedem Text. Außerdem verfügt unsere Sprache über Gedanken- und Atempausen, ohne die sie schwer zu gebrauchen wäre. Vor allem aber das Deutsche, das mit Vorliebe mehrgliedrige Worte benützt, bedarf klarer Fugen, um sie richtig sprechen und schreiben zu können.

Unsere Schrift als Sprach-Bild kann gar nicht anders, als den Knochenbau der Sprache nachzuformen, ihre Anatomie bloßzulegen. Das wird um so wichtiger, je länger die Worte sind. Anhand sichtbarer Nahtstellen wird der Wortaufbau durchsichtiger.

In diesem Sinne sind Ligaturen nur noch bedingt Buchstabenverbindungen. Sie werden aus diesem Blickwinkel betrachtet zu eigenständigen Zeichen, die silbentrennenden oder silbenverbindenden Charakter bekommen. Zwei übereinander belichtete Buchstaben können also keine Ligatur ergeben. Erst die veränderte Figur wird dem Leser zum Signal einer schneller erfaßbaren Wortgliederung.

ch	Schlaf Geschäft	**ch**	Schlaf Geschäft
ch		ch	
ck	Brücke Rucksack	**ck**	Brücke Rucksack
ck		ck	
ff	Auffassung Schaffell	**ff**	Erschaffung Offenbarung
ff		ff	
fi	Strafinsel Hofinnenraum	**fi**	Profilierung Abfindung
fi		fi	
fl	Auflage höflich	**fl**	Geflecht Reflex
fl		fl	
ft	Auftrag heftig	**ft**	Giftgas Heftklammer
ft		ft	
ff	geschlossen fressen	**ß**	schließen Freßkorb

Die Rechenart der Römer stützte sich auf zwei Zahlensysteme: das Fünfer- und das Zehnersystem. Beide Systeme gehen auf die natürliche Zähl- und Rechenform unserer zweimal fünf Finger zurück. Diese Methode ist in der Schreibweise noch erkennbar.

Da die Schrift der Römer nur aus sogenannten Großbuchstaben bestand, war es die einfachste Art, wie das in anderen älteren Schriftkulturen auch Gepflogenheit war, die Zahlzeichen den vorhandenen Schriftzeichen zu entlehnen. Wobei die Römer keine zehn, sondern nur sieben Buchstaben gebrauchten. Vier davon waren Zählwerte und drei Nennwerte.

Legt man sich die Zählwerte in Strichen zugrunde, wonach nur zusammengezählt wird, wie beim Kegel- oder Kartenspiel, also die Drei (III) 1+1+1 geschrieben wird, so kann man an der Summe der Striche den Zahlenwert ablesen. Dieser einfachen aber langsamen Zählweise wurden im Laufe der Zeit Kürzel unterlegt. Und zwar immer bei einer Einheit, also einer Fünferposition. Statt eines fünften senkrechten Striches hat man mit ihm die vier Striche diagonal durchkreuzt, also ein Zahlenbündel geschaffen. Läßt man von den vier senkrechten Strichen nur den ersten mit dem Diagonalstrich stehen, erhält man ein Kürzel für fünf, das zugleich ein V ist. Zwei solche V mit der Spitze zueinander ergeben ein X. Über die Herkunft des L gibt es verschiedene Theorien. Es könnte aber sein, daß für fünfzig das Zeichen Fünf einfach gekippt wurde, wobei die Ähnlichkeit mit dem L entstand.

Der Nennwert ist der Anfangsbuchstabe des jeweiligen Zahlwortes. Also C von Centum, D von Dimidius (die Mitte) und M von Mille.

Die Art, in Strichen zu zählen, ist eine Additionsmethode. Die Schreibweise, wonach der kleinere Wert links vom größeren abgezogen wird, dürfte einer späteren Epoche eingefallen sein.

I			1
	II		2
	III		3
	IIII	IV	4
V			5
	VI		6
	VII		7
	VIII		8
	VIIII	IX	9
X			10
	XX		20
	XXX		30
	XXXX	XL	40
L			50
	LX		60
	LXX		70
	LXXX		80
	LXXXX	XC	90
C			100
	CC		200
	CCC		300
	CCCC	CD	400
D			500
	DC		600
	DCC		700
	DCCC		800
	DCCCC	CM	900
M			1000

KAPITEL VII

LUDWIG XIV.

XX. OLYMPISCHE SPIELE

ANNO MDCLXVI

I		1
II		2
III		3
IIII	IV	4
V		5
VI		6
VII		7
VIII		8
VIIII	IX	9
X		10
XI		11
XII		12
XIII		13
XIIII	XIV	14
XV		15
XVI		16
XVII		17
XVIII		18
XVIIII	XIX	19
XX		20
XXI		21
XXII		22
XXIII		23
XXIIII	XXIV	24
XXV		25
XXVI		26
XXVII		27
XXVIII		28
XXVIIII	XXIX	29
XXX		30
XXXI		31
XXXII		32
XXXIII		33
XXXIIII	XXXIV	34
XXXV		35
XXXVI		36
XXXVII		37
XXXVIII		38
XXXVIIII	XXXIX	39
XXXX	XL	40
XXXXI	XLI	41
XXXXII	XLII	42
XXXXIII	XLIII	43
XXXXIIII	XLIV	44
XXXXV	XLV	45
XXXXVI	XLVI	46
XXXXVII	XLVII	47
XXXXVIII	XLVIII	48
XXXXVIIII	XLIX	49
L		50
LI		51
LII		52
LIII		53
LIIII	LIV	54
LV		55
LVI		56
LVII		57
LVIII		58
LVIIII	LIX	59
LX		60
LXI		61
LXII		62
LXIII		63
LXIIII	LXIV	64
LXV		65
LXVI		66
LXVII		67
LXVIII		68
LXVIIII	LXIX	69
LXX		70
LXXI		71
LXXII		72
LXXIII		73
LXXIIII	LXXIV	74
LXXV		75
LXXVI		76
LXXVII		77
LXXVIII		78
LXXVIIII	LXXIX	79
LXXX		80
LXXXI		81
LXXXII		82
LXXXIII		83
LXXXIIII	LXXXIV	84
LXXXV		85
LXXXVI		86
LXXXVII		87
LXXXVIII		88
LXXXVIIII	LXXXIX	89
LXXXX	XC	90
LXXXXI	XCI	91
LXXXXII	XCII	92
LXXXXIII	XCIII	93
LXXXXIIII	XCIV	94
LXXXXV	XCV	95
LXXXXVI	XCVI	96
LXXXXVII	XCVII	97
LXXXXVIII	XCVIII	98
LXXXXVIIII	XCIX	99
C		100

CC		200
CCC		300
CCCC	CD	400
D		500
DC		600
DCC		700
DCCC		800
DCCCC	CM	900
M		1 000

CI	500
CCI	5 000
CCCI	50 000
CIƆ	1 000
CCIƆƆ	10 000
CCCIƆƆƆ	100 000

Versalziffern
Normalziffern
Antiquaziffern

Minuskelziffern
Mediävalziffern
Nautische Ziffern

Oberlänge

0 1 2 3 4 5 6 7 8 9

Oberlänge

Oberlänge

HAMBURG 1690

Versalziffern

Oberlänge

6 8

Oberlänge

Mittellänge

0 1 2

Mittellänge

Unterlänge

3 4 5 7 9

Unterlänge

Hamburg 1690

Minuskelziffern

Das arabische Zahlensystem, wie wir es heute benützen, ist ein dekadisches System. Seine Ziffern gibt es in zwei Arten mit mehreren Bezeichnungen, die oben aufgeführt sind. Nicht in jeder Schrift sind beide Arten vorhanden.

Abstände ¹ ² ³ in Didot-Punkten*

•	Punkt	Textgliederung	Der Fremde dachte nach. Seine Augen
	Manche Satzzeichen werden ohne Abstand und manche mit Abstand versetzt. Die Größe des Abstandes verhält sich proportional zur Schriftgröße.	Abkürzungen	Dr. Dr. h.c. Eduard von Bergen sah di
		Ordnungszahlen	Der 2. Platz in der 2. Reihe war aus d
		Auslassen	Er ging... Die Stille blieb zurück unte
		Zahlengliederung	17.30 Uhr eröffnete der Stadtrat seinen
,	Beistrich (Komma)	Satzgliederung	Ich stellte mein Glas fort, ging zur Tür
		Zahlengliederung	Der Eintritt von DM 20,50 war gering
;	Strichpunkt (Semikolon)		Er nahm seine Rechte zurück; er kam
:	Doppelpunkt (Kolon)		Es waren drei: der Wirt, der Kellner
?	Fragezeichen		Weshalb antwortet er nicht? Ging sein
!	Ausrufezeichen		So war es! Die anderen erstaunte das
-	Bindestrich	bindend	Der Zeitschriften- und Schreibwarenhä
	Divis	trennend	Ich habe gehört, daß er jetzt nicht ver-
—	Gedankenstrich	bindend	Die Strecke Athen–Paris ist abwechslu
		trennend	Als er kam – es war gerade drei Uhr,
( )	Runde Klammern		Joh. Seb. Bach (1685 bis 1750) galt das
[ ]	Eckige Klammern		Automat [griechisch Selbstbeweger] sin
» «	Französische Anführungszeichen		»Gut« dankte ich ihm, »der Besitzer wa
„ ''	Deutsche Anführungszeichen		„Es kommt wohl vor", sagte er in dies
'	Auslassungszeichen (Apostroph)		Da hört' ich mich selbst sprechen und
&	Et-Zeichen		Die Firma Henschel & Co. hatte einen

* Diesen Abständen liegt eine 9 p Schrift zugrunde.

Fahrplanzeichen

Speisen und Getränke

Speisewagen

Liegewagen

Schlafwagen

Alle hier abgebildeten Symbole sind Zeichen, die einem technischen, wissenschaftlichen oder sonstigen Spezialgebiet zuzuordnen sind. Natürlich können nicht alle Zeichen, die es gibt, an dieser Stelle wiedergegeben werden. Die meisten jedoch sind heute in jedem größeren Fotosatzbetrieb erhältlich. Soweit es sich um Spezialarbeiten handelt, wie um den Satz von Fahrplänen, mathematischen oder chemischen Formelsatz, empfiehlt es sich, die dazu spezialisierten Betriebe zu beauftragen, die nicht nur das entsprechende Material besitzen, sondern auch die hierin geschulten Mitarbeiter.

Bei manchen Zeichen, wie den Mondphasen, gibt es mehrere Abwandlungen. Auch bei den Tierkreiszeichen, die wir nicht abgebildet haben, da sie hinlänglich bekannt sind. Auch können die gleichen Zeichen mit einer jeweils anderen Bedeutung auf einem anderen Gebiet noch einmal erscheinen, wie es bei den botanischen Zeichen der Fall ist.

Elektrotechnische Zeichen

Gleichstrom

Wechselstrom

Allstrom

Frequenz

Hochfrequenz

Ohm

Dreieckschaltung

Steckdose

Antenne

Erde

Masse

Genealogische Zeichen

geboren

gestorben

getauft

verlobt

verheiratet

geschieden

unehelich

begraben

feuerbestattet

gefallen

Zwillinge (gleich)

Mathematische Zeichen

Dreieck

Quadrat

Rechteck

Kubik

Würfel

Rhombus

kleiner oder gleich

größer oder gleich

unendlich

rechter Winkel

Mondphasen-Zeichen

Neumond

zunehmender Mond

Vollmond

abnehmender Mond

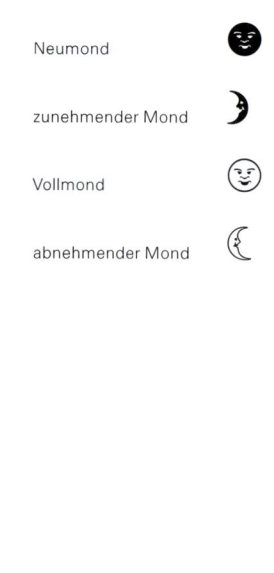

Botanische Zeichen

Einjährige Pflanzen

Zweijährige Pflanzen

Staude

Halbstrauch

Strauch

Baum

männliche Blüte

weibliche Blüte

Bastard

Pfropfbastard

Während es sich auf der linken Seite überwiegend um Zeichen für Spezialgebiete handelt, besitzen die auf dieser Seite abgebildeten Symbole allgemeinen Charakter. Sie werden auf Geschäftspapieren, Drucksachen, Wurfzetteln, Inseraten oder Prospekten verwendet. Zu ihrem Verständnis bedarf es nicht des Spezialwissens, sie sind sozusagen selbst-verständlich. Wie für die linke, so gilt auch für diese Seite, daß bei weitem nicht alle der existierenden Zeichen oder Symbole hier wiedergegeben werden können. Unsere Absicht ist es, zu zeigen, welchen Umfang und welche Fülle an Material der Setzer zu kennen und zu beherrschen hat. Ob er sich für die Zeichen in Vollton oder für die in Outline entscheidet, ist letztlich eine Frage der Gestaltung.

So verlockend das Angebot hier auch sein mag, es handelt sich vor allem bei den Hinweiszeichen und Blickfängen um Material, das äußerst sparsam anzuwenden ist.

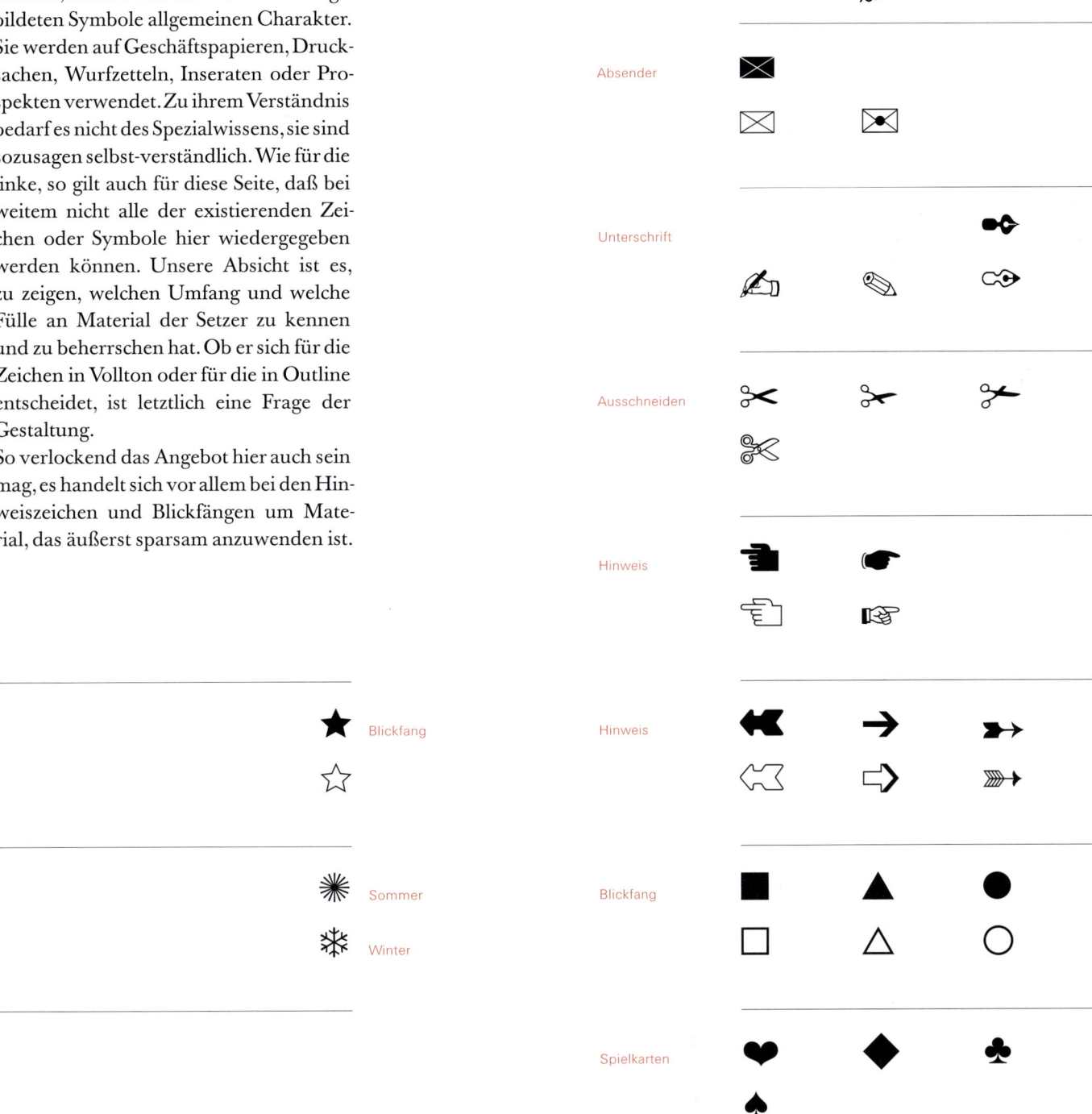

Fernruf

Absender

Unterschrift

Ausschneiden

Hinweis

Blickfang

Sommer

Winter

Hinweis

Blickfang

Spielkarten

Linien

Linien
gliedern

Sonntag

Montag

Dienstag

Mittwoch

DIN A 5	148 x 210	Hochformat
	210 x 148	Querformat
DIN A 4	210 x 297	Hochformat
	297 x 210	Querformat

Linien
fassen zusammen

0,01 mm

0,02 mm

0,03 mm

0,04 mm

0,05 mm

0,06 mm

0,07 mm

0,08 mm

0,09 mm

0,1 mm

0,2 mm

0,3 mm

0,4 mm

0,5 mm

0,6 mm

0,7 mm

0,8 mm

0,9 mm

1   mm

1   (0,1 mm)

2   (0,15 mm)

3   (0,25 mm)

4   (0,375 mm)

5   (0,5 mm)

6   (0,75 mm)

7   (1 mm)

8   (1,5 mm)

9   (2 mm)

10 (3 mm)

Linien
trennen

20556	30556	40556	50556
20557	30557	40557	50557
20558	30558	40558	50558
20559	30559	40559	50559
20560	30560	40560	50560
20561	30561	40561	50561
20562	30562	40562	50562

Variationen

Schrift　　**Schrift**　　S　　Eckrundungen

Zierlinie

Schrift　　Schrift　　S

Azureelinie

Schrift　　Schrift　　**S**

Englische Linie

Linien sind nach den alphanumerischen Zeichen das wichtigste Satzelement des Typografen. Mit ihnen kann er Texte gliedern, kann Spalten zusammenfassen oder trennen.
Wie aus dieser Aufzählung schon hervorgeht, ist die Linie dennoch ein sekundäres Satzelement, das heißt, es ist und bleibt ein Hilfsmittel.
Neben der ordnenden Funktion bietet der Vorrat aber noch Linien, die der Sicherung von Zahlen und Unterschriften auf Wertpapieren dienen, wie das die Azuree- und Moirélinien tun. Daneben gibt es noch

Englische Linien, die wie die Zierlinien schmückendes Beiwerk sind. Der Fotosatz erlaubt uns heute die feinsten Abstufungen des Linienbildes. Wobei sich zwei Methoden herausgebildet haben, welche die Stärke des Linienbildes festlegen. Die eine Methode, wir drucken sie auf der linken Seite rechts unten ab, hat in Anlehnung an den Bleisatz die Stärken entsprechend abgestuft und numeriert. Die andere Methode, die wir auf der linken Seite außen zeigen, geht von jeweils 0,01-mm-Schritten aus. Die auf dieser Seite zusammengestellten Linienrahmen

werden häufig zusammen mit einer Schrift versetzt. Hier kommt zur Stärke des Linienbildes die Stärke des Buchstabenstriches. Beide werden vom Betrachter unbewußt gegeneinander abgewogen. Dabei sollten Linie und Schrift in ihrer Strichstärke entweder gleich sein, was häufig schwer zu erreichen ist, oder aber einen starken Kontrast bilden. Besteht die Umrandung aus zwei unterschiedlichen Linienstärken, so kann sich die Schrift entweder an die eine oder die andere Stärke halten oder beide in sich vereinen.

Schrift　　Schrift　　S / **S**

Schrift　　Schrift　　S / **S**

Radius

2 mm　　4 mm　　6 mm　　8 mm　　10 mm

Linie 0,01 mm　　　　Winkel 90°

Linie 1 mm　　　　Winkel 90°

Federzug

Eckstück

Dieses typografische Schmuckstück wird nur dort verwendet, wo man mit zwei normalen Einzelstücken keine Ecke bilden kann.

Einzelstück hoch

Die abgebildeten Stücke enthalten eigentlich mehrere Ornamentformen: die des Mäanders, des Kreises und die einer Blüte.

Fläche

Hochgestellt und aneinandergereiht bilden die Einzelstücke eine Fläche, die als Tonfläche verwendet werden kann.

Einzelstück quer

Ordnet man das Schmuckeinzelstück im Sinne einer Vignette an, erhält es quergestellt ein anderes Gewicht als hoch.

Leiste

Die Einzelstücke quer aneinandergereiht ergeben eine Leiste, wie sie im Werksatz manchmal zu Beginn eines Kapitels verwendet wird.

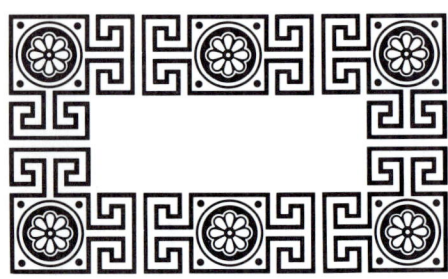

Rahmen

Der Federzug ist im Stil des Barocks.
Der Schmuck ist eine klassizistische
Nachahmung.

Schmuckrahmen können nicht immer in allen Größen gesetzt werden. Das ist von den Maßen des Einzelstückes abhängig. Deren Anzahl einschließlich der Eckstücke bestimmt die Höhe und Breite. Die unten abgebildeten Schmuckformen benötigen keine Eckstücke.

Zierat oder typografischer Schmuck ist so alt wie der Buchdruck. Seine Ornamentik folgt immer einer Mode oder einem Zeitstil.

Nicht alle Zeiten haben in ihm eine glückliche Hand bewiesen. Der Schmuck-Umfang ist fast so groß wie der an Zeichen.

Verwendet wird der Schmuck gelegentlich bei Urkunden und Familiendrucksachen (wie Hochzeits- oder Geburtsanzeigen).

Das Wort Vignette entstammt dem Französischen und bedeutet Rebranke. Die Bezeichnung galt dem ursprünglichen Ornament einer Weinranke, ähnlich der, die links oben abgebildet ist. Wir treffen sie zuweilen noch in Restaurants auf Weinkarten. Heute wird der Begriff Vignette auf alle gebräuchlichen Typo-Bilder angewandt, seien es Eheringe für Vermählungsanzeigen, Sektkelche oder Kleeblätter für Neujahrsglückwünsche und dergleichen mehr. Diese Vignetten sind häufig formal völlig unzureichend, weshalb wir auf dieser Seite auf ältere Vignetten zurückgegriffen haben. Sie entstanden alle zu Beginn unseres Jahrhunderts und sind dem bei F. Bruckmann, München, erschienenen Band »Ornamente« entnommen.

Vignetten sind immer noch auf Titelblättern, am Kapitelbeginn oder Kapitelende eines Buches zu finden. Es gibt sowohl gegenständliche wie auch abstrakte Vignettenformen.

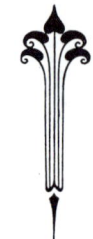

Die Teile

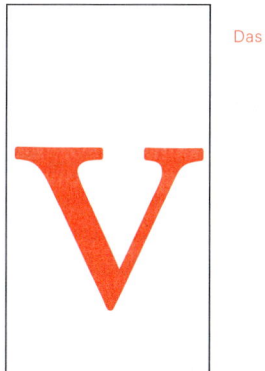

Das Bild

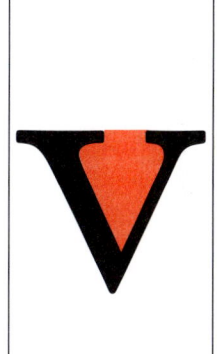

Die Punze

Bild, Zeichen oder Figur nennt man das, was der Leser schwarz auf weiß vor sich hat und was dieser gewöhnlich als Buchstabe bezeichnet.

Punze heißt der Buchstabeninnenraum, verschiedentlich auch als der Binnenraum bezeichnet. Dieser Freiraum wurde anfänglich, bei der Herstellung der Matrize über einen Stahlstempel, mit Punzen in das Metall geschlagen.

Der Duktus

Das Fleisch

Duktus wird die Strichstärke des Buchstabens genannt. Auf unserem Beispiel ist der linke Schenkel stärker als der rechte. Das Bild besitzt also einen unterschiedlich starken Duktus.

Fleisch heißt die Fläche vom Buchstabenbild bis zur linken und rechten Buchstabenbegrenzung. Es ist für den optischen Abstand der Buchstaben zueinander mitverantwortlich.

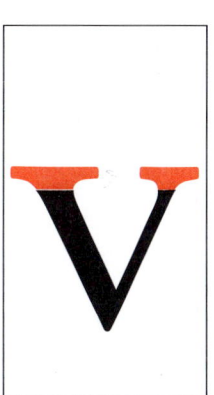

Die Serifen

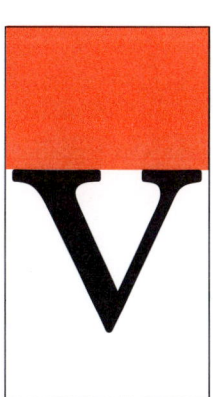

Die Achselfläche

Serifen sind die Ansatz- oder Endstriche zu Beginn wie auch am Ende eines Buchstabens. Auch die Querstriche, die das Buchstabenbild oben und unten begrenzen, werden so bezeichnet.

Achselfläche nannte der Setzer die obere Fläche des Bleibuchstabens, auf der der überhängende Teil des unterschnittenen vorangehenden oder folgenden Buchstabens aufliegen konnte.

Die Dickte

Schreibmaschinenschrift

Proportionalschrift

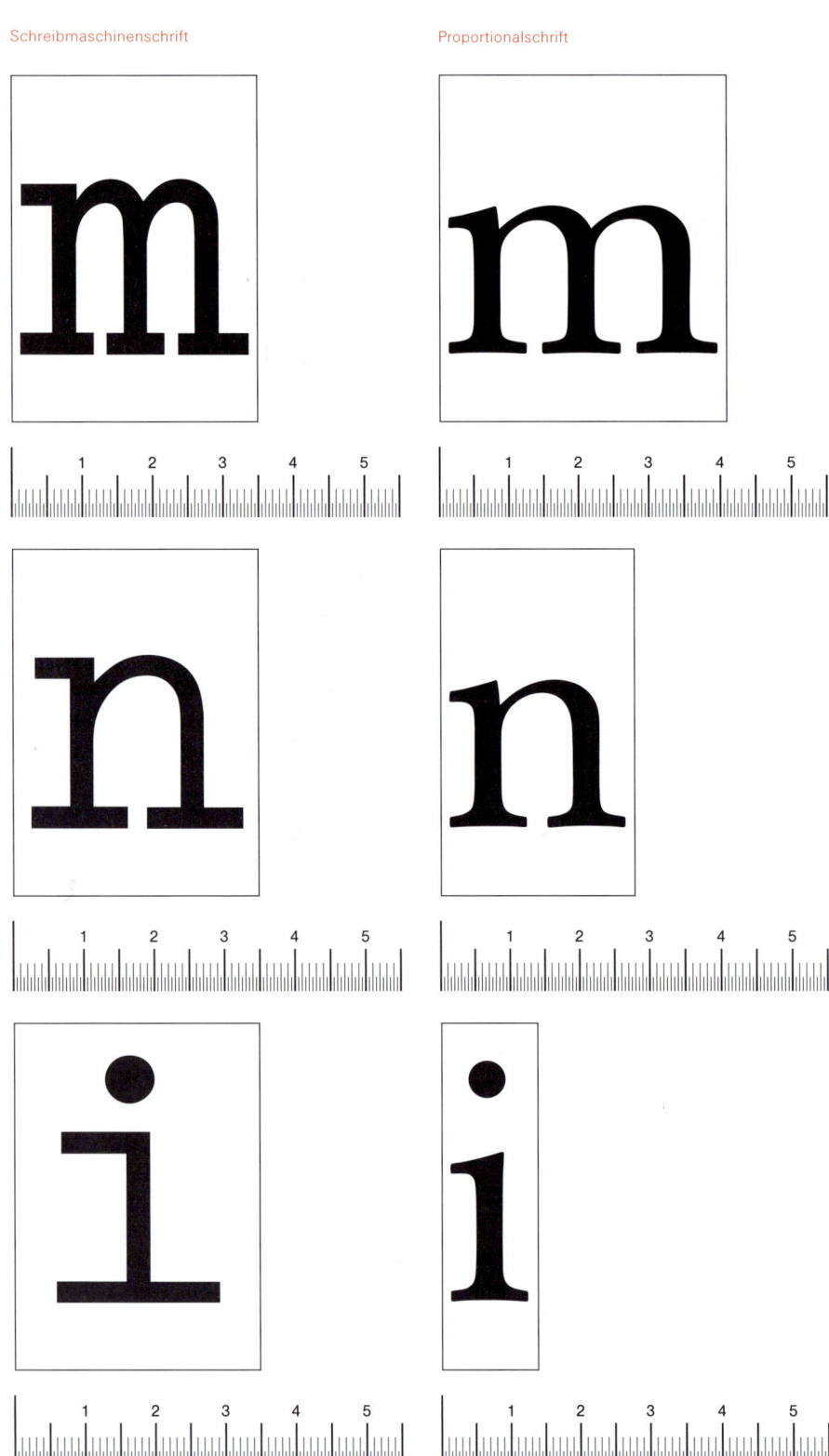

Jeder Buchstabe hat nach vier Seiten eine Begrenzung. Dabei stimmt die für den Leser sichtbare Begrenzung nicht mit der für die Maschine notwendigen rechnerischen überein. Die obere und untere Begrenzung entspricht der jeweils angegebenen Schriftgröße. Die seitliche ist annähernd so breit wie das Buchstabenbild. Diesem wird noch ein minimaler Raum zugerechnet, denn ohne diese Vor- und Nachbreite würden die Buchstabenbilder sich berühren. Die so festgelegte Breite eines Buchstabens nennt man Dickte.

Bei herkömmlichen Schreibmaschinen, die jedem Zeichen den gleichen Raum geben, existiert nur eine Dickte (2,6 mm bei Pica, 2,3 mm bei Perl). Man nennt diese Schriften dicktengleich. Bei modernen Text- und Satzsystemen sind die Dickten fast so zahlreich wie die Buchstaben des Alphabetes. Diese Schriften heißen Proportionalschriften.

Natürlich werden Buchstaben, die von ihrem Bild her gleich sind, wie beispielsweise das i und das l oder das n und das u, auch in ihrer Dickte annähernd übereinstimmen.

Die Dickten sind aber nicht nur bei den meisten Zeichen unterschiedlich, sie sind es auch von Schrift zu Schrift, so daß man nicht sagen kann, das u aus dieser und das u aus jener Schrift ist gleich breit.

Die Dickte ist vor allem für ein gut ausgeglichenes Wortbild mitverantwortlich. Das Setzen von Schrift auf Fotosatzanlagen ist heute nicht nur ein Belichtungs-, sondern auch ein Rechenvorgang. Errechnet wird neben der Größe und Dickte auch die Stellung des Buchstabens auf dem Papier. Der Abstand von Buchstabe zu Buchstabe, von Zeile zu Zeile muß dem Belichter genau angegeben werden. Dies geschieht bei der Dickte des Buchstabens in Einheiten.

Unterteilt man ein Quadrat zum Beispiel elfmal, so erhält man elf Einheiten. Rückt man die einzelnen Buchstaben oder Zeichen des Alphabets an die linke Quadratkante und zählt, bekommt man die Anzahl der Einheiten, die jeder Buchstabe benötigt. Unterteilt man das gleiche Quadrat zweiundzwanzigmal, also doppelt so oft, und legt dieselben Buchstaben an die linke Quadratkante, so erhält man nicht die doppelte Zahl an Einheiten, sondern weniger. Die Vor- und Nachbreite, andere nennen sie Vor- und Nachfleisch, wird kleiner, wodurch die Buchstabenabstände genauer festgelegt werden können.

Die Plazierung des Buchstabenbildes auf seinem jeweiligen Feld nennt der Fachmann das Zurichten des Buchstabens. Dabei spielt es keine Rolle, wie groß das Quadrat rechnerisch ist. Wir haben in unserem Beispiel willkürlich eine Zahl gewählt, die uns anschaulich erschien und die gestalterisch in unseren Raster paßte. Die Einheitenzahl je Quadrat oder Geviert, wie man auch sagt, bildet im Rechner die Grundlage, anhand der er nicht nur die Buchstabenabstände, sondern auch die Wortabstände errechnet. Je öfter ein Quadrat unterteilt wird, desto genauer lassen sich die Buchstaben- und Wortabstände regulieren.

Viele Composer rechnen mit neun Einheiten. Der noch heute für seine Qualität bekannte Monotype-Bleisatz arbeitete mit achtzehn Einheiten je Quadrat oder Geviert. Im Fotosatz galten 48 (Berthold) oder 54 (Linotype), verschiedentlich sogar 192 (Berthold) Einheiten.

Die Anzahl der Einheiten je Quadrat oder Geviert beeinflußt über die Buchstabenabstände ganz erheblich die Lesbarkeit einer Schrift. Diesen von Buchstabe zu Buchstabe veränderbaren Abstand nennt man Laufweite.

11 Einheiten

22 Einheiten

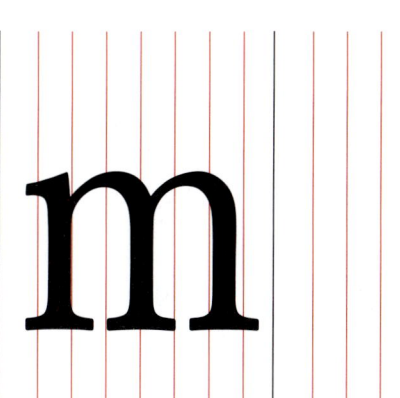

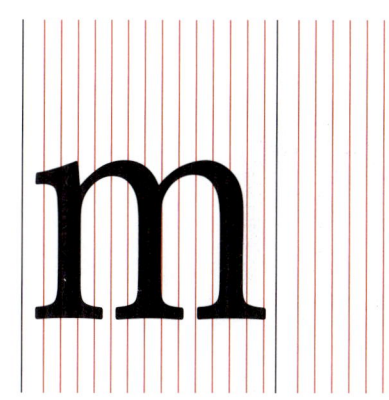

8 Einheiten

15 Einheiten

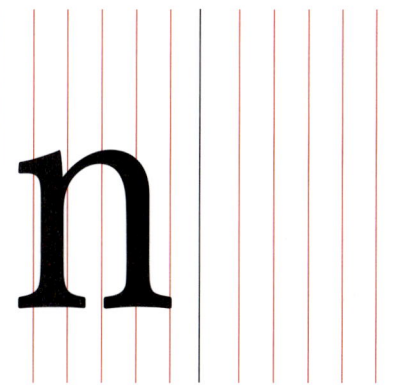

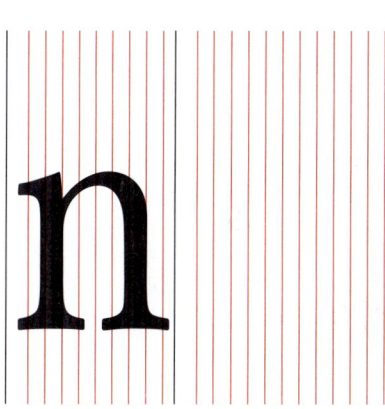

6 Einheiten

10 Einheiten

3 Einheiten

5 Einheiten

Das A besitzt kaum

Vor- und Nachbreite;

das r mehr

Vor- als Nachbreite.

Die hier abgebildeten Grauflächen stellen die ermittelten Einheitengrößen dar, die dem jeweiligen Buchstabenbild entsprechend benötigt werden. Buchstaben mit schrägen An- und Abstrichen (A) erhalten keine oder fast keine Vor- und Nachbreite. Buchstaben mit Rundungen (O) bekommen Vor- und Nachbreite, erhalten aber nicht so viel wie Buchstaben mit senkrechten Strichen (H). Das gilt nicht nur für Groß-, sondern auch für Kleinbuchstaben.

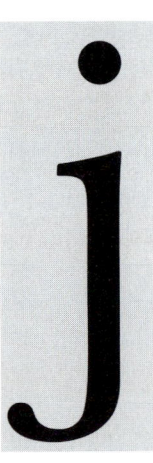

Beide Buchstaben

haben aufgrund ihrer

senkrechten Striche

Vor- und Nachbreite.

Zeigt das Buchstabenbild in eine Richtung, das heißt, sind seine Seiten nicht gleich, so erhält je nach Bild die linke Seite Vorbreite, die rechte aber keine Nachbreite, wie das beim r der Fall ist. Das kann aber auch umgekehrt sein, so daß die Vorbreite sehr gering und die Nachbreite etwas stärker ist, wie wir das beim j sehen. So hat beinahe jeder Buchstabe individuell einen etwas anderen Stand, er ist anders zugerichtet.

```
Unser Alphabet zählt
zweimal sechsundzwanzig
Buchstaben, von denen
fast jeder eine andere
Breite besitzt. Um
das Maß dieser Breite
geht es, wenn wir von
Einheiten je Quadrat
oder Geviert sprechen.
```

Eine Schrift auf der Basis

von nur einer Einheit.

Unser Alphabet zählt
zweimal sechsundzwanzig
Buchstaben, von denen
fast jeder eine andere
Breite besitzt. Um
das Maß dieser Breite
geht es, wenn wir von
Einheiten je Quadrat
oder Geviert sprechen.

Eine Schrift auf der Basis

von 48 Einheiten.

Liest man die beiden nebenstehenden Texte genauer, so kann man feststellen, daß der Schreibmaschinentext ungleiche Buchstabenabstände, also eine schlechte Zurichtung besitzt. Dieses Übel konnte auch nicht dadurch beseitigt werden, indem man den normal schmalen Buchstaben breiter, den normal breiten aber schmäler zeichnete. So sind immer dort, wo senkrechte Buchstabenformen zusammentreffen, die Abstände zu eng, die anderen zu weit.

Vor- und Nachbreite

Grundlage für unsere Angaben ist die Concorde der H. Berthold AG. Die roten Zahlen bedeuten hundertstel Millimeter auf eine Versalhöhe von 120 mm bezogen. Die Kapitälchen waren noch nicht digitalisiert. Das obere Concorde-b wie auch das Akzidenz-Grotesk-b darunter veranschaulichen, weshalb die Vorbreite einmal −44 hundertstel und einmal 11,71 hundertstel Millimeter beträgt. Die Serife bringt freien Raum mit.

0	**A**	-1	681	**a**	162	0	**X**	-1	-80	**x**	79
822	**B**	948	-44	**b**	801	0	**Y**	0	0	**y**	-1
950	**C**	505	800	**c**	583	513	**Z**	780	533	**z**	700
846	**D**	950	850	**d**	554		**A**			**N**	
857	**E**	554	800	**e**	601		**B**			**O**	
848	**F**	115	236	**f**	-699		**C**			**P**	
950	**G**	730	325	**g**	248		**D**			**Q**	
881	**H**	851	483	**h**	484		**E**			**R**	
873	**I**	874	536	**i**	518		**F**			**S**	
-327	**J**	583	-144	**j**	1173		**G**			**T**	
866	**K**	-254	340	**k**	283		**H**			**U**	
860	**L**	294	493	**l**	443		**I**			**V**	
729	**M**	847	445	**m**	424		**J**			**W**	
707	**N**	607	431	**n**	528		**K**			**X**	
950	**O**	950	800	**o**	800		**L**			**Y**	
828	**P**	101	386	**p**	869		**M**			**Z**	
950	**Q**	299	800	**q**	400						
851	**R**	-81	405	**r**	89						
1042	**S**	884	642	**s**	574	2007	**1**	1654	773	**6**	626
0	**T**	-1	235	**t**	44	384	**2**	763	935	**7**	1096
635	**U**	662	301	**u**	468	419	**3**	1264	739	**8**	845
0	**V**	-1	0	**v**	-1	481	**4**	577	626	**9**	783
0	**W**	0	0	**w**	-1	447	**5**	1122	795	**0**	797

Die Laufweite einer Schrift kann man verändern. Da der Hersteller die Schrift in optimaler Weite liefert, sollte an ihr nicht manipuliert werden. Abweichungen vom Standardwert verschlechtern die Lesbarkeit.

Die Laufweite einer Schrift kann man verändern. Da der Hersteller die Schrift in optimaler Weite liefert, sollte an ihr nicht manipuliert werden. Abweichungen vom Standardwert verschlechtern die Lesbarkeit.

– 4 Einheiten

Hier merkt auch der unbefangene Leser, daß die Texte schlecht zu erfassen sind, sowohl der rechte wie auch der linke Text.

Die Laufweite einer Schrift kann man verändern. Da der Hersteller die Schrift in optimaler Weite liefert, sollte an ihr nicht manipuliert werden. Abweichungen vom Standardwert verschlechtern die Lesbarkeit.

Die Laufweite einer Schrift kann man verändern. Da der Hersteller die Schrift in optimaler Weite liefert, sollte an ihr nicht manipuliert werden. Abweichungen vom Standardwert verschlechtern die Lesbarkeit.

– 2 Einheiten

Diesen Unfug leisten sich manche Verlage, die dadurch den Seitenumfang verringern und die Kosten senken möchten.

Die Laufweite einer Schrift kann man verändern. Da der Hersteller die Schrift in optimaler Weite liefert, sollte an ihr nicht manipuliert werden. Abweichungen vom Standardwert verschlechtern die Lesbarkeit.

Die Laufweite einer Schrift kann man verändern. Da der Hersteller die Schrift in optimaler Weite liefert, sollte an ihr nicht manipuliert werden. Abweichungen vom Standardwert verschlechtern die Lesbarkeit.

normal

Bei den halbfetten Schriften erscheint, der engeren Punzen wegen, die Laufweite größer als beim Text in normaler Schrift.

Die Laufweite einer Schrift kann man verändern. Da der Hersteller die Schrift in optimaler Weite liefert, sollte an ihr nicht manipuliert werden. Abweichungen vom Standardwert verschlechtern die

Die Laufweite einer Schrift kann man verändern. Da der Hersteller die Schrift in optimaler Weite liefert, sollte an ihr nicht manipuliert werden. Abweichungen vom Standardwert verschlechtern die

+ 2 Einheiten

Hier sind die Buchstabenabstände weiter als die Punzen, was irritierend wirkt. Das gleiche gilt natürlich für die linke Spalte.

Die Laufweite einer Schrift kann man verändern. Da der Hersteller die Schrift in optimaler Weite liefert, sollte an ihr nicht manipuliert werden. Abweichungen vom Standardwert ver-

Die Laufweite einer Schrift kann man verändern. Da der Hersteller die Schrift in optimaler Weite liefert, sollte an ihr nicht manipuliert werden. Abweichungen vom Standardwert ver-

+ 4 Einheiten

Sowohl bei der normalen wie auch bei der halbfetten Schrift kann der Wortzusammenhalt nicht mehr gut erkannt werden.

Die Laufweite einer Schrift kann man verändern. Da der Hersteller die Schrift in optimaler Weite liefert, sollte an ihr nicht manipuliert werden. Abweichungen vom Standardwert verschlechtern die Lesbarkeit.

Die Laufweite einer Schrift kann man verändern. Da der Hersteller die Schrift in optimaler Weite liefert, sollte an ihr nicht manipuliert werden. Abweichungen vom Standardwert verschlechtern die Lesbarkeit.

– 4 Einheiten

Beim ersten Wort in der zweiten Zeile ist aus dem r und dem n ein m geworden, desgleichen auch in der vorletzten Zeile.

Die Laufweite einer Schrift kann man verändern. Da der Hersteller die Schrift in optimaler Weite liefert, sollte an ihr nicht manipuliert werden. Abweichungen vom Standardwert verschlechtern die Lesbarkeit.

Die Laufweite einer Schrift kann man verändern. Da der Hersteller die Schrift in optimaler Weite liefert, sollte an ihr nicht manipuliert werden. Abweichungen vom Standardwert verschlechtern die Lesbarkeit.

– 2 Einheiten

Wie unsinnig die Abweichung von der normalen Laufweite ist, zeigt uns erst die Gegenüberstellung verschiedener Weiten.

Die Laufweite einer Schrift kann man verändern. Da der Hersteller die Schrift in optimaler Weite liefert, sollte an ihr nicht manipuliert werden. Abweichungen vom Standardwert verschlechtern die Lesbar-

Die Laufweite einer Schrift kann man verändern. Da der Hersteller die Schrift in optimaler Weite liefert, sollte an ihr nicht manipuliert werden. Abweichungen vom Standardwert verschlechtern die Lesbar-

normal

Um die optimale Lesbarkeit zu untersuchen, könnte man hier allenfalls statt der Laufweite den Zeilenabstand verändern.

Die Laufweite einer Schrift kann man verändern. Da der Hersteller die Schrift in optimaler Weite liefert, sollte an ihr nicht manipuliert werden. Abweichungen vom Standardwert verschlechtern die

Die Laufweite einer Schrift kann man verändern. Da der Hersteller die Schrift in optimaler Weite liefert, sollte an ihr nicht manipuliert werden. Abweichungen vom Standardwert verschlechtern die

+ 2 Einheiten

Sollte aus irgendeinem Grund die Laufweite vergrößert werden müssen, so sind auch die Wortabstände mit zu erweitern.

Die Laufweite einer Schrift kann man verändern. Da der Hersteller die Schrift in optimaler Weite liefert, sollte an ihr nicht manipuliert werden. Abweichungen vom Standardwert

Die Laufweite einer Schrift kann man verändern. Da der Hersteller die Schrift in optimaler Weite liefert, sollte an ihr nicht manipuliert werden. Abweichungen vom Standardwert

+ 4 Einheiten

Wie schon auf der linken Seite, so wird auch hier der Wortzusammenhalt aufgelöst. Für den Leser äußerst unerfreulich.

Der Laufweitenausgleich

Schriftgröße Didot-Punkt	Laufweitenausgleich mm	Schriftgröße Didot-Punkt	Laufweitenausgleich mm
4	+0.094	50	−0.266
5	+0.086	51	−0.273
6	+0.078	52	−0.281
7	+0.070	53	−0.289
8	+0.063	54	−0.297
9	+0.055	55	−0.305
10	+0.047	56	−0.313
11	+0.039	57	−0.320
12	+0.031	58	−0.328
13	+0.023	59	−0.336
14	+0.016	60	−0.344
15	+0.008	61	−0.352
16	0.000	62	−0.359
17	−0.008	63	−0.367
18	−0.016	64	−0.375
19	−0.023	65	−0.383
20	−0.031	66	−0.391
21	−0.039	67	−0.398
22	−0.047	68	−0.406
23	−0.055	69	−0.414
24	−0.063	70	−0.422
25	−0.070	71	−0.430
26	−0.078	72	−0.438
27	−0.086	73	−0.445
28	−0.094	74	−0.453
29	−0.102	75	−0.461
30	−0.109	76	−0.469
31	−0.117	77	−0.477
32	−0.125	78	−0.484
33	−0.133	79	−0.492
34	−0.141	80	−0.500
35	−0.148	81	−0.508
36	−0.156	82	−0.516
37	−0.164	83	−0.523
38	−0.172	84	−0.531
39	−0.180	85	−0.539
40	−0.188	86	−0.547
41	−0.195	87	−0.555
42	−0.203	88	−0.563
43	−0.211	89	−0.570
44	−0.219	90	−0.578
45	−0.227	91	−0.586
46	−0.234	92	−0.594
47	−0.242	93	−0.602
48	−0.250	94	−0.609
49	−0.258	Nach Berthold	

0.000   Laufweitenausgleich
+0.078   Laufweitenausgleich

0.000   Laufweitenausgleich
+0.031   Laufweitenausgleich

0.000   Laufweite
−0.063   Laufweite

Eine alte Schriftgießer-Regel lautet: Je kleiner eine Schrift ist, desto lichter muß sie gehalten werden, wie umgekehrt, je größer sie ist, desto enger. Diese Regel hat nichts von ihrer Gültigkeit eingebüßt, sie hat im Gegenteil an Aktualität gewonnen. Der Buchstabenbreite (Buchstabenbreite = Buchstabenbild + Vorbreite + Nachbreite) wird je nach Größe der Schrift ein bestimmter Wert hinzugezählt oder abgezogen. Wir haben in den letzten Jahren, seit der Einführung des Fotosatzes, leider immer zu eng gesetzt. Diese unvernünftige Modeerscheinung scheint sich momentan in ihr Gegenteil zu verkehren in das ebenso unsinnige Sperren von ganzen Abschnitten. Es ist anscheinend schwer, ein vernünftiges Mittelmaß zu finden.

Zeichen und Zeichenbegrenzung

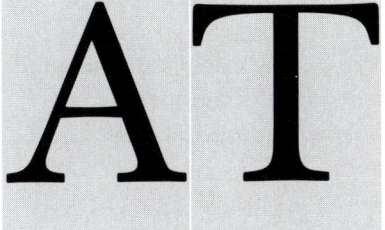 

Im Bleisatz waren die Buchstaben Körper, die aneinandergereiht wurden. Das ergab, vor allem bei Versalien, manchmal Lücken im Wortbild, manchmal Engstellen. Der Setzer behalf sich, indem er bei Zeichenkombinationen mit Lücken die Buchstaben an einer Seite ausklinkte, damit der nebenstehende in die Lücke rücken konnte.

Eine andere Art war das »Unterschneiden«. Den gleichen Vorgang nennt man heute im Fotosatz »kerning«. Hier wird von der normalen Breite eines Zeichens (= Vorbreite, Zeichenbreite, Nachbreite) eine bestimmte Zahl von Einheiten abgezogen, so daß auch hier das folgende Zeichen nachrücken kann.

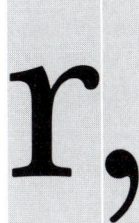 

Je nach Buchstabenbild können auch Interpunktionen, die als Zeichen häufig sehr klein sind und deshalb viel Fleisch besitzen, den Wortabstand optisch vergrößern. Das gilt vor allem für den Punkt und das Komma. Zeichen wie Doppelpunkt und Strichpunkt sollten hingegen Abstand zu den vorhergehenden Buchstaben halten.

Unterschneiden und Kerning sind zwei Begriffe für die gleiche Tätigkeit.

DER   **DER**

Das Wort links außen zeigt den Abstand von D zu E größer als den von E zu R. Der Abstand zwischen E und R wurde im Wort daneben vergrößert.

WOCHE   **WOCHE**

Bei O und C treffen zwei runde Formen aufeinander, die gegenüber den senkrechten einen größeren Abstand vortäuschen. CH darf enger stehen (im Deutschen ein Laut).

AGFA   **AGFA**

Dreieck- und Kreisform bringen Weiß ins Wort. Entweder wird das F mit Abstand zum G gesetzt oder AG und FA werden unterschnitten. Wir haben beides getan.

NATUR   **NATUR**

Das A hat als Grundform ein Dreieck, das T auch, nur daß dieses auf dem Kopf steht. Das A wurde rechts unterschnitten. TU und UR wurden weiter gehalten.

Versalien ausgleichen

DER   DER

Das gleiche Wort, aber in einer Schrift mit Serifen, ergibt im ganzen ein helleres Bild. Die Probleme des Ausgleichens sind annähernd die gleichen.

WOCHE   WOCHE

Hier bringt der rechte dünnere Abstrich des w Weiß ins Wortbild, so daß nur zwischen c und h und h und e der Abstand erweitert zu werden braucht.

AGFA   AGFA

Würden beim Unterschneiden von f und a sich die Serifen berühren, wäre das nicht schlimm. Bei Kombinationen wie k und a müssen sie sich überschneiden.

NATUR   NATUR

Der Abstand von n zu a wurde belassen. Zwischen t und u etwas, zwischen u und r mehr Abstand. a und t sind zu weit, das a wurde rechts unterschnitten.

ohne

ohne

Bei Überschriften sollten ab etwa 24 p auch Kleinbuchstaben ausgeglichen werden. Die Kriterien sind ähnlich wie bei Versalien; hier jedenfalls.

rahm

rahm

Das lückenreißende r muß rechts unterschnitten werden, damit das a näher anschließt. Zusammenstoßen sollten beide Buchstaben aber nicht.

dorn

dorn

Die Nachbarschaft des r zum n wird bei flüchtigem Hinsehen zu einem m. Um das zu verhindern, wurde zwischen r und n geringfügig erweitert.

meter

meter

Der Querstrich des t läßt das e links und rechts nicht in die Lücke. Hier muß nicht nur das t, sondern auch das e rechts unterschnitten werden.

Die Tonart

Tonart

Es ist nicht gleichgültig, welche Schrift ich für welchen Text verwende, denn jede interpretiert den Text auf ihre Weise. Wir haben den Vergleich mit der Musik gewählt, weil auch bei ihr die Wahl der Tonart den Charakter des Stückes bestimmt.

Die Times mit verhältnismäßig kräftigen Strichen, mit Serifen und hohen Mittellängen macht einen soliden Eindruck und verspricht eine angenehme Stimmung.

Tonart

Es ist nicht gleichgültig, welche Schrift ich für welchen Text verwende, denn jede interpretiert den Text auf ihre Weise. Wir haben den Vergleich mit der Musik gewählt, weil auch bei ihr die Wahl der Tonart entscheidend den Charakter des Stückes bestimmt.

Die Bodoni hält durch ihren fett-feinen Strichkontrast eine gewisse Distanz zum Leser. Auch in größeren Schriftgraden wird sie den spröden Ausdruck nicht los.

Tonart

Es ist nicht gleichgültig, welche Schrift ich für welchen Text verwende, denn jede interpretiert den Text auf ihre Weise. Wir haben den Vergleich mit der Musik gewählt, weil auch bei ihr die Wahl der Tonart den Charakter des

Die Akzidenz-Grotesk, eine Schrift ohne Serifen und annähernd gleicher Strichstärke, schafft eine sachliche, nüchterne, aber keine unterkühlte Leseatmosphäre.

Tonart

Es ist nicht gleichgültig, welche Schrift ich für welchen Text verwende, denn jede interpretiert den Text auf ihre Weise. Wir haben den Vergleich mit der Musik gewählt, weil auch bei ihr die Wahl der Tonart entschei-

Die Serifa, wie der Name schon andeutet, eine Type mit betonten starken Serifen, wirkt konstruiert. Der Leser wird auf eine technisch-rationale Botschaft eingestimmt.

Die Tonlage

Nicht jede Schriftgarnitur eignet sich für längere Texte. Manche taugt nur für einen kurzen Text oder ein Wort.

Mit einer anderen Garnitur geben wir dem Wort eine *andere Tonlage.* Vielleicht wirkt es dadurch wichtiger, aber es erscheint deshalb nicht lauter.

Tonlage

als Text

Die kursiven Garnituren von Schriften mit normalen oder dünnen Serifen sind meist auch für längere Texte gut brauchbar.

als Auszeichnung

Die Kursiv als Auszeichnungsgarnitur ist immer problemlos. Häufig werden durch sie auch Anführungszeichen überflüssig.

Nᴵᴄʜᴛ ᴊᴇᴅᴇ Sᴄʜʀɪꜰᴛɢᴀʀɴɪᴛᴜʀ ᴇɪɢɴᴇᴛ ꜱɪᴄʜ ꜰüʀ ʟäɴɢᴇʀᴇ Tᴇxᴛᴇ. Mᴀɴᴄʜᴇ ᴛᴀᴜɢᴛ ɴᴜʀ ꜰüʀ ᴇɪɴᴇɴ

Mit einer anderen Garnitur geben wir dem Wort eine ᴀɴᴅᴇʀᴇ Tᴏɴʟᴀɢᴇ. Vielleicht wirkt es dadurch wichtiger, es erscheint deshalb nicht lauter.

Tᴏɴʟᴀɢᴇ

als Text

Kapitälchen sind sparsam anzuwenden. Nicht nur ihre feierliche Tonlage, auch ihre mangelhafte Lesbarkeit rät dringend dazu.

als Auszeichnung

Innerhalb des Textes haben Kapitälchen sich im Lauf der Zeit meist bei Personennamen und Jahrhunderten eingebürgert.

NICHT JEDE SCHRIFT-GARNITUR EIGNET SICH FÜR LÄNGERE TEXTE.

Mit einer anderen Garnitur geben wir dem Wort eine ANDERE TONLAGE. Vielleicht wirkt es dadurch wichtiger, jedoch erscheint es deshalb nicht lauter.

TONLAGE

als Text

Texte in Versalien sollten vermieden werden. Man liest sie schlecht. Ausnahmen machen Gedenk- und Weihe-Inschriften.

als Auszeichnung

Innerhalb eines Textes wirken Versalien zu groß. Sie stören auch den Lesefluß. Bei Überschriften sind sie zu akzeptieren.

Schriften wie die Times-Kursiv, Times-Kapitälchen oder Times halbfett sind Glieder der Times-Schriftfamilie. Sie tragen den gleichen Familiennamen. Der Setzer nennt sie Garnituren. Die Times-Kursiv ist also eine Garnitur der Times-Familie.

Nicht jede Schriftgarnitur eignet sich für längere Texte. Manche taugt nur für einen kurzen Text oder ein Wort.

Mit einer anderen Garnitur geben wir dem Wort eine andere Tonlage. Vielleicht wirkt es dadurch wichtiger, aber es erscheint deshalb nicht lauter.

Tonlage

als Text

Die sogenannten Kursiven der serifenlosen und -betonten Schriften sind schräggestellte Typen einer Geradestehenden.

als Auszeichnung

Vergleicht man die Auszeichnung mit der der linken Seite, so wird hier die geringe Unterscheidung zu der geraden auffällig.

NICHT JEDE SCHRIFTGARNITUR EIGNET SICH FÜR LÄNGERE TEXTE. MANCHE TAUGT NUR FÜR EINEN KURZEN TEXT

Mit einer anderen Garnitur geben wir dem Wort eine ANDERE TONLAGE. Vielleicht wirkt es dadurch wichtiger, aber es erscheint deshalb nicht lauter.

TONLAGE

als Text

Im deutschsprachigen Raum gibt es kaum Kapitälchen zu serifenlosen oder serifenbetonten Schriften. Anders in Britannien.

als Auszeichnung

Da die genannten Schriften keine literarischen Qualitäten besitzen, hat man diese zu Auszeichnungen auch nie gebraucht.

NICHT JEDE SCHRIFTGARNITUR EIGNET SICH FÜR LÄNGERE TEXTE. MANCHE TAUGT NUR FÜR

Mit einer anderen Garnitur geben wir dem Wort eine ANDERE TONLAGE. Vielleicht wirkt es dadurch wichtiger, aber es erscheint deshalb nicht lauter.

TONLAGE

als Text

Erweckt die linke Seite den Eindruck einer römischen Inschrift, so wirkt dieser Text archaischer, fast wie griechische Worte.

als Auszeichnung

Wie auf der gegenüberliegenden Seite, so sind auch hier die Versalien im Text einen Ton zu hoch oder zu tief gestimmt.

Dem Setzer dient die andere Schriftgarnitur nicht zur Betonung, sondern zur Gliederung eines Textes, vor allem dort, wo Interpunktionen und Satzzeichen nicht ausreichen. Er spricht hier von auszeichnen, nicht von Schriftmischen, wie manchmal behauptet wird.

Die Lautstärke

Anders als bei den serifenbetonten und serifenlosen Schriften, gibt es bei diesen Schnitten kaum mehr als vier Abstufungen.

Bodoni mager (Berthold)

Eine stärkere Schrift erzeugt einen wichtigeren Text. Zu häufig angewendet, verliert das Wichtige die Wichtigkeit.

Lautstärke

Bodoni normal (Berthold)

Eine stärkere Schrift erzeugt einen wichtigeren Text. Zu häufig angewendet, verliert das Wichtige die Wichtigkeit.

Lautstärke

Bodoni halbfett (Berthold)

Eine stärkere Schrift erzeugt einen wichtigeren Text. Zu häufig angewendet, verliert das Wichtige die Wich-

Lautstärke

Bodoni fett (Berthold)

Eine stärkere Schrift erzeugt einen wichtigeren Text. Zu häufig angewendet, verliert das

Lautstärke

Die Lautstärke

Akzidenz-Grotesk mager

Eine stärkere Schrift erzeugt einen wichtigeren Text. Zu häufig angewendet, nimmt sie dem Wichtigen die Wichtig-

Lautstärke

Akzidenz-Grotesk normal

Eine stärkere Schrift erzeugt einen wichtigeren Text. Zu häufig angewendet, nimmt sie dem Wichtigen die

Lautstärke

Akzidenz-Grotesk halbfett

Eine stärkere Schrift erzeugt einen wichtigeren Text. Zu häufig angewendet, nimmt sie dem Wichtigen

Lautstärke

Akzidenz-Grotesk fett

Eine stärkere Schrift erzeugt einen wichtigeren Text. Zu häufig angewendet, nimmt sie dem

Lautstärke

Akzidenz-Grotesk super

Eine stärkere Schrift erzeugt einen wichtigeren Text. Zu häufig angewendet, nimmt sie dem

Lautstärke

Alle Schriften, die die Standard-Form nach der einen oder anderen Seite verzerren, zerren an der Lesbarkeit.

Rauschen

Akzidenz-Grotesk schmal mager

Alle Schriften, die die Standard-Form nach der einen oder anderen Seite verzerren, zerren an der Lesbarkeit.

Rauschen

Akzidenz-Grotesk eng

Alle Schriften, die die Standard-Form nach der einen oder anderen Seite verzerren, zerren an der Lesbarkeit.

Rauschen

Akzidenz-Grotesk schmal halbfett

Alle Schriften, die die Standard-Form nach der einen oder anderen Seite verzerren, zerren an der Lesbarkeit.

Rauschen

Akzidenz-Grotesk schmal fett

Alle Schriften, die die Standard-Form nach der einen oder anderen Seite verzerren, zerren an der Lesbarkeit.

Rauschen

Akzidenz-Grotesk extra

Alle Schriften, die die Standard-Form nach der einen oder anderen Seite verzerren, zerren an der Lesbarkeit.

Rauschen

Akzidenz-Grotesk extrafett

Die hier dargestellten Schriften stehen stellvertretend für andere ähnliche oder gleiche. Es geht nicht um ein firmenspezifisches Kriterium, sondern um den Schrifttypus. Da es in der Werbung, anders als in der Literatur, um eine Darstellung nach außen geht, benötigt sie dazu größere Abstufungen der Schriftgarnituren.

Das visuelle Rauschen

Akzidenz-Grotesk breit mager

Alle Schriften, die die Standard-Form nach der einen oder anderen Seite verzerren, zerren an ihrer Lesbarkeit.

Rauschen

Akzidenz-Grotesk breit

Alle Schriften, die die Standard-Form nach der einen oder anderen Seite verzerren, zerren an ihrer Lesbarkeit.

Rauschen

Akzidenz-Grotesk breit halbfett

Alle Schriften, die die Standard-Form nach der einen oder anderen Seite verzerren, zerren an der

Rauschen

Akzidenz-Grotesk breit fett

Alle Schriften, die die Standard-Form nach der einen oder anderen Seite verzerren, zerren

Rauschen

Natürlich sind auch in der Werbung die Gesetze der Lesbarkeit nicht außer kraft. Da es sich bei ihr aber stets um kurzlebige Drucksachen handelt, gelten hier keine so strengen Maßstäbe. Wenn sie sich gelegentlich über diese hinwegsetzt, tut sie das meist ganz bewußt und überwiegend aus rein modischen Gründen.

Je mehr eine Schrift ihre eigenwillige
Form in den Vordergrund rückt, desto
mehr drängt sie den Textinhalt zurück.
Wo die Selbstdarstellung überwiegt, wird
das umrandete Äußere wichtiger als der
Text. An den kleinen Schriften erkennt
man, daß sie sich nicht zum Lesen eignen.

Futura licht fett

Konturen- und Schattenformen sind erst
ab einer gewissen Größe lesbar. Kontur-
und Buchstabenabstand bleiben kritisch.

Sound

Futura licht extrafett

Konturen- und Schattenformen sind
erst ab einer gewissen Größe lesbar.
Kontur- und Buchstabenabstand

Sound

Futura licht extrafett schmal

Konturen- und Schattenformen sind erst
ab einer gewissen Größe lesbar. Kontur- und
Buchstabenabstand bleiben kritisch.

Sound

Futura schattiert extrafett

Konturen- und Schattenformen sind
erst ab einer gewissen Größe lesbar.
Kontur- und Buchstabenabstand

Je kleiner diese Schriften gewählt werden,
desto sicherer gehen sie in ihrer eigenen
Form unter. Schattenformen heben die
Schrift in eine dritte Dimension, die sie
nicht nötig hat, es sei denn, der Auftrag
verlangt danach. Wir haben nicht alle
möglichen Schattenformen abgebildet. Der
Sound würde sonst unerträglich werden.

Die Interpretation

Schrift
Avant Garde Gothik
mager

TANZ

Totentanz
(Ausschnitt)
Schedelsche Weltchronik
1493

Kann ich Schrift schmecken, kann ich Schrift riechen? Wie nahe am Gaumen, wie nahe an der Nase müßte sie sein? Wir wissen, daß der Geschmacks- und Geruchssinn einen starken Erinnerungswert besitzen, daß sie die entferntesten Erlebnisse, die wir längst vergessen hatten, in uns wieder wachrufen. Es werden Bilder geweckt, die verschollen waren. Auch der Lesende weckt Bilder in sich und zwar die, die der Text ihm abverlangt. Eine Sprache, die zur Verständigung sich nicht der Bilder bedient, gibt es nicht. Und Schrift ist auch Sprache. Allerdings nur zur Hälfte. Zur anderen Hälfte ist sie Interpretation. Wir merken nicht immer, wie sie uns in den Text hineinredet. Und manchmal interpretiert sie den Text so laut, daß wir vergessen, was im Text steht. Schrift besteht aus dem Skelett und einer Verkleidung. Je reicher und umfassender die Verkleidung wird, desto weniger können wir die Form des Skeletts erkennen. Und Erkennen ist die eine Seite des Lesens. Die andere ist das Erfassen. Nicht alles, was wir erfassen, müssen wir auch erkennen. Bei einer Fremdsprache, die wir nicht gelernt haben, zum Beispiel Chinesisch, können wir die Zeichen zwar erfassen, wir können sie sehen, aber erkennen, das Wort entziffern, können wir nicht. Das Instrument, mit dem wir eine visuelle Form erfassen, ist unser Auge. Es besitzt die Optik zur Aufzeichnung. Die aufgezeichneten Hell-Dunkel-Werte gibt das Auge als Impuls an das Gehirn weiter. Dieses verwandelt die Impulse zurück in das Bild. Es projiziert sozusagen die so erfaßte Form an die »Wand« unseres Gehirns.

Im nächsten Arbeitsgang wird die Form auf ihre Gestalt hin untersucht. Dabei soll herausgefunden werden, um was es sich bei der Form handelt. Die projizierte Schriftform wird mit der im Gedächtnis gespeicherten Schriftform verglichen und,

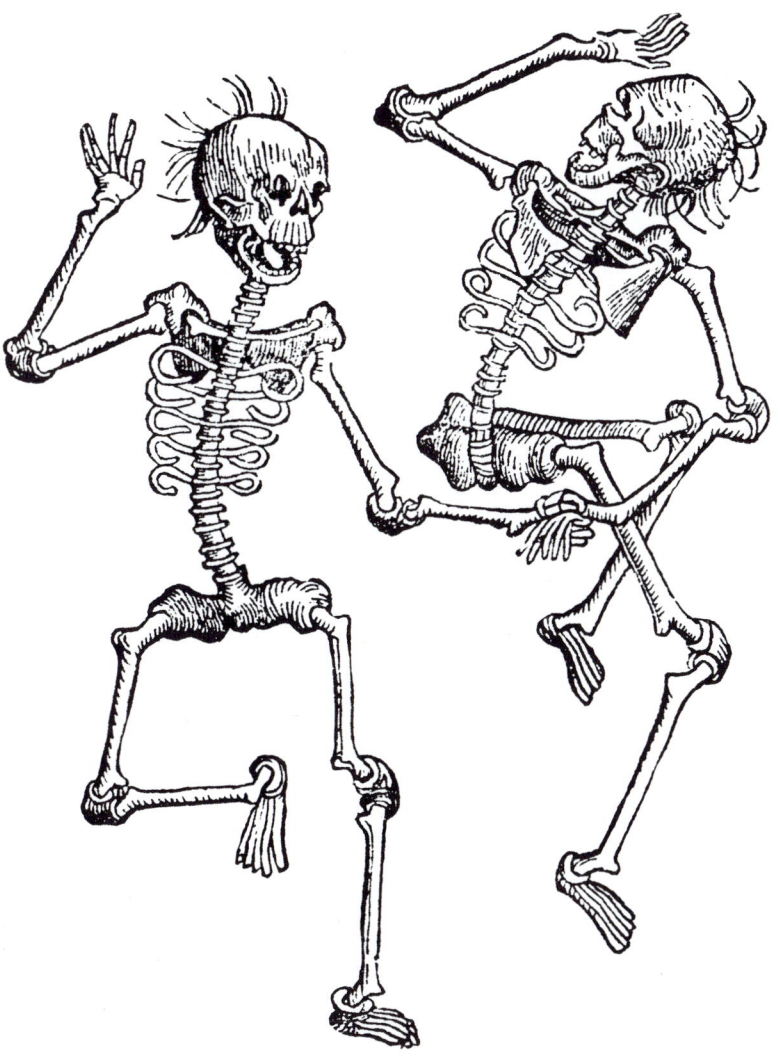

Die Interpretation

TANZ

sofern sie mit dieser übereinstimmt, in ihrer Bedeutung erkannt. Erkannt wird aber im wesentlichen das Skelett. Die Verkleidung wird quasi einer anderen Abteilung zugeleitet.

Wir beschäftigen während des Lesens so mehrere lokal voneinander getrennte Stationen unseres Gehirns. Wobei in unserem Falle eine den anatomischen Befund erstellt, und also mitteilt, was da gedruckt oder geschrieben steht, während die andere anhand der Verkleidung eine charakterliche Beurteilung vornimmt.

Schrift
Baskerville-Antiqua
konturiert

Edgar Degas
Tänzerin
(Ausschnitt)
1872

Dieser charakterliche Befund ist der für uns interessantere. Wir wissen aus der täglichen Erfahrung, daß es nicht gleichgültig ist, wer was sagt. Hier spielt die Glaubwürdigkeit der Person eine große Rolle. Und diese Glaubwürdigkeit testen wir unter anderem auch an der Kleidung. Nichts sagt mehr über unsere Person aus als unsere Kleidung. Auch hier besitzen wir eine Art Auflistung in unserem Gedächtnis. Diese befragen wir. Dabei darf es uns nicht stören, wenn die Auskunft nicht immer ganz eindeutig ausfällt, weil mehrere Charakteristiken herausgelesen werden können. Solch einen Charakter-Index erstellt sich jeder nach seinen Erkenntnissen. Während die Auskunft über das Skelett eindeutig ausfällt, weil hier die Kriterien einheitlich festgelegt und gelernt wurden, sind die Erfahrungswerte

Die Interpretation

der Schriftverkleidung individuell verschieden. Ihre Bewertung tritt uns auch nicht in dem Maße wie die des Skeletts ins Bewußtsein, sondern bleibt diffus oder unterbewußt. Das ist auch der Grund, weshalb sich über die Eignung dieser oder jener Type für diesen oder jenen Zweck so trefflich streiten läßt. Es gibt allerdings ein paar gravierende Punkte, die bei allen weitgehend übereinstimmen.

Die Skelettschrift, die auf Seite 37 abgedruckt ist, stellt eine auf das wesentliche reduzierte Form dar und hat selbst etwas Knöchernes an sich. Hier interpretiert sich das Skelett selbst, indem es nicht nur Tanz sagt, sondern harter Tanz, einfacher Tanz in archaischen Figuren. Es ist kein vergnüglicher, es ist ein makabrer Tanz.

Die Tänzerin auf Seite 38 besitzt nicht nur Knochen, sondern auch Fleisch und darüber ein klassisches Ballettkostüm. Sie vertritt eine Kunstgattung des Tanzes, in der es auch Pirouetten und Sprünge gibt. Deshalb erlauben wir uns, das N

Schrift
Benguiat Buch
konturiert

Aubrey Beardsley
Tanz des Windes
1894

etwas entfernt vom übrigen Wortteil zu setzen. Wie die Tänzerin, so besitzt auch die Schrift nicht nur Knochen. Sie gibt sich so klassisch, wie es die Tanzform der Balletteuse ist. Natürlich gäbe es noch ein paar andere Schriften, die sich ebenso eignen würden.

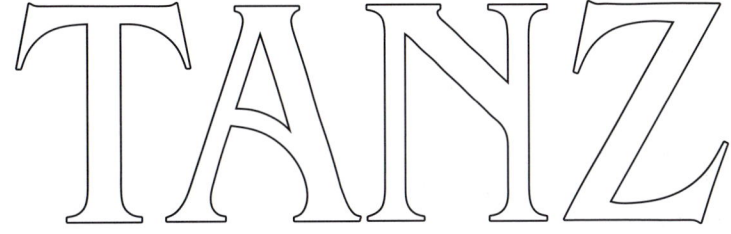

Das Bild auf Seite 39 ist »Tanz des Windes« überschrieben. Bei ihm handelt es sich um eine Illustration zu Salome von Oscar Wilde. Es ist keine gewöhnliche Illustration. Sie ist überzeichnet. Der Künstler hat die Dinge nicht dargestellt, wie sie sind, sondern so, wie er wollte, daß sie sein sollten. Das Bild stimmt in sich, die Proportionen im einzelnen aber nicht. Auch die Schrift dazu ist überzeichnet. Auch sie stimmt in sich, nicht aber im einzelnen. Hier hat die Mode die Buchstaben verbogen. Der Begriff »Tanz« ist dieser Schrift unwichtig. Sie selbst findet sich schön. Es steckt in ihr der gleiche Narzißmus wie im Bild. Denn auch im Bild ist die Art der Darstellung interessanter als das Dargestellte.

Schrift
Britannic normal

Pablo Picasso
Tänzerin
aus einem Skizzenbuch

Auf Seite 40 wird zwar nicht modern, aber frei getanzt. Die Handstellung der Tänzerin läßt vermuten, daß sie Kastagnetten benützt. Es handelt sich also um stark betonte Tanzrhythmen. Auch die Buchstaben daneben unterliegen einem starken Rhythmus in den Strichen. Es wechselt fein und stark – leise und laut. Das Schriftskelett ist zwar verkleidet, aber gut zu erkennen. Das gleiche gilt für die Tänzerin. Man kann Schrift also tatsächlich schmecken, vorausgesetzt, man erinnert sich des Geschmacks. Das heißt, ihre Verkleidung muß zum Thema passen, zum Text, den sie zu überbringen hat. Daß dabei eine Menge individuelles Gedankengut im Spiele ist, soll nicht verschwiegen werden. Dennoch, wenn die Wahl glücklich getroffen wurde, spürt auch der unbefangene Leser, daß hier alles stimmt. Daß er es nur fühlt, daß es ihm nicht ins Bewußtsein dringt, liegt daran, daß viel Unterbewußtes mitwirkt.

TANZ

Wenn die Schrift ihren Text nicht nur übermittelt, sondern auch interpretiert, wie wir festgestellt haben, dann folgt daraus, daß sie diesen natürlich auch falsch interpretieren kann. Wann interpretiert sie diesen falsch? Ganz einfach immer dann, wenn das, *was* sie sagt, nicht mit dem übereinstimmt, *wie* sie es sagt. Ein Schauspieler, der seinen Text rezi-

›Peking‹

Vase

Entwurf Stauber

Foto George Meister

Schriften

1 Bauer-Bodoni

2 Serifa normal

3 Futura mager

₁Glas

₂Glas   ₂**Glas**

₃Glas   ₃Glas

tiert, kann diesen Text über die Modulation seiner Stimme beeinflussen. Er kann Gefühle hörbar machen. Wir stehen aber vor der Aufgabe, diese sichtbar zu machen.

Die Sprache ist etwas Räumliches. Ich kann sie aus verschiedenen Richtungen hören. Jede Richtung wird mir ein anderes Klangbild vermitteln. Ich kann aber nicht sagen, daß eine der Richtungen mir einen falschen Klang wiedergibt, nur eben einen etwas anderen.

Ähnlich verhält es sich mit der Schrift. Auch sie kann den Gegenstand aus verschiedenen Richtungen erfassen, ohne daß dabei nur eine die richtige sein muß. Jede Schrift erinnert uns an etwas. Auf

Schrift

Serifa normal

Glas

₁Glas

₂Glas

₃Glas

Grund dieser Erinnerung glauben wir, daß sie für das, an das sie uns erinnert, geeignet sei. Um das verständlich zu machen, habe ich das Wort »Glas« gewählt.

Wir fragen zunächst, welche Eigenschaften besitzt jener Gegenstand, den es zu charakterisieren gilt? Dann fragen wir, welche Schrift besitzt eine ähnliche Eigen-

›Peking‹
Vase
Entwurf Stauber
Foto George Meister

Schriften
Bauer-Bodoni 1
Serifa normal 2
Futura mager 3

Sektkelch
Theresientaler Kristallglashütte
Entwurf Josef Hoffmann
Foto George Meister

schaft? Das Glas kann ich auch von verschiedenen Seiten aus betrachten. Es kann spröde, dünn, stark, durchsichtig oder undurchsichtig sein. Zerbrechlich ist es meistens.
Es gibt Schriften, die dünn und stark sind. Ja, es gibt sogar welche, die uns vortäuschen, durchsichtig zu sein, jene nämlich, die konturiert sind.
Auf Seite 41 sind drei Schriftcharaktere zur Auswahl gestellt. Einer mit Serifen, einer mit betonten Serifen und einer ohne Serifen. Ich habe mich für die Schrift mit betonten Serifen entschieden. Die erste, eine Bodoni-Antiqua, hat durch ihren fettfeinen Duktus zwar etwas Sprödes an sich,

Schrift
Serifa normal

Glas

Schrift
Futura mager

Glas

Die Interpretation

₁ Glas

₂ Glas

Schriften
Futura mager 1
Mixage Buch 2
Avant Garde Gothic 3
mager

₃ Glas

Schrift

Avant Garde Gothic mager

Schrift

Univers 39 extra schmal ultraleicht

sie drückt mir aber die Form der Vase zu wenig aus. Die dritte Schrift, die Futura mager, bestätigt mir, daß Glas dünn ist, aber auch sie trifft die Vase nicht ganz. Seite 42 zeigt neben der Vase einen Sektkelch. Zunächst ist sein Glas wesentlich dünner als das der Vase. Auch hier entspricht die Bodoni nicht der einfachen Form, die den Sektkelch auszeichnet. Die Serifa ist für dieses zarte Glas zu kräftig. Bleibt nur die Futura mager.

Auf Seite 43 suche ich nach noch dünneren Typen, als die Futura mager sie darstellt. Ich füge der Futura mager die Mixage Buch und die Avant Garde Gothic mager hinzu. Sie, die Avant Garde Gothic mager, interpretiert mir das dünne Glas besser als die Futura mager. Sie wäre passend, hätte der Sektkelch nicht eine überzogen schlanke Gestalt, die die Avant Garde Gothic mager nicht besitzt. Ich könnte nun versuchen, die Avant Garde Gothic mager zu manipulieren, sie elektronisch zu verschmälern. Das mache ich nicht, weil derart verzerrte Schriften den Gedanken des Schriftkünstlers arg verfälschen. Wenn er eine schmale gewollt hätte, hätte er vermutlich eine gezeichnet. So suche ich unter schmalen Schriften und wähle daraus die dünnste. Es ist die Univers 39 extra schmal ultraleicht. Natürlich ist es möglich, daß es eine noch dünnere, schmalere Type gibt. Nur mein Schriftmusterbuch verfügt über keine.

Seite 44 stellt neben die beiden vorangegangenen Gläser eine dritte Form: ein Kunstwerk. Es erinnert an einen geschliffenen Diamanten. Das Glas ist durchsichtig, seine Gestalt weder zerbrechlich noch robust. Sie ist einfach und ohne Künsteleien. Zu ihr schien mir die Futura mager am passendsten.

Glas ist ein Schmelzprodukt aus Sand, Metall- sowie Alkalioxiden beziehungsweise Erdalkalioxiden und Flußmitteln (Sand, Pottasche), das ohne Kristallbildung erstarrt ist. Glas ist witterungsbeständig und immun gegen Chemikalien. Es gibt also eine Menge Ansatz- oder Berührungspunkte auf der Suche nach etwas Charakteristischem. Genauso zahlreich sind die Schriften, die ihrerseits dieses Charakteristische verkörpern oder sich ihm annähern. Die passende Schrift zum jeweiligen Thema zu finden, kann zu einer aufregenden Suche werden. Die Entscheidung für diese oder jene Type wird eine individuelle Sache bleiben.

›Die Liebe zur Geometrie‹
Entwurf J. und A. Votruba
Foto George Meister

Schrift

Serifa normal

Schrift

Univers 39 extra schmal ultraleicht

Schrift

Futura mager

Glas

Glas

Die Interpretation

Welche vier Schriften vermitteln den Begriff Wasser dem Leser am besten?

Welche vier Schriften vermitteln den Begriff Bücher dem Leser am besten?

Welche vier Schriften vermitteln den Begriff Kleider dem Leser am besten?

Wasser I	Bücher 1	Kleider a
Wasser II	Bücher 2	Kleider b
Wasser III	Bücher 3	Kleider c
Wasser IV	Bücher 4	Kleider d
Wasser V	Bücher 5	Kleider e
Wasser VI	Bücher 6	Kleider f
Wasser VII	Bücher 7	Kleider g
Wasser VIII	Bücher 8	Kleider h
Wasser IX	Bücher 9	Kleider i
Waſſer X	Bücher 10	Kleider j

Wasser

Futura mager

VI

Etwa drei Viertel unserer Erdoberfläche werden von Meeren und Seen bedeckt. Der Mensch besteht zu sechzig bis siebzig Prozent aus Wasser. Pflanzen

Eine Schrift ohne Schnörkel läßt an klares Wasser denken, dem man auf den Grund sehen oder das man noch trinken kann.

Wasser

Britannic normal

VII

Etwa drei Viertel unserer Erdoberfläche werden von Meeren und Seen bedeckt. Der Mensch besteht zu sechzig bis siebzig Prozent aus Was-

Hier wird Wasser vorgestellt, das nicht aus der Leitung kommt. Die Schrift hat etwas von Heilwasser oder Ähnlichem.

Wasser

Fraktur fett

X

Etwa drei Viertel unserer Erdoberfläche werden von Meeren und Seen bedeckt. Der Mensch besteht zu sechzig bis siebzig Prozent aus

Dieses Wasser ist kräftig, es ist dunkel und geheimnisvoll, wie wir es aus Märchen kennen. Es ist Wasser aus alten Brunnen.

Englische Schreibschrift

normal

VIII

Etwa drei Viertel unserer Erdoberfläche werden von Meeren und Seen bedeckt. Der Mensch besteht zu sechzig bis siebzig Prozent aus Wasser. Pflanzen besitzen

Hier kann es sich eigentlich nur um Wasser mit starkem Zusatz handeln. Der modische Einschlag deutet auf Parfüm.

Bücher Centaur normal 1

Vorläufer unseres heutigen Buches waren die gebrannten Tontafeln der Assyrer und Babylonier. An ihre Stelle traten später die Rollen der Ägypter, Griechen, Römer

Hier kann es sich nur um anspruchsvolle Literatur handeln, da auch die Schrift an den Leser ästhetische Ansprüche stellt.

Bücher Bodoni Bauer normal 4

Vorläufer unseres heutigen Buches waren die gebrannten Tontafeln der Assyrer und Babylonier. An ihre Stelle traten später die Rollen der

Alle diese Bücher sind einem speziellen Fachbereich zuzuordnen, der den gleich strengen Charakter wie die Schrift besitzt.

Bücher Futura mager 6

Vorläufer unseres heutigen Buches waren die gebrannten Tontafeln der Assyrer und Babylonier. An ihre Stelle traten später die Rollen der Ägypter, Griechen,

Derlei »einfache« Schriften erinnern uns an Fibeln für Kinder und an Lesebücher für die ersten 3 Klassen der Volksschulen.

Bücher Fraktur fett 10

Vorläufer unseres heutigen Buches waren die gebrannten Tontafeln der Assyrer und Babylonier. An ihre Stelle traten später die Rollen der

Bücher in dieser Schrift stammen aus einer Zeit vor dem letzten Weltkrieg. Die Schrift erinnert sehr an ein Antiquariat.

Kleider
Britannic normal

g

— — — — — — — — —

**Kleider sind das bevorzugte Aus-
drucksmittel einer Weltanschauung.
Dabei ist es gleichgültig, ob es
sich um eine religiöse oder politi-**

Bei Wasser sprach diese Schrift andere
Assoziationswerte an als sie das jetzt bei
Kleidern tut. Modisch ist sie geblieben.

Kleider
Futura mager

f

— — — — — — — — —

Kleider sind das bevorzugte Ausdrucksmittel einer Weltanschauung. Dabei
ist es gleichgültig, ob es sich um eine
religiöse oder politische Aussage han-

Dieses ist nun der dritte Begriff, den die
Futura mager vertritt. Auch hier wird
sozusagen die klare Linie angesprochen.

Kleider
Bodoni Bauer normal

d

— — — — — — — — —

Kleider sind das bevorzugte Ausdrucksmittel einer Weltanschauung. Dabei
ist es gleichgültig, ob es sich um eine
religiöse oder politische Aussage han-

Ähnlich wie die Futura mager handelt
die Bodoni Bauer normal. Sie bleibt bei
ihrer Strenge. Keine billigen Kleider also.

Englische Schreibschrift
normal

h

— — — — — — — — —

*Kleider sind das bevorzugte Ausdrucksmittel
einer Weltanschauung. Dabei ist es gleichgültig, ob es sich um eine religiöse oder politische Aussage handelt. So gab es im Mittel-*

Auch sie hat ihren parfümierten Charakter beibehalten. Modische Kleidung mit
Accessoires, verspielt und sehr kapriziös.

Gruppe I

Venezianische
Renaissance-
Antiqua

a
e

A B C D E F G H I J K
L M N O
P Q R S T U V W X Y Z

a b c d e f g h i j k l m
n o p q r s t u v w x y z
1 2 3 4 5 6 7 8 9 0

Centaur

Wie wir gesehen haben, bleibt trotz aller
Eingrenzungen die Schriftwahl eine individuelle Entscheidung. Sie wird durch die
Vielfalt vorhandener Schriften nicht erleichtert. Diese Vielfalt zu ordnen, ist
Aufgabe der Klassifikation. Dabei versucht
man, die typischen Merkmale einer Schrift
zu finden und die Schriften nach diesen
Merkmalen in Gruppen einzuteilen.

Die Venezianische Renaissance-Antiqua entstammt der
humanistischen Minuskel des 15. Jahrhunderts. Sie wurde
mit schräg angesetzter Feder im Wechselzug geschrieben.

Gruppe II

Französische
Renaissance-
Antiqua

a
e

A B C D E F G H I J K
L M N O
P Q R S T U V W X Y Z

a b c d e f g h i j k l m
n o p q r s t u v w x y z
1 2 3 4 5 6 7 8 9 0

Garamond

Da der Gesamteindruck einer Schrift von
dem einzelner Buchstaben abweicht, haben wir den Text in 9 Punkt, also in einer
häufig gebrauchten Größe, abgesetzt. Das
danebenstehende Alphabet in Groß- und
Kleinbuchstaben mit Ziffern zeigt die Beschaffenheit der einzelnen Figuren, ebenfalls in einer Größe, wie wir sie oft antreffen.
Die größeren a und e verdeutlichen das noch.

Die Französische Renaissance-Antiqua gleicht ihrer Herkunft nach der Venezianischen Renaissance-Antiqua, ist
jedoch in der Strichstärke gröber als die venezianische.

Gruppe III

Barock-
Antiqua

a
e

A B C D E F G H I J K
L M N O
P Q R S T U V W X Y Z

a b c d e f g h i j k l m
n o p q r s t u v w x y z
1 2 3 4 5 6 7 8 9 0

Janson

Die von uns verwendete Klassifikation
hält sich an DIN 16 518, einer vom Fach-
normenausschuß Graphisches Gewerbe
im Deutschen Normenausschuß (DNA)
festgelegten Version, die amtlichen Charakter besitzt. Mit ihr soll die Grundlage
für eine Schriftordnung geschaffen werden. Den Druckereien und Schulen wird
die Auswahl der Schriften erleichtert.

Die Barock-Antiqua steht unter dem Einfluß der Kupferstecher-Schriften. Sie weist gegenüber der Renaissance-
Antiqua etwas größere Unterschiede in der Strichdicke auf.

Gruppe IV

Klassizistische
Antiqua

a
e

Bodoni

A B C D E F G H I J K
L M N O
P Q R S T U V W X Y Z

a b c d e f g h i j k l m
n o p q r s t u v w x y z
1 2 3 4 5 6 7 8 9 0

Ein Mangel dieser Klassifikation ist, daß den Gruppenbezeichnungen kein durchgehendes Schema zugrunde liegt. So hat man die ersten vier Gruppen nach kunstgeschichtlichen Stilen benannt, die beiden nächsten nach ihrem Duktus. Dem folgen drei Gruppen, deren Namen für sich selbst sprechen. Auch die Gebrochene Schrift läßt kein System erkennen.

Die Klassizistische Antiqua steht den Kupferstecher-Schriften besonders nahe. Die Grundstriche der Senkrechten unterscheiden sich sehr stark von den Serifen oder Waagerechten.

Gruppe V

Serifenbetonte
Linear-
Antiqua

a
e

Serifa

A B C D E F G H I J K
L M N O
P Q R S T U V W X Y Z

a b c d e f g h i j k l m
n o p q r s t u v w x y z
1 2 3 4 5 6 7 8 9 0

Wollte man in der Klassifikation stilgeschichtlich fortfahren, würde die Serifenbetonte Linear-Antiqua dem sogenannten Historismus zuzurechnen sein. Es ist die Zeit der Eisen- und Glaspaläste, eine Zeit, in der alle vorangegangenen Stile vermischt den neuen Stil ergeben. Man nennt sie auch Gründerjahre.

Grundstriche und waagerechte Striche der Serifenbetonten Linear-Antiqua unterscheiden sich in der Stärke nur wenig oder erscheinen optisch sogar gleich, das heißt also linear.

Gruppe VI

Serifenlose
Linear-
Antiqua

a
e

Univers

A B C D E F G H I J K
L M N O
P Q R S T U V W X Y Z

a b c d e f g h i j k l m
n o p q r s t u v w x y z
1 2 3 4 5 6 7 8 9 0

Die Serifenlose Linear-Antiqua stammt aus der Zeit und dem Land, aus dem die Serifenbetonte kommt. Die starken Füße sind ein Spiegelbild der Technik. Daß diese in der Serifenlosen Linear-Antiqua völlig abhanden kommen, sagt etwas über den Fortschritt dieser Zeit. Auch sie zählt stilistisch zum Historismus, gilt aber auch als Schrift unserer Zeit.

Ein Teil der zur Serifenlosen Linear-Antiqua zählenden Schriften ist in der Strichdicke optisch einheitlich, bei einem anderen Teil unterscheiden sich die Strichdicken jedoch minimal.

Die Klassifikation nach DIN 16 518

Gruppe VII

Antiqua-Varianten

a e

ABCDEFGHIJK
LMNO
PQRSTUVWXYZ

abcdefghijklm
nopqrstuvwxyz
1234567890

Britannic

Probleme bei der Beurteilung einer Druckschrift treten immer dann auf, wenn die Merkmale der Schrift nicht mit den in der Klassifikation beschriebenen übereinstimmen. Für solche Fälle hat die Klassifikation eine Sammelgruppe unter VII mit der Bezeichnung Antiqua-Varianten eingerichtet. Genau besehen dürfte es diese Gruppe gar nicht geben.

Zu den Antiqua-Varianten zählen alle Schriften, die den übrigen Gruppen nicht zugeordnet werden können, weil ihre Merkmale von diesen abweichen oder völlig andere sind.

Gruppe VIII

Schreib-schriften

a e

ABCDEFGHIJK
LMNO
PQRSTUVWXYZ

abcdefghijklm
nopqrstuvwxyz
1234567890

Englische Schreibschrift

Der Begriff Type, aus dem griechischen Typos und aus dem lateinischen Typus, bezeichnet eine charakteristische Eigenheit. Im Falle unserer Schrift meint er, daß die Buchstaben nicht ähnlich, sondern identisch sind. Das war vor der Erfindung der Druckkunst nicht möglich, da die geschriebenen Buchstaben nie exakt übereinstimmten. Das Charakteristische dieser Gruppe: handschriftlich identische Buchstaben.

Unter Schreibschriften versteht man die zur Drucktype gewordenen lateinischen Schul- und Kanzleischriften. Ihr auffälligstes Kennzeichen: die Buchstaben-Verbindungsstriche.

Gruppe IX

Handschriftliche Antiqua

a e

ABCDEFGHIJK
LMNO
PQRSTUVWXYZ

abcdefghijklm
nopqrstuvwxyz
1234567890

Catull

Die Handschriftliche Antiqua ist im Unterschied zur Schreibschrift nicht eine zur Druckschrift gemachte Handschrift, sondern umgekehrt, eine zur Handschrift gemachte Druckschrift. Beide, die Schreibschrift wie die Handschriftliche Antiqua, sind Akzidenzschriften. So nennt man Schriften für kleine Gelegenheitsarbeiten wie Vermählungs- und Geburtsanzeigen.

Handschriftliche Antiqua nennt man Schriften, die eine Antiqua oder deren Kursive handschriftlich abwandeln. Die Buchstaben stehen meist ohne Verbindungsstriche zueinander.

Die Klassifikation nach DIN 16 518

Das hervorstechende Merkmal der Gebrochenen Schriften sind die geknickten Stellen. Vor allem in der Art, wie diese geknickt sind, unterscheiden sich die Schriften voneinander.

Gruppe Xa Xb

Gebrochene
Schriften

Gotisch

A B C D E F G H I J K
L M N O P
Q R S T U V W X Y Z

a b c d e f g h i j k l m
n o p q r s t u b w r y z
1 2 3 4 5 6 7 8 9 0

Rundgotisch

A B C D E F G H I J K
L M N O
P Q R S T U V W X Y Z

a b c d e f g h i j k l m
n o p q r s t u v w x y z
1 2 3 4 5 6 7 8 9 0

Gotisch Rundgotisch

Gruppe Xc Xd

Gebrochene
Schriften

Schwabacher

A B C D E F G H I J
K L M N O P
Q R S T U V W X Y Z

a b c d e f g h i j k l m
n o p q r s t u v w r y z
1 2 3 4 5 6 7 8 9 0

Fraktur

A B C D E F G H I J K
L M N O
P Q R S T U V W X Y Z

a b c d e f g h i j k l m
n o p q r s t u v w r y z
1 2 3 4 5 6 7 8 9 0

Schwabacher Fraktur

Gruppe Xe

Gebrochene
Schriften

Fraktur-Varianten

A B C D E F G H I J K
L M N O
P Q R S T U V W X Y Z

a b c d e f g h i j k l m
n o p q r s t u v w x y z
1 2 3 4 5 6 7 8 9 0

Fraktur-Varianten

Die letzte, also die elfte Gruppe, ist den fremden Schriften vorbehalten. Dazu gehören alle nichtlateinischen Schriften wie die griechischen, kyrillischen, die hebräischen, japanischen und so weiter. Da der Fremdsprachensatz Spezialgebiet ist, verzichten wir auf die Abbildung dieser Schriften.

Die Klassifikation nach DIN 16 518

Renaissance
Antiqua

Centaur

Wir suchen zunächst bei den fünf wichtigsten Schriftgruppen die auffälligsten Kennzeichen, anhand derer wir sie ordnen.

Barock
Antiqua

Janson

Die Venezianische und Französische Renaissance-Antiqua fassen wir zusammen,
da sie die gleichen Merkmale aufweisen.

Klassizistische
Antiqua

Bodoni

Die zwei ersten Kriterien betreffen die
Strichstärke. In welchem Verhältnis steht
der senkrechte[1] zum waagrechten[2] Strich?

Serifenbetonte
Linear
Antiqua

Serifa

Als nächstes beobachten wir, wie der senkrechte Strich (Grundstrich)[1] mit dem
waagerechten (Serife)[2] verbunden[3] ist.

Serifenlose
Linear
Antiqua

Univers

Auf mögliche Zwischenstufen mit Abweichungen vom Standard werden wir in unserer nächsten Beilage näher eingehen.

Renaissance
Antiqua

Centaur

Das c ist zur Erläuterung der runden oder ovalen Buchstabenformen seiner rechten offenen Seite wegen besonders geeignet.

Barock
Antiqua

Janson

Auch beim c wieder zwei Merkmale, wobei die Unterschiede von einer Schrift zur anderen nicht immer klar ausfallen.

Klassizistische
Antiqua

Bodoni

Die linke Buchstabenseite zeigt eine Verdickung4 des Striches. Beginnt diese in der Mitte des Buchstabens oder unten?

Serifenbetonte
Linear
Antiqua

Serifa

Auf der rechten Buchstabenseite oben hängt am Strichauslauf5 ein kleiner Tropfen oder ein Strich oder aber auch nichts.

Serifenlose
Linear
Antiqua

Univers

Das große C weicht in der Form vom kleinen c ab, da sein Ursprung römisch und nicht wie beim kleinen karolingisch ist.

Das kleine o kann wie das große rund oder oval sein. Dieses Kriterium brauchen wir hier noch nicht zu beachten.

Renaissance
Antiqua

Centaur

Wo die Verdickung4 des Striches nicht in der Waagerechten liegt, wurde mit einer schräg angesetzten Feder geschrieben.

Barock
Antiqua

Janson

Liegt die Verdickung4 genau in der waagerechten Achse, macht sich der Einfluß des Kupferstiches oder des Zirkels bemerkbar.

Klassizistische
Antiqua

Bodoni

Serifenbetonte Schriften und Serifenlose Schriften können im Strichverlauf linear oder oben und unten leicht verjüngt sein.

Serifenbetonte
Linear
Antiqua

Serifa

Wie das große C vom kleinen, weicht auch das große O vom kleinen in der Strichführung aus den genannten Gründen ab.

Serifenlose
Linear
Antiqua

Univers

Die Klassifikation nach DIN 16 518

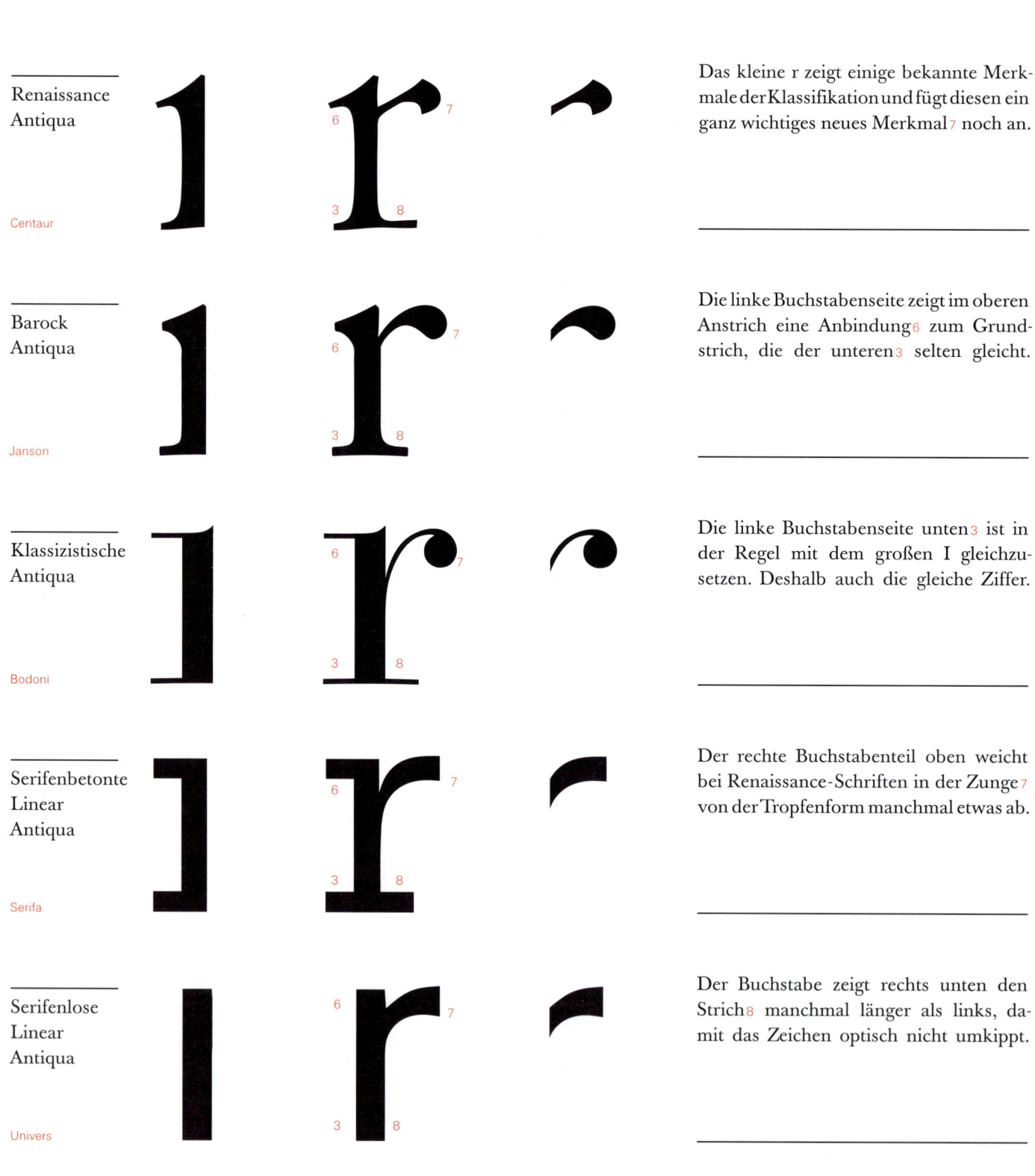

Renaissance
Antiqua

Centaur

Das kleine r zeigt einige bekannte Merkmale der Klassifikation und fügt diesen ein
ganz wichtiges neues Merkmal[7] noch an.

Barock
Antiqua

Janson

Die linke Buchstabenseite zeigt im oberen
Anstrich eine Anbindung[6] zum Grundstrich, die der unteren[3] selten gleicht.

Klassizistische
Antiqua

Bodoni

Die linke Buchstabenseite unten[3] ist in
der Regel mit dem großen I gleichzu-
setzen. Deshalb auch die gleiche Ziffer.

Serifenbetonte
Linear
Antiqua

Serifa

Der rechte Buchstabenteil oben weicht
bei Renaissance-Schriften in der Zunge[7]
von der Tropfenform manchmal etwas ab.

Serifenlose
Linear
Antiqua

Univers

Der Buchstabe zeigt rechts unten den
Strich[8] manchmal länger als links, damit das Zeichen optisch nicht umkippt.

Die Klassifikation nach DIN 16 518

Renaissance-Antiqua	Centaur	**a e**
Venezianische	Horley Old Style	**a e**

Hier wollen wir erfahren, worin die Abweichungen der verschiedenen Schriften innerhalb ein und derselben Gruppe liegen.

Dazu vergleichen wir zwei Schriften mit der Centaur. In den Buchstaben a und e erkennen wir den Charakter-Unterschied.

Renaissance-Antiqua	Centaur	**a e**
Venezianische	Kennerley Old Style	**a e**

Im Vergleich der Texte werden die oftmals nur minimalen Differenzen zwischen zwei Schriften sichtbarer, als das bei einzelnen

Buchstaben der Fall ist. Auch wird hier die etwas andere Anmutung, die manchmal sehr entscheidend ist, viel deutlicher.

Renaissance-Antiqua	Garamond	**a e**
Französische	Palatino	**a e**

Als das auffallendste Merkmal der Französischen Renaissance-Antiqua gegenüber der Venezianischen Renaissance-Antiqua

wird in der Klassifikation DIN 16 518 der waagerechte Querstrich statt des schrägen Querstriches beim kleinen e genannt.

Renaissance-Antiqua	Garamond	**a e**
Französische	Trump-Mediäval	**a e**

Dieses Merkmal ist insofern nicht absolut bindend, als es sehr wohl einige Venezianische Renaissance-Antiqua-Schriften

gibt, die einen waagerechten Querstrich besitzen. Man sollte bei der Beurteilung nie das Gesamtbild vergessen.

Die Centaur wurde 1929 von Bruce Rogers für die Monotype Corporation in England gezeichnet.

Die Horley Old Style brachte die Monotype Corporation 1925 auf den Markt.

Die Kennerley Old Style hat Frederic W. Goudy (1865–1947) für die Lanstone Monotype in USA entworfen. Sie ist dort 1911 erschienen.

Die Garamond-Antiqua, nach Claude Garamond benannt, (1480–1561) ist ein Nachschnitt aus dem Jahr 1925 der D. Stempel AG in Frankfurt am Main.

Die Palatino erschien 1948 nach Entwürfen von Hermann Zapf (geboren 1918) bei der D. Stempel AG.

Die Trump-Mediäval von Georg Trump (1896–1985) kam erstmals 1954 bei C. E. Weber in Stuttgart auf den Markt.

Die Klassifikation nach DIN 16 518

Barock-Antiqua	Janson	ae	Die Drucker zur Zeit des Barocks unterschieden zwischen der englischen, holländischen und der französischen Antiqua.
Englische	Baskerville	ae	Die englische Barock-Antiqua stand den Renaissance-Schriften noch am nächsten, neben der Baskerville auch die Caslon.
Barock-Antiqua	Janson	ae	Von den drei Barock-Schnitten war die holländische zu ihrer Zeit die begehrteste, der damaligen Mode am nächsten.
Holländische	Van Dijck	ae	Zum Vergleich haben wir die Janson-Antiqua gewählt, die diesen Modecharakter am deutlichsten wiederspiegelt.
Barock-Antiqua	Janson	ae	Der Duktus der Janson-Antiqua kommt dem Duktus der klassizistischen Schriftschnitte insgesamt gesehen sehr nahe.
Französische	Cochin	ae	Die großen Oberlängen, vor allem aber die extrem kleinen Mittellängen, sind für die Cochin-Antiqua charakteristisch.

Die Janson-Antiqua nach dem Holländer Anton Janson (1620–1687) benannt, aber von dem Ungarn Nikolaus Kis (1650–1702) geschnitten, ist 1670 in Amsterdam entstanden und wurde zuletzt von der D. Stempel AG gegossen.
Die Baskerville-Antiqua wurde um 1925 von der D. Stempel AG nach der Schrift des Briten John Baskerville (1706–1775) geschnitten. Auch die H. Berthold AG hat einen Nachschnitt in ihrem Schriftmusterbuch.

Die Van Dijck ist ein Neuschnitt der Monotype Corporation nach der Vorlage einer Schrift des Holländers Christopher van Dijck (1606–1669).
Die Cochin ist ein Nachschnitt der Schrift des berühmten Nicolas Cochin zwischen dem 17. und 18. Jahrhundert. Die Schrift kam 1912 bei Deberny & Peignot in Paris mit der Bezeichnung Moreau-Le-Jeune und bei Ludwig und Mayer in Frankfurt am Main als Sonderdruck-Antiqua heraus.

Klassizistische Antiqua	Bodoni (Bauer)	*ae*	Auch hier streiten drei Länder um die Beliebtheit ihrer Schrift. Als Vergleich die Bodoni, die hier am bekanntesten ist.
Französische	Didot	*ae*	Stellt man diese drei klassizistischen Schriften in eine zeitliche Abfolge, so nimmt die Didot die vorderste Stelle ein.
Klassizistische Antiqua	Bodoni (Bauer)	*ae*	Die Bodoni war hierzulande so begehrt, daß keine Schriftgießerei es sich leisten konnte, auf diese Schrift zu verzichten.
Italienische	Bodoni (Berthold)	*ae*	So kommt es, daß mehrere Firmen eine Bodoni in ihrem Schriftprogramm aufführen, die natürlich nicht identisch sind.
Klassizistische Antiqua	Bodoni (Bauer)	*ae*	Die Bauer-Bodoni haben wir deshalb zum Vergleich gewählt, weil ihre Strichführung den Gegensatz am deutlichsten aufzeigt.
Deutsche	Walbaum	*ae*	Die Walbaum-Antiqua ist im Strichkontrast am mildesten. Sie gilt deshalb auch als die am besten lesbare unter den dreien.

Die Bodoni-Antiqua ist ein Nachschnitt der Bauerschen Gießerei in Frankfurt am Main von 1925 und hat Giambattista Bodonis (1740–1813) in Parma entstandene Antiqua zum Vorbild.
Auch die Didot-Antiqua von Firmin Didot (1764–1836), die um 1800 erschien, wurde nachgeschnitten, und zwar sowohl von der H. Berthold AG, Berlin, wie auch von der D. Stempel AG in Frankfurt am Main.
Die Walbaum-Antiqua, eine Schrift von Justus Erich Walbaum (1768–1837), Graveur und Stempelschneider in Goslar, später in Weimar, kam um 1800 heraus und wurde zuletzt bei der H. Berthold AG in Berlin gegossen.

kursiv oder schräg

Janson-Antiqua normal

A B C D E F G H I J K
L M N O
P Q R S T U V W X Y Z

a b c d e f g h i j k l m
n o p q r s ß t u v w x y z
1 2 3 4 5 6 7 8 9 0

Das normale Alphabet ist die Grundform der Schriftgarnituren, von der sich die engen, breiten und fetten ableiten.

Janson-Antiqua schräg

A B C D E F G H I J K
L M N O
P Q R S T U V W X Y Z

a b c d e f g h i j k l m
n o p q r s ß t u v w x y z
1 2 3 4 5 6 7 8 9 0

Elektronisch schräggestellte Schriften sind keine Kursiven. Sie gehen von der Standardschrift als Grundform aus.

Janson-Antiqua kursiv

A B C D E F G H I J K
L M N O
P Q R S T U V W X Y Z

a b c d e f g h i j k l m
n o p q r s ß t u v w x y z
1 2 3 4 5 6 7 8 9 0

Sie geht nicht von der Standard aus. Ihre Basis ist eine eigene Zeichnung, weshalb denn auch einige Buchstaben anders sind.

---

kursiv oder schräg

Die Buchstaben der Kursivschriften sind schmäler als die der geraden. Sie besitzen bei den Minuskeln keine Fußserifen.

a f ß   *a f ß*

Die Klassifikation nach DIN 16 518

Serifenbetonte
Linear-
Antiqua

Memphis

l r

Nicht alle in der Gruppe Serifenbeton-
ter Schriften eingereihten Alphabete
sind linear. Die linearen nannte man

Egyptienne

Serifenbetonte
Linear-
Antiqua

Clarendon

l r

Serifenbetonte Schriften mit runden Serifenübergängen hießen so,
wie hier der Schriftenname lautet:

Clarendon

Serifenbetonte
Linear-
Antiqua

Barcelona

l r

Daß die alten Setzer genau differen-
zierten, beweist unsere dritte Schrift.
Man bezeichnete sie immer als eine

Etienne

Serifenbetonte
Linear-
Antiqua

Playbill

Viel seltener als auf die vorherigen drei Schriften trifft man
auf unsere vierte Schrift. Dieser, die Serifen überbetonende
Linear-Antiqua, gaben unsere älteren Setzer die Bezeichnung

Italienne

Die Memphis erschien 1930 nach Vorlagen von Rudolf Wolf
(1895 – 1942) bei der D. Stempel AG in Frankfurt am Main.
Die Clarendon von Hermann Eidenbenz (geboren 1902) ist
1962 bei der Haas'schen Schriftgießerei herausgekommen.

Die Barcelona stammt von Edward Benguiat und wurde 1981
von der ITC herausgebracht.
Die Playbill erschien 1938 bei Stephenson & Blake und
wurde von Robert Harling geschaffen.

Die Klassifikation nach DIN 16 518

Serifenlose
Linear-
Antiqua

Akzidenz-
Grotesk

or

Die ursprünglich als Grotesk bezeichnete
Serifenlose Linear-Antiqua hatte das Oval
zur Grundlage ihrer Buchstabenrundungen.

Serifenlose
Linear-
Antiqua

Futura

or

Kreisformen gehen auf die konstruierten
Schriften des Bauhauses zurück, auch wenn
es schon vorher Schriftkonstruktionen gab.

Serifenlose
Linear-
Antiqua

Optima

or

Eine lineare Schrift, wie die Gruppen-
bezeichnung behauptet, hat es selten
gegeben. Diese hier ist auch nicht linear.

Die Akzidenz-Grotesk ist ein Hausschnitt der H. Berthold AG,
Berlin, aus dem Jahre 1898.
Die Futura wurde nach Zeichnungen von Paul Renner
(1878 – 1956) 1928 von der Bauerschen Gießerei in Frank-
furt am Main herausgebracht.
Die Palatino wurde 1948 nach den Entwürfen von Hermann
Zapf (geboren 1918) bei der D. Stempel AG in Frankfurt
am Main geschnitten.

Univers 45

A B C D E F G H I J K
L M N O
P Q R S T U V W X Y Z

a b c d e f g h i j k l m
n o p q r s t u v w x y z
1 2 3 4 5 6 7 8 9 0

Die serifenlosen Linear-Schriften hatten in ihren Abstufungen nicht nur stärkere, sondern immer auch dünnere Garnituren.

Univers 45 schräg

A B C D E F G H I J K
L M N O
P Q R S T U V W X Y Z

a b c d e f g h i j k l m
n o p q r s t u v w x y z
1 2 3 4 5 6 7 8 9 0

Die Bezeichnung verrät, daß die Mutterform dieses Alphabets die Univers 45 war, sie also gar keine echte Kursive ist.

Univers 46

A B C D E F G H I J K
L M N O
P Q R S T U V W X Y Z

a b c d e f g h i j k l m
n o p q r s t u v w x y z
1 2 3 4 5 6 7 8 9 0

Dieser Schrift liegt eine eigene Zeichnung zu Grunde. Sie ist nicht elektronisch verändert. Der Unterschied ist sehr gering.

Univers 45 schräg und Univers 46

Die Serifenlosen hatten – mit einer Ausnahme – nie echte Kursiven, allerdings von einer eigenen Zeichnung ausgehend.

afß *afß*

Die Klassifikation im internationalen Vergleich 1947–1971. Zusammengestellt von Georg Kurt Schauer unter Benutzung der Tabellen von M. H. Groenendaal, Rudolf Hostettler, Aldo Novarese, G. Willem Ovink und Maximilien Vox.

	Deutschland DIN 16 518 1964	Schweiz Tschichold 1952	Frankreich Vox 1963	England Standards 2961 1967	Italien Novarese 1965	Spanien 1969	USA Ettenberg 1947	
Gruppe I *ae*	Venezianische Renaissance-Antiqua	Venezianische Antiqua	Humanes	Humanist	Veneziani	Humanos	Venetian	1470–1500
Gruppe II *ae*	Französische Renaissance-Antiqua	Ältere Antiqua	Garaldes	Garalde	Elzeviri	Garaldos	Garamond Old Style	1495–1757
Gruppe III *ae*	Barock-Antiqua	Antiqua des Übergangs	Réales	Transitional	Transizionali	Reales	Transitional Caslon Old Style	1757–1790
Gruppe IV *ae*	Klassizistische Antiqua	Jüngere Antiqua	Didones	Didone	Bodoniani	Didones	Bodoni Modern	1790–1900
Gruppe V *ae*	Serifenbetonte Linear-Antiqua	Egyptienne	Mécanes	Slab Serif	Egiziani	Mecones	Square Serif Types	seit 1832
Gruppe VI *ae*	Serifenlose Linear-Antiqua	Grotesk Endstrich-lose	Linéales (1954: Simplices)	Lineale	Lineari	Lineales	Sans Serif Types	seit 1815*
Gruppe VII *ae*	Antiqua-Varianten		Incises	Glyphic	Lapidari	Incisos		
Gruppe VIII *ae*	Schreib-schriften		Scriptes	Script	Scritti	Escrituras	Decorative Scripts	
Gruppe IX *ae*	Hand-schriftliche Antiqua		Manuaires	Graphic	Fantasie	Manuales		

nach Tsch

*annähern

Die Maße

Wenn wir heute den Herstellungsprozeß einer Drucksache verfolgen, so sind daran mindestens fünf Berufe beteiligt, nämlich die Papierhersteller, der Setzer, der Lithograf, der Drucker und der Buchbinder. Ich wählte die alten Bezeichnungen, weil sie anschaulicher als die neuen sind. Schon

im 16. Jahrhundert geht der Trend dahin, daß sich die Schriftgießereien selbständig machen und nicht mehr unbedingt einer Druckerei angehören. Die Papiermacher waren von jeher ein eigener Stand. Es darf dabei nicht verwundern, wenn mit den verschiedenen Berufen verschiedene

Maße Anwendung fanden, je nachdem, mit welchen Zulieferern man es zu tun hatte. Das ist auch bis heute so geblieben. Der Zollstock wurde durch das Metermaß verdrängt, er ist aber über die elektronische Datenverarbeitung aus Amerika wieder zu uns nach Europa zurückgekehrt.

Meter und Millimeter

Das Metermaß ist ein auf Zehnereinheiten aufgebautes System. In der grafischen Industrie gilt es unter anderem vor allem für die Papiermaße. Seit Einführung des Fotosatzes werden auch der Zeilenabstand und die Zeilenlänge metrisch gemessen, die Schriftgröße nur dann, wenn sie in Versalhöhe (VH) angegeben werden muß.

Fuß und Punkt

Der typografische Punkt stützt sich auf ein Zwölfersystem. Er war fast dreihundert Jahre lang die Maßeinheit im Satz und Schriftguß. Heute wird in der Regel nur noch die Schriftgröße in Punkten gemessen und das auch nur dann, wenn die hp-Höhe, die auch Vertikalhöhe genannt wird, der Kunde so angegeben hat.

Zoll und Point

Der Zoll ist in den angelsächsischen Ländern noch in Gebrauch. Auch ihm liegt ein Zwölfersystem zu Grunde. Da unsere Computer vorwiegend nach amerikanischen Maßen arbeiten, ist der Zoll im Endlos-Formulardruck wichtig. Schreibstellen werden in Zehntelzoll, Zeilenabstände hingegen werden in Sechstelzoll angegeben.

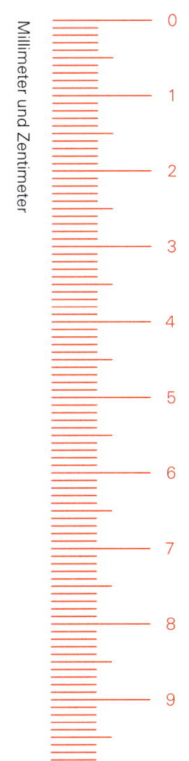

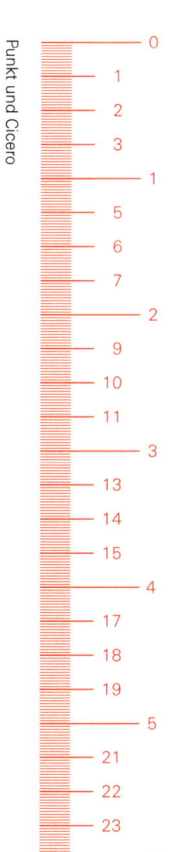

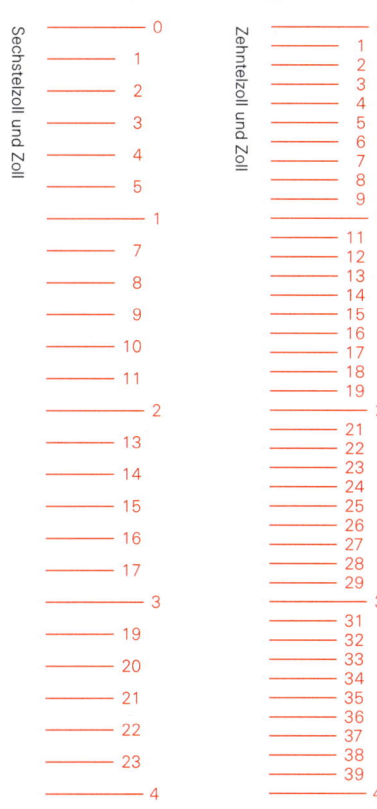

Die Maße

Meter (Millimeter)

Das Jahr 1789, der Beginn der französischen Revolution, ist deshalb wichtig, weil es den Sturz der Monarchie heraufbeschwor, in dessen Verlauf das Fußmaß (pied de roi) getilgt werden mußte. So beschloß 1795 die Französische Nationalversammlung den Meter als den vierzigmillionsten Teil unseres Erdmeridians als neues Maß.

1960 wurde auf der Generalkonferenz für Maße und Gewichte in Paris dieser Meter neu definiert und mit 1 650 763,73 Wellenlänge der orangefarbenen Spektrallinie von Krypton gleichgesetzt.

1983 folgte eine neue Bemessungsgrundlage. Seither ist ein Meter gleich der Länge der Strecke, die das Licht im Vakuum in der Zeit von $^1/299\,792\,458$ Sekunden zurücklegt.

Fuß (Punkt)

Der Vater des typografischen Punktes ist Pierre Simon Fournier (1712–1768). Fournier selbst schrieb: »Die Erfindung dieser Punkte ist die Huldigung, die ich der Typografie im Jahre 1737 darbrachte. Als ich damals zu Beginn meiner langen, mühsamen und arbeitsreichen Berufstätigkeit mit dem Schnitt aller Stempel, deren ich zur Gründung meiner Schriftgießerei bedurfte, begann, fand ich keine bestehende Regel für die Messung der Schriftkegel vor…«

Fournier hatte ein in sich geschlossenes System, aber keinen festen Bezugspunkt gefunden. François-Ambroise Didot (1730–1804) fand diesen im damals üblichen Landesmaß, dem Fuß (pied de roi). Dieses Maß wurde 1879 von den deutschen Gießereien geprüft und übernommen.

Zoll (Point)

Der Zoll wurde als altes deutsches Längenmaß vom Meter abgelöst. Er war der zehnte oder zwölfte Teil eines Fußes, und maß zwischen 2,1 und 3 cm. Das Fußmaß war vom menschlichen Fuß abgeleitet und konnte zwischen 25 und 30 cm lang sein. In den angelsächsischen Ländern lautet die Bezeichnung für Zoll Inch. Sie geht auf das lateinische uncia zurück, was ein Zwölftel bedeutet. In Rom wurde damit zwar ein Gewicht so genannt, welches aber auch ein Zwölftel der nächst größeren Einheit war. Der alte griechische wie der römische Fuß waren damals schon 30 cm lang, während der englische Foot 30,48 cm mißt. Das Fußmaß hatte von Land zu Land verschiedene Längen, da die Schuhgröße des Monarchen sich von Land zu Land unterschied.

1 Meter	10 Dezimeter
1 Dezimeter	10 Zentimeter
1 Zentimeter	10 Millimeter

1 Fuß	12 Zoll
1 Zoll	12 Linien
1 Linie	6 Punkte

1 Foot	12 Inch
1 Inch	6 Pica
1 Pica	12 Points

1 Meter	$^1/299\,792\,458$ sec.		
	Lichtstrecke		
	im Vakuum		

1 Fuß		864 p	324,90 mm
1 Zoll	½ Fuß	72 p	27,08 mm
1 Linie	¹⁄₁₄₄ Fuß	6 p	2,26 mm
1 Punkt	¹⁄₈₆₄ Fuß		0,38 mm
1 Didot-Punkt			0,3760488 mm
	neu		0,375 mm

1 Foot	ft	304,800 mm
1 Inch	in	25,400 mm
1 Pica		4,233 mm
1 Point	pt	0,353 mm

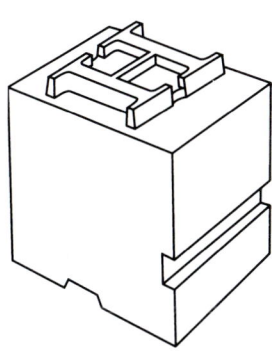

Die Größe

Die Schriftgrößen

Bei der Überlegung, wie groß ein Text gesetzt werden soll, spielen zwei Gesichtspunkte eine Rolle: in welcher Entfernung wird der Text gelesen, und wieviel Zeit beansprucht das Lesen des Textes? Der Leseabstand bei einer normalen Lektüre (wie bei Zeitung, Zeitschrift oder Buch) beträgt in der Regel dreißig Zentimeter. Ein Text, der aus der Ferne gelesen werden soll, muß so groß gesetzt werden, daß die durch den Abstand entstehende natürliche Verkleinerung die Schrift wieder etwa dreißig Zentimeter groß erscheinen läßt. Geht man von der Lesezeit aus und kombiniert diese mit der Leseentfernung, kann man die Schriftgrößen in drei Gruppen gliedern: nämlich in Konsultationsgröße,

Lesegröße und Schaugröße. Die Konsultationsgröße (konsultieren heißt befragen) ist für jene Texte gedacht, die nur kurz aufgesucht, oder besser, konsultiert werden, wie in Lexika, in Fußnoten, Marginalien, lebenden Kolumnentiteln, in Anhang, im Register und dergleichen. Es handelt sich also im wesentlichen um Texte, die kurz nachgeschlagen werden und wenig Zeit beanspruchen.

Unter Lesegröße fallen jene Schriftgrade, die man für umfangreiche Texte verwendet. Sie sollen ein bequemes Erfassen ermöglichen und deshalb in einer angenehmen Größe gesetzt sein. Das sind Texte in Zeitschriften und vor allem in Büchern. Zeitungen sind hier ausgenom-

men. Schon ihres Formates wegen sind sie selten bequem zu lesen. Unter lesen verstehen wir die längere Beschäftigung mit einem Text. Früher nannte man die Konsultations- und Lesegröße Brotschriften. Die Schaugrößen sind für Texte gedacht, die auf eine gewisse Entfernung zu lesen sein sollen: Buchumschläge, Bekanntmachungen, Plakate und dergleichen. Ihre alte Bezeichnung lautete Titelschriften. Zweipunkt- und Dreipunkt-Schriften sind Kuriositäten und wurden nur zum Beweis schriftgießerischen Könnens geschnitten. Praktischen Wert besaßen diese keinen. Schriften, die größer als zweiundsiebzig Punkt waren, wurden in Holz, später in Kunststoff geschnitten.

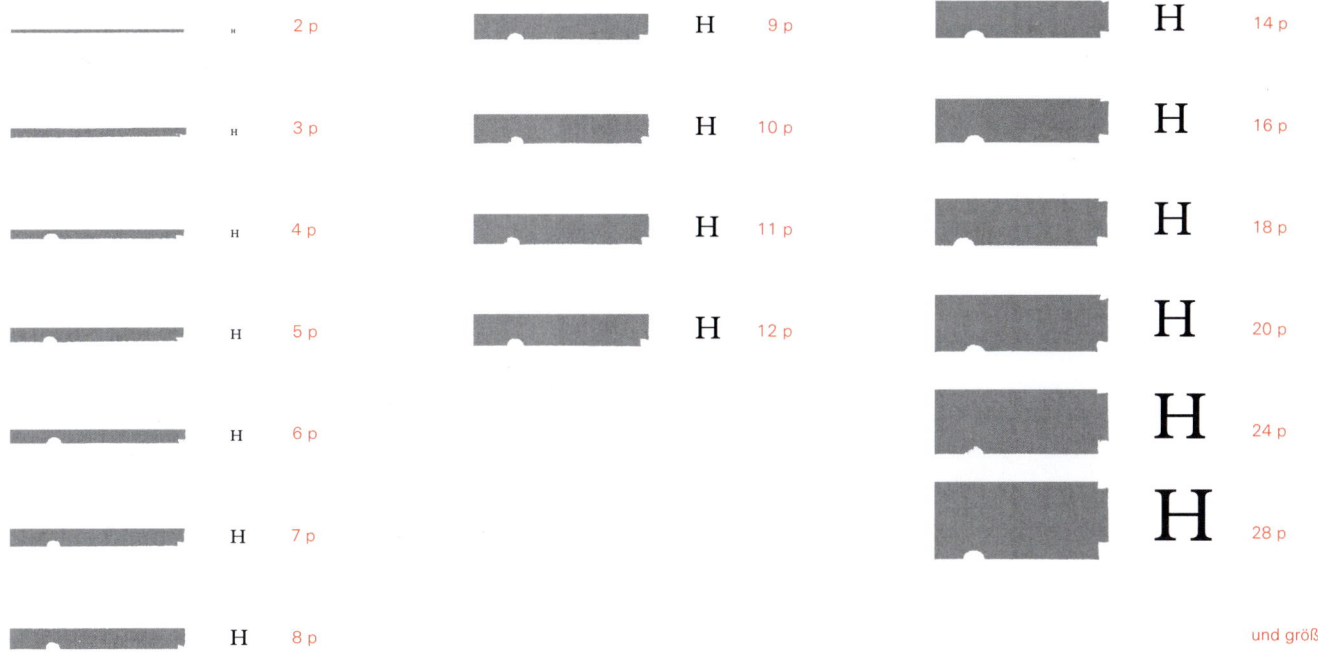

H	2 p	H	9 p	H	14 p
H	3 p	H	10 p	H	16 p
H	4 p	H	11 p	H	18 p
H	5 p	H	12 p	H	20 p
H	6 p			H	24 p
H	7 p			H	28 p
H	8 p				und größer

Konsultationsgröße   Lesegröße   Schaugröße

Die Größe

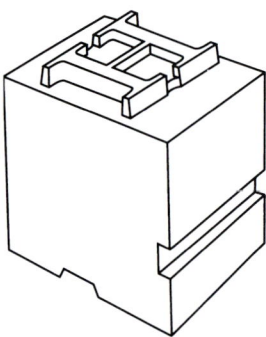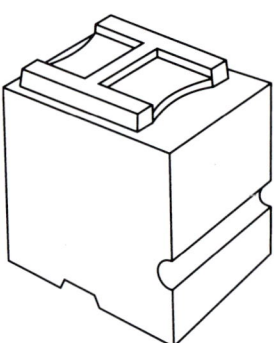

Die Kegelgröße

Kegel nannte man beim Bleibuchstaben jene Abmessung, die den Buchstabenkörper von vorne nach hinten betraf. Auf unserer Abbildung also die Seite ohne Kerbe (Signatur). Da aber, wie auf der Abbildung zu erkennen ist, das Buchstabenbild den Körper nicht ganz ausfüllte, war die Angabe der Schriftgröße nur einem geübten Auge möglich. Zumal bei gleicher Kegelgröße die Bildgröße von Schrift zu Schrift unterschiedlich sein konnte.

Wenn wir die Größe einer Schrift schätzen, so wird diese in der Regel von der Mittellänge der Buchstaben bestimmt. Von unseren sechsundzwanzig Minuskeln zählen aber nur vierzehn zu ihnen. Sieben

sind Ober- und fünf Unterlängen. Hinzu kommen unsere Großbuchstaben, die alle zu den Oberlängen rechnen. Da jedoch kein Buchstabe das Papier als Fläche ganz bedeckt, sondern als Linien-Figuration, die das Papier immer wieder freigibt, wirken die Worte oder Zeilen etwa so groß wie ihre Mittellängen sind. Je nachdem, wie das Verhältnis der Mittellängen zu den Ober- und Unterlängen ist, kann uns diese oder jene Schrift bei gleicher Kegelgröße größer oder kleiner erscheinen (siehe auch Seite 4). Mit Ausnahme von Q, bei kursiven Schriften auch J, f und ß, gibt es keine Buchstaben im Alphabet, die den Schriftkegel von oben bis unten einnehmen.

Wird allerdings ein Wort oder eine Zeile nur in Großbuchstaben gesetzt, so erscheinen Wort oder Zeile zwei Punkt größer. Um hier zu veranschaulichen, daß Schriftkegel und Schriftbild nicht identisch sind, haben wir zwei Schriften, und zwar die Bembo-Antiqua und die Akzidenz-Grotesk, in gleicher Kegelgröße nebeneinandergestellt.

Auch heute noch wird im Fotosatz der Schriftkegel fiktiv angewendet. Und zwar dort, wo die Schriftgröße als Vertikalhöhe angegeben werden muß. Das geschieht in der Regel immer, wenn die Schriftgröße in Punkten und nicht in Millimetern genannt wird.

Kegelgröße	Kegelgröße	2 p
Kegelgröße	Kegelgröße	3 p
Kegelgröße	Kegelgröße	4 p
Kegelgröße	Kegelgröße	5 p
Kegelgröße	Kegelgröße	6 p
Kegelgröße	Kegelgröße	7 p
Kegelgröße	Kegelgröße	8 p

Kegel	**Kegel**	9 p
Kegel	**Kegel**	10 p
Kegel	**Kegel**	11 p
Kegel	**Kegel**	12 p

Kegel	**Kegel**	14 p
Kegel	**Kegel**	16 p
Kegel	**Kegel**	18 p
Kegel	**Kegel**	20 p
Kegel	**Kegel**	24 p
Kegel	**Kegel**	28 p

Konsultationsgröße   Lesegröße  Schaugröße

Blindmaterial

Alte Größenbezeichnungen

1 p Achtelpetit

2 p Viertelpetit

3 p Viertelcicero

4 p Halbpetit

48 p Konkordanz

2 p Non-Plus-Ultra
Lateinisch: Nicht darüber hinaus.

9 p Borgis
Borgis von Bourgeois
(französisch Bürger),
die Bürgerliche.

**20 p Text
oder Secunda**
Die Textgröße in Gutenbergs
Bibel. Früher die zweitgrößte
Schrift.

3 p Brillant
So wertvoll war dieses
gießtechnische Wunderwerk.

**10 p Korpus
oder Garamond**
Corpus Juris (Gesetzeswerk)
Claude Garamond
(Schriftgießer in Paris).

24 p Doppelcicero
Zweifache Cicero-Größe.

4 p Diamant
Nicht viel weniger teuer
war diese Größe.

11 p Rheinländer
Früher auch Maintzer genannt.

28 p Doppelmittel
Zweifache Mittel-Größe.

5 p Perl
So groß war der Wert
des schwierigen Gusses.

12 p Cicero
Peter Schöffer, der Gehilfe
Gutenbergs, druckte Ciceros
Briefe aus einer ähnlichen
Größe.

**32 p Doppeltertia
oder kleine Kanon**
Zweifache Tertia-Größe
oder kleines Maß.

6 p Nonpareille
Französisch: Ohne Parallele,
die Unvergleichliche.

14 p Mittel
Die mittlere der früher gebräuchlichsten sechs Schriftgrößen
(8, 10, 12, 14, 16, 20, 36 p).

**36 p Dreicicero
oder Kanon**
Dreifache Cicero-Größe
oder Maßstab.

**7 p Kolonel
oder Mignon**
Vermutlich von Colonne: Säule,
Mignon bedeutet Liebling

16 p Tertia
Früher der drittgrößte Schriftgrad.

40 p 42 p Grobe Kanon
Grobe war immer die
Bezeichnung für größere.

8 p Petit
Französisch: klein.
Einige Zeit die kleinste Schrift.

18 p Parangon
Das Wort bedeutet ausgleichen
(zwischen 16 und 20 p).

**48 p Viercicero
oder kleine Missal**
Vierfache Cicero-Größe
oder Schriftgröße im Meßbuch.

Vertikalhöhe (Kegelgröße)

Wie wird gemessen?

Gemessen wird in Millimetern und dann in Didot-Punkt oder Pica-Point umgerechnet. Zunächst aber unterscheiden wir bei den Oberlängen zwischen Versalien und Minuskeln. Es gibt nämlich eine Menge Schriften, deren Großbuchstaben etwas niedriger sind als die Oberlängen der Kleinbuchstaben. Wir sehen das am

Beispiel der Bembo-Antiqua, in der mittleren Spalte an erster und vierter Stelle. Dort ist das große H deutlich niederer als das kleine h. Wir messen vom kleinen h bis hin zum kleinen p, denn beide Buchstaben zusammen markieren den höchst- und tiefstmöglichen Punkt eines Wortes oder einer Zeile. Wir messen die Schrift also in ihrer vertikalen Ausdehnung, weshalb wir auch von Vertikalhöhe sprechen. Natürlich können auch andere Buchstaben mit der gleichen Ausdehnung gemessen werden. Statt h beispielsweise b oder d oder l, statt p auch g oder j oder q. Die Meßblätter, von denen wir eines abgebildet haben, besitzen heute in der Regel neben der Millimeter- und Didot-Punkt-Skala auch eine in Pica-Point, also im englisch-amerikanischem Punkt-System, da viele Geräte, die Satz produzieren, sowohl in Pica-Point wie auch in Didot-Punkten arbeiten können. Die auf dem Meßblatt in der Mitte plazierten senkrechten Bahnen dienen als Zeilenzähler, in diesem Fall für die Schriftgrößen von 6 p, 8 p, 10 p, 12 p und 14 p in jeweils zwei verschiedenen Zeilenabständen.

hp- oder Vertikalhöhe

Typomaß oder Typometer

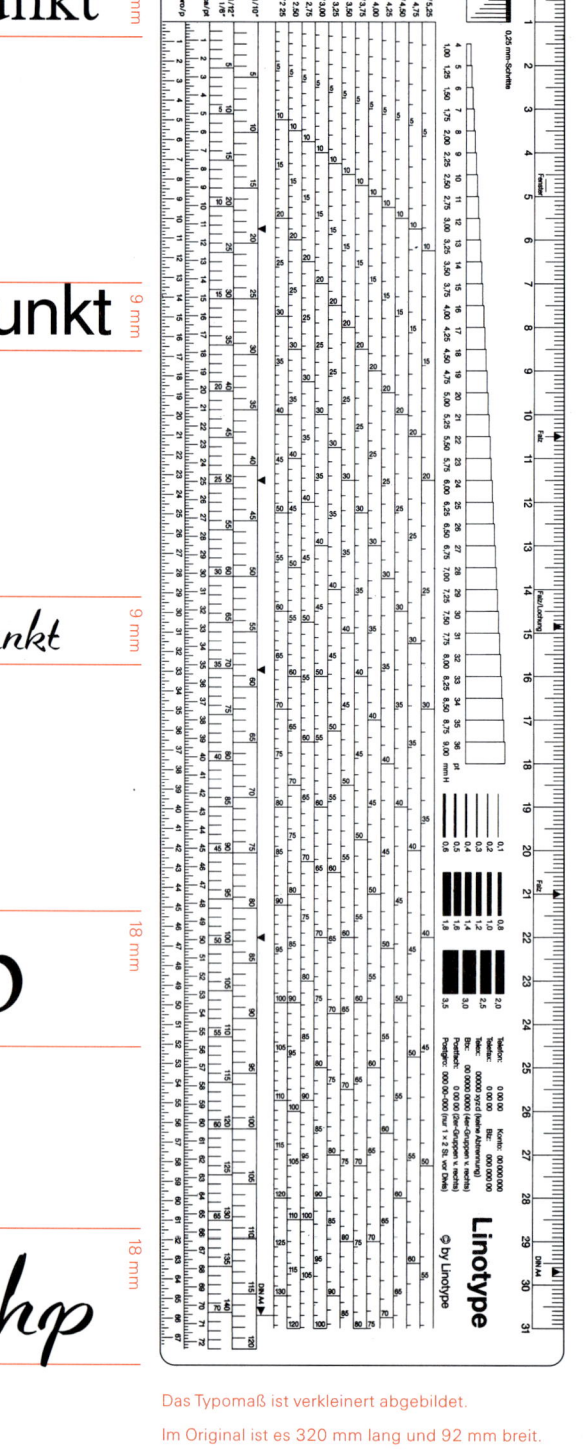

Das Typomaß ist verkleinert abgebildet.

Im Original ist es 320 mm lang und 92 mm breit.

Versalhöhe (VH)

Wie wird gemessen?

Gemessen wird mit einem eigens dafür geschaffenen Meßblatt oder einer dafür auf den üblichen Typomaßen aufgedruckten Meßskala. Diese Skalen unterscheiden sich bei Linotype-Schriften und bei Berthold-Schriften in den Größenanga-

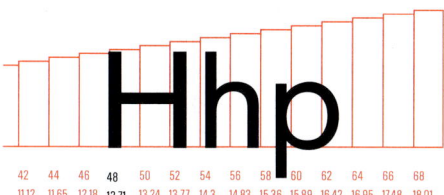

ben (siehe Seite 72). Wir haben auf dieser Seite uns die Berthold-Maße zugrundegelegt. Zum Messen eignen sich vor allem Großbuchstaben, die eine Senkrechte aufweisen, wie beispielsweise H, B, I, K usw. Der Buchstabe muß nämlich genau in eines der Felder passen. Es darf weder oben noch unten ein Spielraum entstehen. Das rechts abgebildete Berthold-Größenmaß verzichtet auf eine Didot-Punkt- oder Pica-Skala. Die Versalgrößenskala allerdings nennt in der ersten Zeile die Kegelgröße in Didot-Punkten und in der zweiten Zeile die dazugehörende Versalhöhe in Millimeter. Die bei unseren Beispielen in Frage kommenden Größen haben wir schwarz gedruckt. Auch die auf dem Größenmaß angegebenen Linien stimmen verschiedentlich nicht mit denen von Linotype überein. So hat Berthold die Linienstärken numeriert, während Linotype sie in Millimetern angibt. Hier in der mittleren Spalte an dritter und an letzter Stelle haben wir die Caprice abgebildet, eine Schreibschrift, dessen großes H mit seiner weit ausholenden rechten Schleife unter die normale Schriftlinie gerät. Hier mißt man von der erkennbaren Grundlinie der Schrift nach oben.

Versalhöhe (VH)

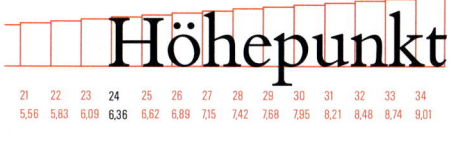

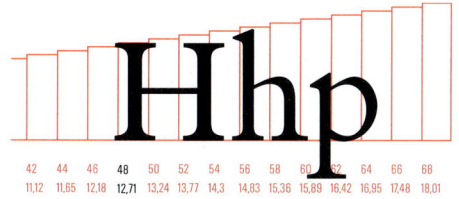

Meßblatt für Versalhöhe (VH)

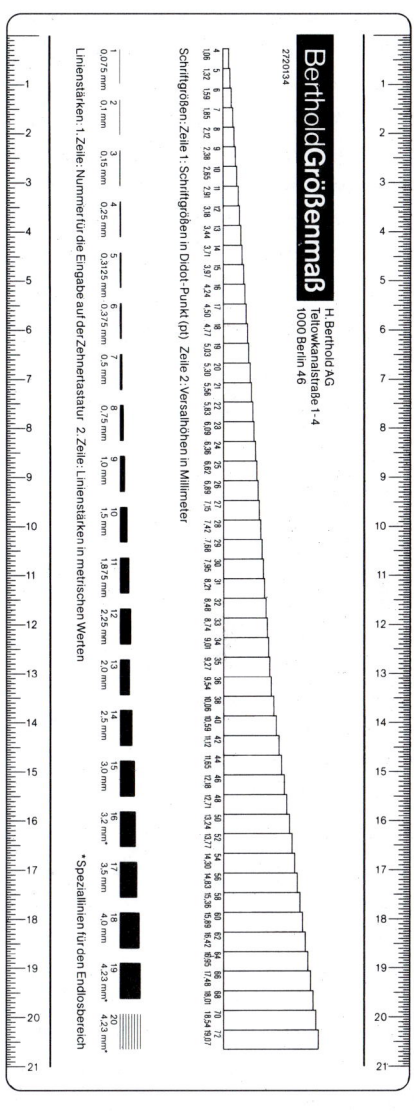

Das Berthold-Größenmaß wurde in der Abbildung verkleinert. Im Original mißt es 220 mm in der Länge und 82 mm in der Breite. Die beiden Randmaße sind Millimetermaße.

Vertikalhöhe (Kegelgröße)

Die Vertikalhöhe oder Kegelgröße, auch hp-Höhe, ist im Buchstaben oben rot gekennzeichnet und geht auf den Bleisatz zurück. Sie ergibt bei gleicher Kegelgröße von Schrift zu Schrift ein optisch unterschiedliches Bild. Zum Vergleich steht in dieser Spalte unten die Bembo-Antiqua neben der Akzidenz-Grotesk, wobei der Kegel minimal größer ist als das Bild, da im Blei der Buchstabenkörper oben und unten zum Bild hin konisch verlief. Das war eine technische Notwendigkeit.

Versalhöhe Linotype

Die Firma Linotype hat die Versalhöhe ihrer Schriften der Vertikalhöhe oder Kegelgröße des Bleisatzes angeglichen. Viele Schriften weisen so bei gleicher Kegelgröße eine andere Versalhöhe aus. Hierfür hat die Firma ein eigenes Tabellarium erstellt, dem die jeweilige Versalhöhe abgelesen werden kann. Wir haben in dieser Spalte unten wieder zum Vergleich die Bembo-Antiqua neben die Akzidenz-Grotesk gestellt, wobei wir Akzidenz-Grotesk mit AG abgekürzt haben.

Versalhöhe Berthold

Die Firma H. Berthold AG definiert die Schriftgröße über eine einheitliche Versalhöhe. Dabei haben alle Schriften bei einem fiktiven Kegel von 12 Didot-Punkten immer die Versalhöhe von 3,18 mm. Umgekehrt hat die Versalhöhe von 3,18 mm immer eine Kegelgröße von 12 Didot-Punkten. Das führt bei gleicher Kegelgröße auch zu einer annähernd gleichen Schriftbildgröße. Während Berthold von Didot-Punkten ausgeht, rechnet Linotype in Pica-Point.

Vertikalhöhe 9 mm	24 Punkt

Kegel   **Kegel**

Bembo VH 5,6 mm	AG VH 6 mm 24 Punkt

Kegel   **Kegel**

Versalhöhe Berthold 6,36 mm	24 Punkt

Kegel   **Kegel**

Vertikalhöhe 13,5 mm	36 Punkt

Kgl   **Kgl**

Bembo VH 8,4 mm	AG VH 9 mm 36 Punkt

Kgl   **Kgl**

Versalhöhe Berthold 9,54 mm	36 Punkt

Kgl   **Kgl**

Vertikalhöhe 18 mm	48 Punkt

Kgl   **Kgl**

Bembo VH 11,2 mm	AG VH 12 mm 48 Punkt

Kgl   **Kgl**

Versalhöhe Berthold 12,71 mm	48 Punkt

Kgl   **Kgl**

Personalcomputer (PC) gehen bei ihrer Schriftgröße von der Kegelgröße aus. Folgende vereinfachte Regeln können Anhaltspunkte sein. Zweidrittel der Kegelgröße ist Versalhöhe: 8 Punkt Kegelgröße = 3 mm Versalhöhe = 2 mm

Geht man vom Bleisatz, also vom Didot-Punkt aus, so sagt die Faustregel: Kegelgröße in Didot-Punkt durch vier ist Versalhöhe in Millimeter: 24 Punkt Kegelgröße : 4 = 6 mm Versalhöhe.

Bei Millimeterangaben gilt vereinfacht die Regel: Versalhöhe in Millimeter mal 1,5 ist Kegelgröße in Millimeter. Versalhöhe 6 mm x 1,5 = 9 mm = 24 Punkt Kegelgröße.

Die Zeilenlänge

Die Zeilenlänge

Wenn wir die Länge der Zeilen festlegen, so sind Schriftgröße und Textumfang wichtig. Denn nur bei umfangreichen Texten haben wir auf den Leserhythmus zu achten, der sich während des Lesens bildet. Er ist notwendig, um das Lesen angenehm zu gestalten.
Was die Länge betrifft, so läßt sich das Lesen mit dem Gehen vergleichen, weshalb man hier auch von Leseschritten spricht. Der Leseschritt ist individuell verschieden, im Durchschnitt aber zehn

Buchstaben lang. Das gilt für 6-p- wie für 12-p-Schriften. Deshalb werden und sollen die Zeilen kleinerer Schriften kürzer sein als die größerer. Zu lange Zeilen gefährden den Lesefluß, da dort der Anschluß zur nächsten Zeile schwer zu finden ist, zu kurze Zeilen verhindern einen Leserhythmus.
Aus meiner praktischen Erfahrung gibt es drei Methoden zur Ermittlung einer optimalen Zeilenlänge, die wir in den Größen von 6 p bis 12 p zeigen.

Die erste geht von sechzig Anschlägen aus. Das ist auch die Anschlagzahl für das Schreiben von Manuskripten.
Die zweite sagt, daß innerhalb einer Zeile zwischen sechs und acht Wortabstände sein sollen. Sie garantieren, daß beim Erweitern oder Verringern der Abstände im Blocksatz keine zu großen oder zu kleinen Räume entstehen.
Die dritte basiert auf einem Erfahrungswert und stimmt fast genau mit den sechzig Anschlägen überein.

| | 0 | 10 | 20 | 30 | 40 | 50 | 60 | 70 | 80 | 90 | 100 | 110 | 120 |

60 Anschläge
8 Wortabstände
6 p = 60 mm

Wenn wir heute etwas als typisch bezeichnen, dann wollen wir
damit sagen, daß es sich um etwas Ausgeprägtes handelt.
Wenn wir heute etwas als typisch bezeichnen, dann wollen wir

60 Anschläge
8 Wortabstände
6 p = 60 mm

Wenn wir heute etwas als typisch bezeichnen, dann wollen wir
damit sagen, daß es sich um etwas Ausgeprägtes handelt.
Wenn wir heute etwas als typisch bezeichnen, dann wollen wir

60 Anschläge
8 Wortabstände
7 p = 70 mm

Wenn wir heute etwas als typisch bezeichnen, dann wollen wir
damit sagen, daß es sich um etwas Ausgeprägtes handelt.
Wenn wir heute etwas als typisch bezeichnen, dann wollen wir

60 Anschläge
8 Wortabstände
7 p = 70 mm

Wenn wir heute etwas als typisch bezeichnen, dann wollen wir
damit sagen, daß es sich um etwas Ausgeprägtes handelt.
Wenn wir heute etwas als typisch bezeichnen, dann wollen wir

60 Anschläge
8 Wortabstände
8 p = 80 mm

Wenn wir heute etwas als typisch bezeichnen, dann wollen wir
damit sagen, daß es sich um etwas Ausgeprägtes handelt.
Wenn wir heute etwas als typisch bezeichnen, dann wollen wir

60 Anschläge
8 Wortabstände
8 p = 80 mm

Wenn wir heute etwas als typisch bezeichnen, dann wollen wir
damit sagen, daß es sich um etwas Ausgeprägtes handelt.
Wenn wir heute etwas als typisch bezeichnen, dann wollen wir

| | 0 | 10 | 20 | 30 | 40 | 50 | 60 | 70 | 80 | 90 | 100 | 110 | 120 |

Spricht man von Anschlägen, so meint man den Tastendruck auf der Schreibmaschine oder am Satzgerät. Dazu zählt auch der Tastendruck für den Wortabstand, weshalb die Zwischenräume und Punkturen mitgezählt werden.

Setzt man Blocksatz, so kann man das nur, wenn man in den Wortabständen variabel ist. Dabei werden diese einmal enger und einmal weiter. Bei etwa acht Worten je Zeile wird die Differenz in den Abständen kaum sichtbar.

Die dritte Art, die Zeilenlänge zu ermitteln, geht von der Schriftgröße in Didot-Punkten aus. Schriftgröße in Didot-Punkten mit zehn multipliziert ergibt die Zeilenlänge in Millimeter.

| | 0 | 10 | 20 | 30 | 40 | 50 | 60 | 70 | 80 | 90 | 100 | 110 | 120 |

60 Anschläge
8 Wortabstände
9 p = 90 mm

Wenn wir heute etwas als typisch bezeichnen, dann wollen wir

damit sagen, daß es sich um etwas Ausgeprägtes handelt.

Wenn wir heute etwas als typisch bezeichnen, dann wollen wir

60 Anschläge
8 Wortabstände
9 p = 90 mm

Wenn wir heute etwas als typisch bezeichnen, dann wollen wir

damit sagen, daß es sich um etwas Ausgeprägtes handelt.

Wenn wir heute etwas als typisch bezeichnen, dann wollen wir

60 Anschläge
8 Wortabstände
10 p = 100 mm

Wenn wir heute etwas als typisch bezeichnen, dann wollen wir

damit sagen, daß es sich um etwas Ausgeprägtes handelt.

Wenn wir heute etwas als typisch bezeichnen, dann wollen wir

60 Anschläge
8 Wortabstände
10 p = 100 mm

Wenn wir heute etwas als typisch bezeichnen, dann wollen wir

damit sagen, daß es sich um etwas Ausgeprägtes handelt.

Wenn wir heute etwas als typisch bezeichnen, dann wollen wir

60 Anschläge
8 Wortabstände
12 p = 120 mm

Wenn wir heute etwas als typisch bezeichnen, dann wollen wir

damit sagen, daß es sich um etwas Ausgeprägtes handelt.

Wenn wir heute etwas als typisch bezeichnen, dann wollen wir

60 Anschläge
8 Wortabstände
12 p = 120 mm

Wenn wir heute etwas als typisch bezeichnen, dann wollen wir

damit sagen, daß es sich um etwas Ausgeprägtes handelt.

Wenn wir heute etwas als typisch bezeichnen, dann wollen wir

| | 0 | 10 | 20 | 30 | 40 | 50 | 60 | 70 | 80 | 90 | 100 | 110 | 120 |

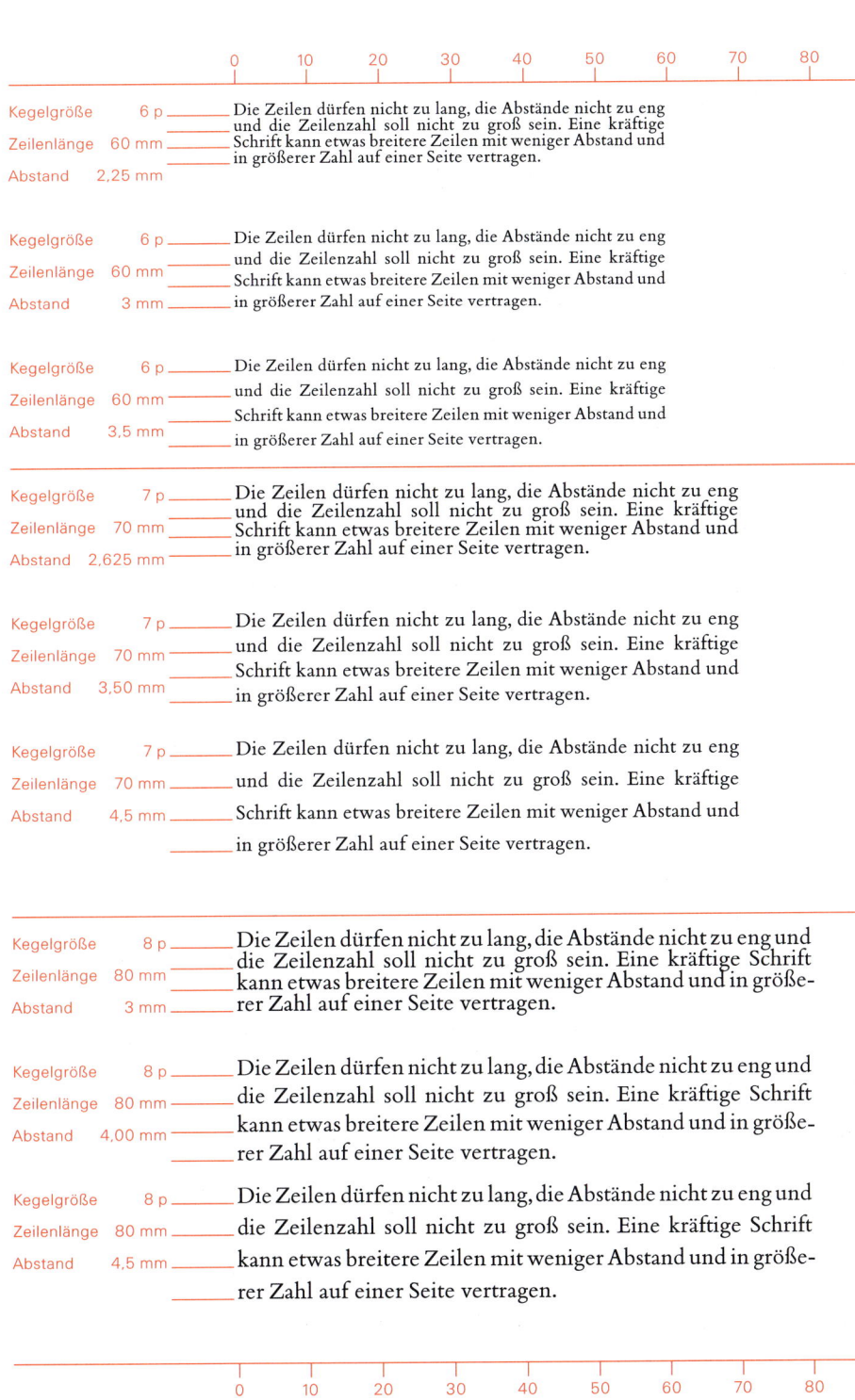

| | | | 0 | 10 | 20 | 30 | 40 | 50 | 60 | 70 | 80 |

Kegelgröße 6 p
Zeilenlänge 60 mm
Abstand 2,25 mm

Die Zeilen dürfen nicht zu lang, die Abstände nicht zu eng und die Zeilenzahl soll nicht zu groß sein. Eine kräftige Schrift kann etwas breitere Zeilen mit weniger Abstand und in größerer Zahl auf einer Seite vertragen.

Kegelgröße 6 p
Zeilenlänge 60 mm
Abstand 3 mm

Die Zeilen dürfen nicht zu lang, die Abstände nicht zu eng und die Zeilenzahl soll nicht zu groß sein. Eine kräftige Schrift kann etwas breitere Zeilen mit weniger Abstand und in größerer Zahl auf einer Seite vertragen.

Kegelgröße 6 p
Zeilenlänge 60 mm
Abstand 3,5 mm

Die Zeilen dürfen nicht zu lang, die Abstände nicht zu eng und die Zeilenzahl soll nicht zu groß sein. Eine kräftige Schrift kann etwas breitere Zeilen mit weniger Abstand und in größerer Zahl auf einer Seite vertragen.

Kegelgröße 7 p
Zeilenlänge 70 mm
Abstand 2,625 mm

Die Zeilen dürfen nicht zu lang, die Abstände nicht zu eng und die Zeilenzahl soll nicht zu groß sein. Eine kräftige Schrift kann etwas breitere Zeilen mit weniger Abstand und in größerer Zahl auf einer Seite vertragen.

Kegelgröße 7 p
Zeilenlänge 70 mm
Abstand 3,50 mm

Die Zeilen dürfen nicht zu lang, die Abstände nicht zu eng und die Zeilenzahl soll nicht zu groß sein. Eine kräftige Schrift kann etwas breitere Zeilen mit weniger Abstand und in größerer Zahl auf einer Seite vertragen.

Kegelgröße 7 p
Zeilenlänge 70 mm
Abstand 4,5 mm

Die Zeilen dürfen nicht zu lang, die Abstände nicht zu eng und die Zeilenzahl soll nicht zu groß sein. Eine kräftige Schrift kann etwas breitere Zeilen mit weniger Abstand und in größerer Zahl auf einer Seite vertragen.

Kegelgröße 8 p
Zeilenlänge 80 mm
Abstand 3 mm

Die Zeilen dürfen nicht zu lang, die Abstände nicht zu eng und die Zeilenzahl soll nicht zu groß sein. Eine kräftige Schrift kann etwas breitere Zeilen mit weniger Abstand und in größerer Zahl auf einer Seite vertragen.

Kegelgröße 8 p
Zeilenlänge 80 mm
Abstand 4,00 mm

Die Zeilen dürfen nicht zu lang, die Abstände nicht zu eng und die Zeilenzahl soll nicht zu groß sein. Eine kräftige Schrift kann etwas breitere Zeilen mit weniger Abstand und in größerer Zahl auf einer Seite vertragen.

Kegelgröße 8 p
Zeilenlänge 80 mm
Abstand 4,5 mm

Die Zeilen dürfen nicht zu lang, die Abstände nicht zu eng und die Zeilenzahl soll nicht zu groß sein. Eine kräftige Schrift kann etwas breitere Zeilen mit weniger Abstand und in größerer Zahl auf einer Seite vertragen.

| | | | 0 | 10 | 20 | 30 | 40 | 50 | 60 | 70 | 80 |

Der Zeilenabstand

Da im Bleisatz der Buchstabe eine feste Kegelgröße besaß, hatte auch die Zeile eine exakte Begrenzung. Der Zeilenabstand wurde nach dem benannt, was zwischen den Zeilen war. Bei kompressem Satz, also bei Zeilen, die aneinanderstießen, wurde das mit 0 vermerkt. Alles andere wurde in Didot-Punkten angegeben. Eine 9-p-Schrift mit 3 p Zeilenabstand notierte man mit 9/12 p. Diese 3 p wurden im Handsatz als Reglette zwischen die Zeilen gelegt, beim Maschinensatz (Zeilenguß oder Einzelbuchstabenguß) gleich angegossen, so daß die Zeilen dort eine 9-p-Schrift auf einem 12-p-Kegel trugen. Im Fotosatz geschieht das Belichten ähnlich wie das Beschreiben eines Blattes in der Schreibmaschine. Das Material wird je nach Einstellung in der Maschine um ein bestimmtes Maß weitergerückt. Man nennt das im Fotosatz Vorschub oder Zeilenschaltung oder Zeilenabstand. Wie bei der Schreibmaschine wird aber nicht der Raum zwischen den Zeilen gemessen, sondern der von Schrift- und Grundlinie zu Grundlinie. Galt im Bleisatz die grobe Regel, daß ein Drittel des Schriftkegels die Größe des Zeilenabstandes ist, also bei einer 9-p-Schrift ein 3-p-Abstand, so ist heute diese Rechnung schon deshalb nicht mehr möglich, da die Schriftgröße in der Regel in Didot-Punkten oder Pica-Point, die Zeilenschaltung aber in Millimetern angegeben wird. Als einfache, aber leider nicht immer ganz zufriedenstellende Formel gilt nun: Kegelgröße in Didot-Punkten halbiert, ist Zeilenabstand oder Zeilenvorschub in Millimeter. Hat die Schrift große Mittellängen gilt ewas mehr. Wir haben in unserem Beispiel dem Leser verschiedene Zeilenabstände zur Auswahl gestellt, wobei der mittlere Satz jeweils unserer Regel entspricht.

Der Zeilenabstand

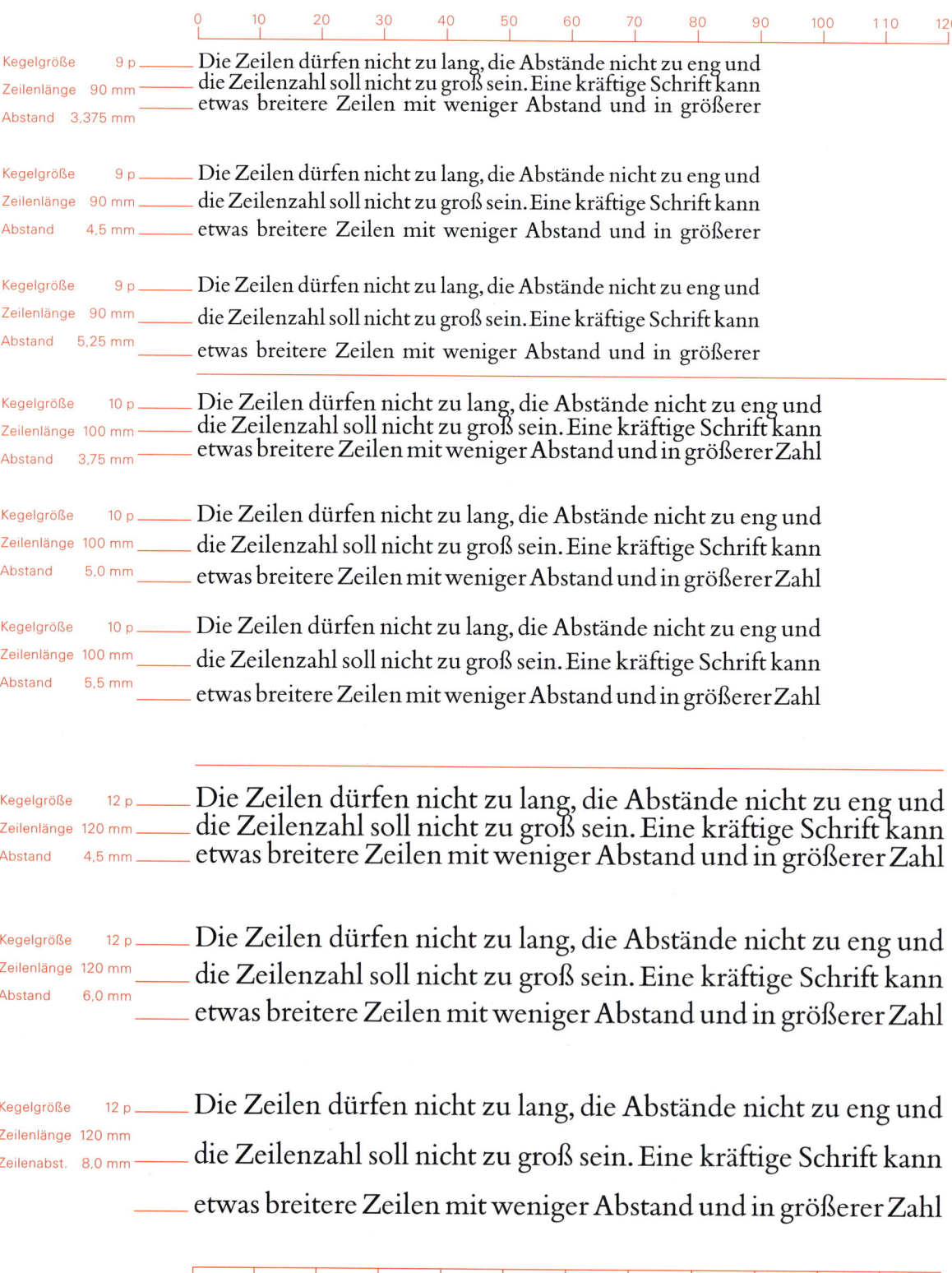

0   10   20   30   40   50   60   70   80   90   100   110   120

Kegelgröße   9 p —— Die Zeilen dürfen nicht zu lang, die Abstände nicht zu eng und
Zeilenlänge   90 mm —— die Zeilenzahl soll nicht zu groß sein. Eine kräftige Schrift kann
Abstand   3,375 mm —— etwas breitere Zeilen mit weniger Abstand und in größerer

Kegelgröße   9 p —— Die Zeilen dürfen nicht zu lang, die Abstände nicht zu eng und
Zeilenlänge   90 mm —— die Zeilenzahl soll nicht zu groß sein. Eine kräftige Schrift kann
Abstand   4,5 mm —— etwas breitere Zeilen mit weniger Abstand und in größerer

Kegelgröße   9 p —— Die Zeilen dürfen nicht zu lang, die Abstände nicht zu eng und
Zeilenlänge   90 mm —— die Zeilenzahl soll nicht zu groß sein. Eine kräftige Schrift kann
Abstand   5,25 mm —— etwas breitere Zeilen mit weniger Abstand und in größerer

Kegelgröße   10 p —— Die Zeilen dürfen nicht zu lang, die Abstände nicht zu eng und
Zeilenlänge   100 mm —— die Zeilenzahl soll nicht zu groß sein. Eine kräftige Schrift kann
Abstand   3,75 mm —— etwas breitere Zeilen mit weniger Abstand und in größerer Zahl

Kegelgröße   10 p —— Die Zeilen dürfen nicht zu lang, die Abstände nicht zu eng und
Zeilenlänge   100 mm —— die Zeilenzahl soll nicht zu groß sein. Eine kräftige Schrift kann
Abstand   5,0 mm —— etwas breitere Zeilen mit weniger Abstand und in größerer Zahl

Kegelgröße   10 p —— Die Zeilen dürfen nicht zu lang, die Abstände nicht zu eng und
Zeilenlänge   100 mm —— die Zeilenzahl soll nicht zu groß sein. Eine kräftige Schrift kann
Abstand   5,5 mm —— etwas breitere Zeilen mit weniger Abstand und in größerer Zahl

Kegelgröße   12 p —— Die Zeilen dürfen nicht zu lang, die Abstände nicht zu eng und
Zeilenlänge   120 mm —— die Zeilenzahl soll nicht zu groß sein. Eine kräftige Schrift kann
Abstand   4,5 mm —— etwas breitere Zeilen mit weniger Abstand und in größerer Zahl

Kegelgröße   12 p —— Die Zeilen dürfen nicht zu lang, die Abstände nicht zu eng und
Zeilenlänge   120 mm —— die Zeilenzahl soll nicht zu groß sein. Eine kräftige Schrift kann
Abstand   6,0 mm —— etwas breitere Zeilen mit weniger Abstand und in größerer Zahl

Kegelgröße   12 p —— Die Zeilen dürfen nicht zu lang, die Abstände nicht zu eng und
Zeilenlänge   120 mm —— die Zeilenzahl soll nicht zu groß sein. Eine kräftige Schrift kann
Zeilenabst.   8,0 mm —— etwas breitere Zeilen mit weniger Abstand und in größerer Zahl

0   10   20   30   40   50   60   70   80   90   100   110   120

Das, was wir soeben vorgestellt haben, waren Zeilenabstände für normale Schriften. Normal heißt in diesem Fall, Schriften mit normalen Mittellängen. Erinnern wir uns kurz, was man unter Mittellängen versteht. Stellen wir dann fest, daß wir mehr Mittellängen als Ober- und Unterlängen zusammengenommen in unseren Kleinbuchstaben besitzen. Und bedenken wir zuletzt, daß die Buchstaben, die in unserer Sprache am häufigsten gebraucht werden, wie a, e, i, o, u, m, n, r und t zu den Mittellängen zählen. Skizzieren wir kleinere Schriftgrade in Strichmanier, so wissen wir, daß wir die Schriftgröße durch Striche angeben, die in etwa den Mittellängen der gewünschten Größe entsprechen. Das heißt, daß sich die optische Größe einer Schrift im wesentlichen aus den Mittellängen der Kleinbuchstaben herleitet. Wir wissen ferner, daß sich die optische Schriftgröße selten mit der definitiven Schriftgröße deckt. Und wir wissen, daß das im wesentlichen an den unterschiedlich großen Mittellängen der jeweiligen Schrift liegt. Je größer die Mittellängen um so größer und je kleiner um so kleiner erscheint eine Schrift.

Da also Schriften mit kleinen Mittellängen gegenüber anderen Schriften bei gleicher Kegelgröße kleiner wirken, könnte ihr Zeilenabstand auch geringer gehalten werden. Das ist dann richtig, wenn man den Zeilenabstand nicht kleiner wählt als den Schriftkegel. Das heißt, dann, wenn Ober- und Unterlängen sich nicht berühren. Unsere einfache Regel ist demnach von Fall zu Fall zu korrigieren. Skizzieren wir kleinere Schriftgrade in Strichmanier, so müssen wir nicht nur auf die Größe der Mittellängen achten, sondern ebenso auf den Grauwert der Schrift. Die Zeile ist nie vollschwarz, da um und in den Buchstaben das Papier von der Farbe unbedeckt bleibt.

Oberlänge	bdfhklt
Mittellänge	aceimnorsuvwxz
Unterlänge	gjpqy

große Mittellänge	Die Mittellänge
normale Mittellänge	Die Mittellänge
kleine Mittellänge	Die Mittellänge

Die Mittellänge
Die Mittellänge

Die Mittellänge
Die Mittellänge

Die Mittellänge
Die Mittellänge

Schriften mit großen Mittellängen wirken größer und auch dunkler. Der Grauwert der Schriften ergibt sich ja aus der Fläche Papier, die von den Strichen der Buchstaben bedeckt wird und dem, was von der Fläche unbedeckt bleibt. Bedeckt ist bei Schriften mit großen Mittellängen naturgemäß mehr als bei anderen. Hinzu kommt noch die Stärke des Buchstabenstriches, die mit der Größe der Buchstaben zunimmt, auch wenn sie das nur ganz minimal tut, so daß wir es am Einzelbuchstaben kaum wahrnehmen, wir es in der Summe aber sehr wohl gut sehen können. Allgemein hört man die Behauptung, daß die Schriften mit großen Mittellängen besser zu lesen seien als andere. Vergleichen wir aber unsere 10 p Times-Antiqua normal mit der 10 p Baskerville-Antiqua normal, so werden wir das nicht bestätigen können. Der Grund liegt in unserem Beispiel ganz einfach darin, daß die 10 p Times-Antiqua normal für ihre optische Größe zu wenig Zeilenabstand hat, während die 10 p Baskerville-Antiqua normal sich diesen durch ihre kleineren Mittellängen holt. Hier bestätigt sich, daß der Zeilenabstand einer der wichtigsten Parameter des Satzes ist. Denn es zeigt sich immer wieder, daß die Lesbarkeit einer Schrift sofort besser wird, wenn zu enger Satz mehr Abstand zwischen den Zeilen erhält. Das darf nicht zu der Folgerung führen, je größer der Zeilenabstand, desto besser die Lesbarkeit. Erreicht der Abstand zwischen den Zeilen mehr als die Hälfte der Kegelgröße der verwendeten Schrift, nimmt die gute Lesbarkeit wieder ab. Die Kolumne verliert ihren Zusammenhang und die Zeilen werden zu Strichen. Wenn die 10 p Bernhard Modern nicht besser lesbar ist als die 10 p Baskerville-Antiqua, so liegt das an der Form ihrer Buchstaben- und Wortbilder.

---

10 p

Times-Antiqua

normal

VH 2,65 mm

4,5

Du vergissest niemand, Du wirst Dich noch eines gewissen Peter Schlemihl erinnern, den Du in frühern Jahren ein paarmal bei mir gesehen hast, ein langbeiniger Bursch, den man ungeschickt glaubte, weil er linkisch war, und der wegen seiner Trägheit für faul galt. Ich hatte ihn lieb, – Du kannst nicht vergessen haben, Eduard, wie er uns einmal in unsrer grünen Zeit durch die Sonette lief, ich brachte ihn mit auf einen der poetischen Tees, wo er mir noch während des Schreibens einschlief, ohne das Lesen abzuwarten. Nun erinnere ich mich auch eines Witzes, den Du auf ihn machtest. Du hattest ihn nämlich schon, Gott weiß wo und wann,

---

10 p

Baskerville-Antiqua

normal

VH 2,65

4,5

Du vergissest niemand, Du wirst Dich noch eines gewissen Peter Schlemihl erinnern, den Du in frühern Jahren ein paarmal bei mir gesehen hast, ein langbeiniger Bursch, den man ungeschickt glaubte, weil er linkisch war, und der wegen seiner Trägheit für faul galt. Ich hatte ihn lieb, – Du kannst nicht vergessen haben, Eduard, wie er uns einmal in unsrer grünen Zeit durch die Sonette lief, ich brachte ihn mit auf einen der poetischen Tees, wo er mir noch während des Schreibens einschlief, ohne das Lesen abzuwarten. Nun erinnere ich mich auch eines Witzes, den Du auf ihn machtest. Du hattest ihn nämlich schon, Gott weiß wo und wann, in einer alten schwarzen

---

10 p

Bernhard Modern

normal

VH 2,65

4,5

Du vergissest niemand, Du wirst Dich noch eines gewissen Peter Schlemihl erinnern, den Du in frühern Jahren ein paarmal bei mir gesehen hast, ein langbeiniger Bursch, den man ungeschickt glaubte, weil er linkisch war, und der wegen seiner Trägheit für faul galt. Ich hatte ihn lieb, – Du kannst nicht vergessen haben, Eduard, wie er uns einmal in unsrer grünen Zeit durch die Sonette lief, ich brachte ihn mit auf einen der poetischen Tees, wo er mir noch während des Schreibens einschlief, ohne das Lesen abzuwarten. Nun erinnere ich mich auch eines Witzes, den Du auf ihn machtest. Du hattest ihn nämlich schon, Gott weiß wo und wann, in einer alten schwarzen Kurtka gesehen, die er freilich damals

10 p
Helvetica
normal

VH 2,65

4,5

Du vergissest niemand, Du wirst Dich noch eines gewissen Peter Schlemihl erinnern, den Du in frühern Jahren ein paarmal bei mir gesehen hast, ein langbeiniger Bursch, den man ungeschickt glaubte, weil er linkisch war, und der wegen seiner Trägheit für faul galt. Ich hatte ihn lieb, – Du kannst nicht vergessen haben, Eduard, wie er uns einmal in unsrer grünen Zeit durch die Sonette lief, ich brachte ihn mit auf einen der poetischen Tees, wo er mir noch während des Schreibens einschlief, ohne das Lesen abzuwarten. Nun erinnere ich mich auch eines Witzes, den Du auf ihn machtest. Du hattest ihn nämlich

---

10 p
Akzidenz-Grotesk
normal

VH 2,65

4,5

Du vergissest niemand, Du wirst Dich noch eines gewissen Peter Schlemihl erinnern, den Du in frühern Jahren ein paarmal bei mir gesehen hast, ein langbeiniger Bursch, den man ungeschickt glaubte, weil er linkisch war, und der wegen seiner Trägheit für faul galt. Ich hatte ihn lieb, – Du kannst nicht vergessen haben, Eduard, wie er uns einmal in unsrer grünen Zeit durch die Sonette lief, ich brachte ihn mit auf einen der poetischen Tees, wo er mir noch während des Schreibens einschlief, ohne das Lesen abzuwarten. Nun erinnere ich mich auch eines Witzes, den Du auf ihn machtest. Du hattest ihn nämlich schon, Gott weiß wo und wann,

---

10 p
Futura Buch

VH 2,65

4,5

Du vergissest niemand, Du wirst Dich noch eines gewissen Peter Schlemihl erinnern, den Du in frühern Jahren ein paarmal bei mir gesehen hast, ein langbeiniger Bursch, den man ungeschickt glaubte, weil er linkisch war, und der wegen seiner Trägheit für faul galt. Ich hatte ihn lieb, – Du kannst nicht vergessen haben, Eduard, wie er uns einmal in unsrer grünen Zeit durch die Sonette lief, ich brachte ihn mit auf einen der poetischen Tees, wo er mir noch während des Schreibens einschlief, ohne das Lesen abzuwarten. Nun erinnere ich mich auch eines Witzes, den Du auf ihn machtest. Du hattest ihn nämlich schon, Gott weiß wo und wann, in einer alten schwarzen Kurtka

Viele der serifenlosen Antiqua-Schriften wirken, trotz ihres normalen Duktus', geringfügig heller im Satzbild als die vergleichbaren Schnitte mit Serifen. Dabei sind die serifenlosen Schriften in der Regel mit größeren Mittellängen ausgestattet. Das können sie, da ihre Ober- und Unterlängen auf Grund der fehlenden Serifen den Raum dazu anbieten. Auch erlaubt ihre gleichförmige Strichführung einen etwas dünneren Strich. Insgesamt wirken diese Schriften ruhiger, dennoch bewirkt ihre Gleichförmigkeit, daß sie etwas schwieriger zu lesen sind. Denn ein Teil guter Lesbarkeit beruht auf einer klaren Unterscheidung der einzelnen Buchstaben, die bei Schriften mit Serifen gegeben ist. Die Buchstabeninnenräume oder die Punzen sind bei den meisten serifenlosen Schriften größer, so daß hier vom Papier noch zusätzlich Licht reflektiert werden kann, was den Eindruck der Helligkeit verstärkt. Alle hier geschilderten Punkte lassen sich in unserer Gegenüberstellung der 10 p Helvetica normal mit der 10 p Times-Antiqua normal, also zwei Schriften mit großen Mittellängen, nachvollziehen. Das gleiche gilt für die 10 p Akzidenz-Grotesk normal im Vergleich mit der 10 p Baskerville-Antiqua normal, beides Schriften mit normal großen Mittellängen. Der 10 p Futura Buch steht die 10 p Bernhard Modern normal gegenüber. Beide mit kleinen Mittellängen. Wobei die der Futura Buch etwas größer sind als die der Bernhard Modern, aber kleiner als die der Akzidenz-Grotesk. Die gezeigten Schriften besitzen einheitlich eine Versal-Höhe (VH) von 2,65 mm, dazu einen einheitlichen Zeilenabstand von 4,5 mm. Sowohl auf der linken wie auf der rechten Seite wird der Grauwert der Schriftblöcke von Block zu Block nach unten geringfügig heller.

Der Zeilenabstand

10 p
Gill-Grotesk
mager

VH 2,65

4,5

Du vergissest niemand, Du wirst Dich noch eines gewissen Peter Schlemihl erinnern, den Du in frühern Jahren ein paarmal bei mir gesehen hast, ein langbeiniger Bursch, den man ungeschickt glaubte, weil er linkisch war, und der wegen seiner Trägheit für faul galt. Ich hatte ihn lieb, – Du kannst nicht vergessen haben, Eduard, wie er uns einmal in unsrer grünen Zeit durch die Sonette lief, ich brachte

10 p
Gill-Grotesk
normal

VH 2,65

4,5

Du vergissest niemand, Du wirst Dich noch eines gewissen Peter Schlemihl erinnern, den Du in frühern Jahren ein paarmal bei mir gesehen hast, ein langbeiniger Bursch, den man ungeschickt glaubte, weil er linkisch war, und der wegen seiner Trägheit für faul galt. Ich hatte ihn lieb, – Du kannst nicht vergessen haben, Eduard, wie er uns einmal in unsrer grünen Zeit durch die Sonette lief, ich

10 p
Gill-Grotesk
halbfett

VH 2,65

4,5

Du vergissest niemand, Du wirst Dich noch eines gewissen Peter Schlemihl erinnern, den Du in frühern Jahren ein paarmal bei mir gesehen hast, ein langbeiniger Bursch, den man ungeschickt glaubte, weil er linkisch war, und der wegen seiner Trägheit für faul galt. Ich hatte ihn lieb, – Du kannst nicht vergessen haben, Eduard, wie er uns einmal in

10 p
Gill-Grotesk
fett

VH 2,65

4,5

Du vergissest niemand, Du wirst Dich noch eines gewissen Peter Schlemihl erinnern, den Du in frühern Jahren ein paarmal bei mir gesehen hast, ein langbeiniger Bursch, den man ungeschickt glaubte, weil er linkisch war, und der wegen seiner Trägheit für faul galt. Ich hatte ihn lieb, – Du kannst nicht

Etwas paradox mutet es an, wenn man sieht, daß bei fetteren Schriften der Zeilenabstand gegenüber dünneren kleiner gehalten werden kann. In den hier gezeigten Abstufungen der Gill-Grotesk oder Gill-Sans, wie sie auch bezeichnet wird, von der mageren über die normale zur halbfetten und schließlich zur fetten, kommt das ganz klar zum Ausdruck. Je stärker eine Schrift wird, desto enger werden ihre Innenräume oder Punzen. Das bewirkt ein insgesamt geschlosseneres Wortbild und innerhalb einer Zeile eine betontere Linienführung. Die Zeilen ergeben in sich eine zusammenhängende Buchstabenkette, die sich von der nächsten Zeile klar abtrennt, während das bei dünneren Schriften nicht der Fall ist. Diese bilden durch die gleichmäßig verteilten Freiräume der Punzen, der Wortabstände und des Zeilenabstandes eine einheitlich graue Fläche. Das führt bei zu engen Zeilenabständen dazu, daß die Wortabstände zuweilen größer sind als die Zeilenabstände und dadurch weiße Rinnsale innerhalb des Satzbildes von oben nach unten verlaufen. Mit anderen Worten heißt das, daß das Auge in der Leseführung ständig abstürzt, da die primäre Leserichtung von links nach rechts immer wieder unterbrochen wird. Bei mehr Zeilenabstand der dünneren Schriften gewinnen die Zeilen auch mehr Zusammenhang. Daraus ergibt sich, daß der Zeilenabstand immer etwas größer als der Wortabstand sein muß. Denn das Geheimnis guter Lesbarkeit eines Textes beruht auch auf der bequemen Führung des Auges über die Zeilen, einer klaren Trennung der Zeilen untereinander also. Daß die Gill-Grotesk fett, trotz ihrer guten Zeilenbildung, nicht optimal lesbar ist, liegt an ihren teilweise unschönen Buchstabenbildern, die in den dünneren Schnitten besser sind.

Die Zeilenform

SPRACHFORM
ALS
ZEILENFORM

Die Sprache kennt heute zwei Arten von Konserven: den Tonträger (wie Schallplatte, Tonband und Kassette) und die Schrift. Da mit der Sprache nicht nur ein Inhalt, sondern auch eine Form übermittelt wird, nämlich *wie* etwas gesagt wird, hat die Schrift die Aufgabe, zweierlei zu reproduzieren: einen Sprachinhalt und eine Sprachform. Nun könnte man meinen, daß wir die Sprachform über die Schriftform ausdrücken, über die Renaissance-Antiqua oder die Barock-Antiqua beispielsweise. Das ist aber nicht so, denn die Schriftform versucht den Inhalt der Sprache zu verdeutlichen, das, *was* die Sprache mitteilt. *Wie* sie das tut, ob in Gedicht- oder Erzählform, welche stilistischen Mittel sie verwendet, das bringt die Schrift über die Zeilenform zum Ausdruck.

Betrachten wir die Sprache genauer, so lassen sich zwei große Gruppen ausmachen: die profane und die künstlerische Sprache. Die profane, unsere Alltagssprache, wird als Werkzeug gebraucht. Mit ihr wollen wir etwas ausrichten, wollen jemanden informieren oder überzeugen. Die künstlerische Sprache ist Material. Dieses können wir bearbeiten, und zwar so lange, bis es die Form besitzt, die uns zufriedenstellt. Erst dann, wenn wir völlig mit der Form des Textes einverstanden sind, werden wir das ganze der Öffentlichkeit vorstellen. Solche Sprachwerke sind beispielsweise Romane, Erzählungen, Novellen und dergleichen. Man könnte bei beiden Formen auch von einer gesprochenen und einer geschriebenen Sprache reden. Die eine ist impulsiv, spontan, manchmal sogar unüberlegt, während die

andere immer bearbeitet und ausgereift erscheint. Es gibt allerdings nur eine Satz- oder Zeilenform, die mit der Sprachform identisch ist: den Gedichtsatz. Alle anderen Satzarten besitzen entweder einen technischen oder einen formalen Vorwand. Beim Telegramm ist der Vorwand sogar ein ökonomischer. Da die Gebühren sich aus der Anzahl der Worte errechnen, versucht man durch wenig Worte einen günstigen Preis zu erzielen. Der Telegrammstil setzt voraus, daß der Empfänger die Situation des Absenders kennt. Die Kürze eines Gedichtes hingegen liegt auf einer anderen Ebene. Dort wird Ökonomie nicht der Finanzen wegen betrieben, sondern um eine sprachliche Dichte zu erreichen. Hier waltet weniger Sprachsparsamkeit, vielmehr Sprachaskese, wie bei dem Gedicht SCHMERZ von *Oda Schäfer*.

Der Telegrammtext läßt ganz bewußt sprachliche Lücken, die der Empfänger schließt. Er kennt den Anlaß des Telegramms und vermag dadurch alles Fehlende von sich aus zu ergänzen. Das Telegramm zeigt uns auf exemplarische Weise, daß reine Information auf Dauer ermüdet. Ein normaler Text braucht immer wieder Worte, die eigentlich keine weitere Information enthalten, sondern gewisse Pausen darstellen, während der der Leser die vorangegangene Information verarbeitet. In normaler Sprache würde unser Telegrammtext etwa folgendermaßen lauten: Ich komme am 13. Mai um 14 Uhr in Stuttgart am Hauptbahnhof an. Herzliche Grüße Deine Christine.

Sprachsparsamkeit

```
Ankomme 13.
14 Uhr
Hauptbahnhof

Christine
```

Sprachaskese

Um das Messer

Schließt sich die Wunde

Laß es darin

Nicht jeder soll sehen

Das Blut

Und die Tränen

Krieg ist zuerst die Hoffnung, daß es einem besser gehen wird, hierauf die Erwartung, daß es dem anderen schlechter gehen wird, dann die Genugtuung, daß es dem anderen auch nicht besser geht, und hernach die Überraschung, daß es beiden schlechter geht.

BLOCKSATZ gibt es, seit es den Buchdruck gibt. Die Mönche in den klösterlichen Schreibstuben, die an ihren Pulten standen und schrieben, wußten zu Beginn einer Zeile nicht, mit welchem Wort oder mit welcher Silbe die Zeile enden würde. Sie sahen anscheinend auch keine Notwendigkeit, alle Zeilen gleich lang zu schreiben. Erst im Winkelhaken konnten die Zeilen so manipuliert werden, daß sie eine einheitliche Länge bekamen. Dies geschah damals aber nicht, indem man die Wortabstände veränderte, sondern indem man einzelne Buchstaben durch breiter oder schmäler geschnittene ersetzte. Man besaß dazu verschieden breite e, a, n, m und so weiter. Gutenbergs Setzkasten hatte aber keine 115 Fächer wie der spätere Frakturkasten, sondern 290.

Blocksatz

Wortabstand ungleich groß

Zeilen gleich lang

Technisch bedingte Zeilenform

Gut lesbar

Krieg ist zuerst die Hoffnung, daß es einem besser gehen wird, hierauf die Erwartung, daß es dem anderen schlechter gehen wird, dann die Genugtuung, daß es dem anderen auch nicht besser geht, und hernach die Überraschung, daß es beiden schlechter geht.

RAUHSATZ ist eine Bezeichnung neueren Datums. *Johann Klöcker,* Herausgeber und Redakteur der »zeitgemäßen technik und form«, einer Beilage über Design in der Süddeutschen Zeitung, gebrauchte diesen Begriff 1964 in einer Broschüre. Mit ihm umriß er jene Zeilenform, wie sie die Mönche anwandten. Dort war der rechte Rand der Kolumne oder Spalte nicht glatt, da die Zeilen, wenn überhaupt, dann nur zufällig gleich lang wurden. Der rechte Rand vermittelte einen rauhen Eindruck. Diesen Rauhsatz finden wir häufig, wo Zeilen nicht lang sind und der Anspruch an gute Trennungen nicht groß ist. Was die Mönche wußten, daß nämlich ein einheitlicher Wortabstand einer einheitlichen Zeilenlänge vorzuziehen ist, berücksichtigt auch unser Rauhsatz.

Rauhsatz

Wortabstand gleich groß

Zeilen ungleich lang

Platzbedingte Zeilenform

Gut lesbar

BLOCKSATZ MIT VERSCHRÄNKTEN ZEILEN ist eine formale Spielerei. Ihre einzige Rechtfertigung bezieht sie aus dem dekorativen Aussehen. Man setzt die Zeilen auf Block und verschiebt jede zweite Zeile nach rechts. Wie weit man das tut, ist freigestellt. Ebenso freigestellt ist, ob man mit dem Verschränken bei der zweiten oder der ersten Zeile beginnt. Nur sollten die Zeilen weder zu wenig, noch zu weit verschoben werden. Ist der Unterschied in der Verschränkung zu gering, verliert die Idee ihren Reiz. Ist er hingegen zu groß, verliert der Satz seinen Zusammenhalt. Je größer die Schrift und je größer der Zeilenabstand ist, desto größer darf auch die Verschränkung sein. Für den Setzer ist diese Satzform insofern einfach, als er nicht auf die Satzbalance zu achten braucht.

Krieg ist zuerst die Hoffnung, daß es einem besser gehen wird,
hierauf die Erwartung, daß es dem anderen schlechter gehen wird,
dann die Genugtuung, daß es dem anderen auch nicht besser geht,
und hernach die Überraschung, daß es beiden schlechter geht.

Blocksatz

Zeilen

verschränkt

Wortabstand ungleich groß

Zeilen gleich lang

Zierform

Schlecht lesbar

DER FLATTERSATZ MIT VERSCHRÄNKTEN ZEILEN ist dafür um so problematischer. Mühe bereitet hier die Ausgewogenheit des Satzbildes, das heißt die Balance der Zeilen untereinander. Es sollen keine zwei Zeilen gleich beginnen, ebenso sollen keine zwei Zeilen gleich enden. Das Ganze ist ein Spiel des Hin- und Herrückens, und zwar so lange, bis jener Stand erreicht ist, der nicht nur ausgewogen erscheint, sondern auch interessant aussieht. Die unterschiedlich langen Zeilen können in ihrer Länge größere Differenzen verkraften. Extreme sollten vermieden werden. Ihre Länge kann sogar dem Leseablauf angepaßt werden. Bei ausgefallenen Satzformen stellt sich sehr schnell die Frage, weshalb die Zeile an dieser Stelle getrennt wurde.

Krieg ist zuerst die Hoffnung, daß es einem besser gehen wird,
hierauf die Erwartung, daß es dem anderen schlechter gehen wird,
dann die Genugtuung, daß es dem anderen auch nicht besser geht,
und hernach die Überraschung, daß es beiden schlechter geht.

Flattersatz

Zeilen

verschränkt

Wortabstand gleich groß

Zeilen ungleich lang

Zierform

Schlecht lesbar

FLATTERSATZ ist nicht das gleiche wie Rauhsatz. Der Unterschied ist sogar beachtlich. Ähnlichkeit besitzen beide nur in der linken glatten Satzkante. Bei der nicht glatten rechten steht der Unterschied schon in der Bezeichnung. Die eine Satzkante ist rauh, die andere hingegen flattert. Rauh heißt, daß die Zeilen in ihrer Länge keiner Regel unterworfen sind. Flattern heißt, daß eine Auf-ab-Bewegung stattfindet. Auf-ab heißt hier aber lang-kurz, lang-kurz. Der Satz ist also an eine Regel gebunden. Sie verleiht ihm einen Rhythmus. Während der Blocksatz, der Blocksatz mit verschränkten Zeilen und der Flattersatz mit verschränkten Zeilen statisch wirken (wie ein Bild von vorne betrachtet), ist der Flattersatz eine Satzart im Profil, er blickt in eine Richtung.

Krieg ist zuerst die Hoffnung, daß es einem besser gehen wird, hierauf die Erwartung, daß es dem anderen schlechter gehen wird, dann die Genugtuung, daß es dem anderen auch nicht besser geht, und hernach die Überraschung, daß es beiden schlechter geht.

Flattersatz

linksbündig

Wortabstand gleich groß

Zeilen ungleich lang

Rhythmusform

Gut lesbar

Nachdem unsere Schrift von links nach rechts gelesen wird, bereitet uns das Flattern der Zeilen auf der linken Seite Schwierigkeiten. Jeder Zeilenanfang muß erst gesucht werden und wir sind nicht immer sicher, ob wir auch den richtigen gefunden haben. Diese Satzart erfährt ihre Berechtigung nur dort, wo aus formalen Gründen rechts eine gerade Satzkante benötigt wird und Blocksatz ausscheidet. Bei einem zweispaltigen Vorspann beispielsweise, wo die beiden Spalteninnenkanten den Spaltenabstand bilden. Generell sollte man mit dieser Satzart sparsam umgehen und auf sie ganz verzichten, wo die Zeilenanzahl zu groß wird. Der Text unserer Satzbeispiele stammt von *Karl Kraus*. Er wurde nach dem ersten Weltkrieg verfaßt und ist bis zum heutigen Tag leider gültig geblieben.

Krieg ist zuerst die Hoffnung, daß es einem besser gehen wird, hierauf die Erwartung, daß es dem anderen schlechter gehen wird, dann die Genugtuung, daß es dem anderen auch nicht besser geht, und hernach die Überraschung, daß es beiden schlechter geht.

Flattersatz

rechtsbündig

Wortabstand gleich groß

Zeilen ungleich lang

Rhythmusform

Schlecht lesbar

Die Zeilenform

Krieg ist zuerst die Hoffnung, daß es einem besser gehen wird,
hierauf die Erwartung, daß es dem anderen schlechter gehen wird,
dann die Genugtuung, daß es dem anderen auch nicht besser geht,
und hernach die Überraschung, daß es beiden schlechter geht.

FLATTERSATZ MIT ZEILEN AUF MITTE, der Setzer nennt ihn Mittelachsensatz, hat von der Sprache und der Technik aus gesehen keine Existenzberechtigung. Er wird aus rein optischen Erwägungen angewendet. Diese Satzart wirkt statisch und konventionell, da sie immer die Mitte betont. Man kann, und das wäre ratsam, die Zeilenfolge dem Sprachrhythmus anpassen. Das wird selten getan. Der Grund liegt darin, daß die Sprache der Zeile die Länge aufzwingt und diese nicht immer den Formvorstellungen des Designers entspricht. So ist unser Beispiel der Sprache gefolgt, hat bei den Kommas, also den Sprachpausen, auch die Schriftpause eingelegt, was zu einem nicht besonders attraktiven Ergebnis führte. Vergleicht man den oberen mit dem unteren Satz, wird verständlich, was gemeint ist.

Flattersatz
mit Zeilen
auf Mitte

Wortabstand gleich groß
Zeilen ungleich lang
Zierform
bedingt gut lesbar

Der Flattersatz mit den Zeilen auf Mitte unterliegt den gleichen visuellen Kriterien, wie der Flattersatz allgemein. Das heißt, die Zeilenfolge sollte lang-kurz, lang-kurz oder aber kurz-lang, kurz-lang sein. Bei links- oder rechtsbündigem Flattersatz sollten die Differenzen der Zeilen gering sein. Ein gutes Maß läge bei etwa einem Geviert, das heißt der Größe des Schriftkegels. Da der Flattersatz mit den Zeilen auf Mitte diese Differenz nicht nur auf einer, sondern auf beiden Seiten beansprucht, wird insgesamt eine größere Zeilendifferenz verlangt. Der Setzer kann das am Terminal gleich vorausberechnen. Der Platzverbrauch liegt hier also höher als bei normalem Flattersatz. Hinzu kommt, daß diese Satzart sich vor allem für Vorspanntexte eignet und diese häufig aus einer größeren Schrift gesetzt sind.

Krieg ist zuerst die Hoffnung,
daß es einem besser gehen wird, hierauf die Erwartung,
daß es dem anderen schlechter gehen wird,
dann die Genugtuung, daß es dem anderen auch nicht besser geht,
und hernach die Überraschung, daß
es beiden schlechter geht.

Flattersatz
mit Zeilen
auf Mitte

Wortabstand gleich groß
Zeilen ungleich lang
Zierform
schlecht lesbar

GEDICHTSATZ ist der Satz eines Gesanges. Der französische Schriftsteller und Verfasser von Theaterstücken *Marcel Pagnol* nennt das Gedicht »das gesungene Wort«. Lyrik kommt ja von Lyra, der Leier. Zwar wird heute ein Gedicht nicht mehr zur Leier gesungen, aber jedes echte Gedicht ist dennoch von einer Melodik getragen. Das deutsche Wort Gedicht trifft auf andere Weise den Kern der Sache. In einem Gedicht ist der Sinn der Worte enger, dichter geworden. Der Lyriker versucht in seiner Sprache, Bilder in uns wachzurufen. Diese Bilder heißen wir Metaphern. Im Gedicht wird der Klang jedes einzelnen Wortes ebenso gemessen wie sein sprachlicher Gehalt. Wichtig dabei ist das Silbenmaß, in der Fachsprache Metrik genannt. Die Wiederkehr dieses Maßes in den Zeilen ergibt den Rhythmus, der uns das Gedicht singen läßt. Dieser Rhythmus, die Folge ganz bestimmter betonter und unbetonter Silben, beruht auf der Länge einer Zeile. Würden wir die Zeile eines Gedichtes ändern, wäre damit nicht nur sein Rhythmus zerstört, sondern auch sein Sinn entstellt. Das beim Gedicht unregelmäßig erscheinende Satzbild ist in Wirklichkeit nach einer strengen sprachlichen Regel aufgebaut. Hier wird dem Setzer nicht nur der Text, sondern sogar die Zeile in ihrer Länge diktiert. Jedes Gedicht besteht aus mehreren Versen und zumindest einer Strophe. Der Vers ist die einzelne Zeile. Der Name kommt vom lateinischen »versus« und bedeutet Kehre. Gemeint ist vermutlich der Rhythmus, der von Zeile zu Zeile wiederkehrt. Als Strophe bezeichnen wir mehrere Verse, die zu einer größeren Einheit zusammengefaßt wurden. Die Bezeichnung Strophe ist griechisch und besagt das gleiche wie versus. Im Satz erkennen wir die Strophen daran, daß sie durch einen größeren Abstand von den übrigen Zeilen getrennt sind. Bei einem Gedichtband ist auf ein einwandfreies Register zu achten. Viele Papiere sind durchscheinend. Bedrucken wir eine Seite des Bogens, so können wir auf der anderen die Zeilen durchschimmern sehen. Bedrucken wir die Seiten so, daß sich die Zeilen der vorderen Seite mit den Zeilen der hinteren decken, so haben wir das Durchscheinende aufgehoben. Zwischen Überschrift und Gedicht, zwischen Strophe und Strophe und schließlich zwischen Strophe und zwischen Dichtername entstehen größere Abstände. Sie müssen so groß sein, daß eine Gedichtzeile darin Platz hätte.

DER RÖMISCHE BRUNNEN

Aufsteigt der Strahl und fallend gießt
Er voll der Marmorschale Rund,
Die, sich verschleiernd, überfließt
In einer zweiten Schale Grund;
Die zweite gibt, sie wird zu reich,
Der dritten wallend ihre Flut,
Und jede nimmt und gibt zugleich
Und strömt und ruht.

Conrad Ferdinand Meyer

Der römische Brunnen

Aufsteigt der Strahl und fallend gießt
Er voll der Marmorschale Rund,
Die, sich verschleiernd, überfließt
In einer zweiten Schale Grund;
Die zweite gibt, sie wird zu reich,
Der dritten wallend ihre Flut,
Und jede nimmt und gibt zugleich
Und strömt und ruht.

Conrad Ferdinand Meyer

DER RÖMISCHE BRUNNEN

Aufsteigt der Strahl und fallend gießt
Er voll der Marmorschale Rund,
Die, sich verschleiernd, überfließt
In einer zweiten Schale Grund;
Die zweite gibt, sie wird zu reich,
Der dritten wallend ihre Flut,
Und jede nimmt und gibt zugleich
Und strömt und ruht.

CONRAD FERDINAND MEYER

Drei Beispiele
wie Gedicht, Überschrift und Verfasser
gesetzt werden können.

DRAMENSATZ stellt das »gespielte« Wort dar. Nun ist beim Schauspiel das Sehen ebenso wichtig wie das Hören. Beides kann der Theaterbesucher erleben, nicht aber der Leser zu Hause. Hier hat der Setzer eine Satzart entwickelt, die versucht, dem Leser das Stück typografisch vorzuspielen. Es ist inszenierter Satz.

Zunächst werden drei Dinge unterschieden: die Sprache, die Personen und die Bühne. Diese Unterscheidung kann mit jeder Schrift getroffen werden, die als Auszeichnungsgarnitur eine Kursiv und Kapitälchen besitzt. Am besten dazu eignen sich Renaissance- oder Barock-Schriften, klassizistische nur dann, wenn der Strichkontrast innerhalb der Buchstaben nicht zu groß ist. Der Text, den der Schauspieler auf der Bühne spricht, ist typografisch das wichtigste. Er wird in normaler gut lesbarer Type gesetzt. Die Schriftgröße liegt zwischen 9 und 12 Punkt. Für die Personen – hier wechseln häufig kurze mit langen Namen – eignen sich Kapitälchen. Sie sollten aber immer etwas gesperrt werden. Ihre Größe entspricht der Größe des gesprochenen Textes. Von Versalien ist hier abzuraten, da sie nicht nur das Satzbild stören, sondern stets auch ausgeglichen und gesperrt werden sollen – und das beansprucht viel Zeit, ohne daß dabei ein entsprechender visueller Gewinn entstünde. Die Bühnenbeschreibung, wie auch das Auftreten und Abgehen der Personen, hat in der Kursiv eine geeignete Schrift. Sie wird in der Regel zwei Grad kleiner als der gesprochene Text gesetzt. Natürlich kann die typografische Inszenierung auch anders aussehen. Aber immer sollte darauf ge-

---

OBERON

Durch den warmen Lehm geschnitten
Zieht der Weg. Inmitten
Wachsen Lolch und Bibernell.
Oberon ist ihn geritten,
Heuschreckschnell.

Oberon ist längst die Sagenzeit hinabgeglitten.
Nur ein Klirren
Wie von goldenen Reitgeschirren
Bleibt,
Wenn der Wind die Haferkörner reibt.

Wilhelm Lehmann

Die größeren Zeilenabstände
betragen jeweils
eine Leerzeile (Gedichtzeile).

IIIı   CORIOLANUS   5ı
Auch Censorinus, er, des Volkes Liebling,
Den, zwei Mal Censor, dieser Name schmückte,
Der war sein großer Ahn.
SICINIUS: Ein so Entsproßner,
Der außerdem durch eignen Wert verdiente
Den hohen Platz; wir schärften stehts euch ein,
Sein zu gedenken; doch da ihr erwägt
(Messend sein jetz'ges Tun mit dem vergangnen),
Er werd' euch ewig Feind sein, widerruft ihr
Den übereilten Schluß.
BRUTUS: Sagt, nimmer wär's geschehn
(Darauf kommt stets zurück!) ohn' unsern Antrieb:
Und eilt, wenn ihr die Stimmenzahl gezogen,
Aufs Kapitol!
MEHRERE BÜRGER: Das woll'n wir. Alle fast
Bereun schon ihre Wahl.   (*Die Bürger gehn ab*)
BRUTUS: So geh's nun fort;
Denn besser ist's, den Aufstand jetzt zu wagen,
Der später noch gefährlicher sich zeigte:
Wann er, nach seiner Art, in Wut gerät
Durch ihr Verweigern, so bemerkt und nützt
Den Vorteil seines Zorns!
SICINIUS: Zum Kapitol!
Kommt, laßt uns dort sein vor dem Strom des Volks;
Dies soll, wie's gleichsam ist, ihr Wille scheinen,

achtet werden, daß sich die drei Ebenen Sprache, Personen und Bühne klar unterscheiden. Die Sprache kann ein Versmaß besitzen, kann aber auch in epischer Form gehalten sein oder kann beides gemischt bieten. Dann ist eben Gedichtsatz und Rauh- oder Blocksatz gemischt anzuwenden.

Wie ein Gedicht sich in Verse und in Strophen gliedert, so hat auch das Schauspiel seine Unterteilungen. Die lateinische Bezeichnung für die größere Einheit lautet Akt, die für die kleine Szene. Actus hat die Bedeutung einer Handlung, Darstellung. Scena ist der Schauplatz, die Bühne. Das lateinische scena geht aber wiederum auf das griechische skene zurück, was soviel wie Zelt oder Rückwand hieß. Wir sprechen auch heute noch verschiedentlich von einem ersten und zweiten Bild statt eines

ersten und zweiten Aktes. Aufschluß-reicher ist da die deutsche Sprache. Sie spricht anstelle des Aktes von Aufzug, womit ursprünglich das Hochziehen des Vorhanges gemeint war. Zur Szene sagt sie Auftritt. Er umfaßt den Zeitraum zwischen dem Kommen und Gehen einer Person oder mehrerer Personen.

Die römische Zahl im lebenden Kolumnentitel bezeichnet den Aufzug oder Akt, die Ziffer daneben den Auftritt oder die Szene.

30	Tartuffe	II1

CLÉANTE	Halt! Ehrlich ins Gesicht:
	Sie gaben ihm Ihr Jawort – gilt es oder nicht?
ORGON	Auf Wiederseh'n! *(Geht rasch ab)*
CLÉANTE	*(allein).* Verteufelte Geschichte!
	Mir scheint es um das Glück Valères nicht gut
	zu stehen –
	Jedoch, was hilft's? Ich muß nun zu ihm gehen,
	daß ich ihm alles schonungslos berichte –

ZWEITER AUFZUG

Erster Auftritt
Orgon, Marianne

ORGON	Marianne!
MARIANNE	Vater –?
ORGON	Komm zu mir, mein Kind.
	Ich möchte mit dir reden – aber im Vertrauen.
	(Er öffnet vorsichtig die Tür zu einem kleinen

30	Tartuffe	II1

CLÉANTE	Halt! Ehrlich ins Gesicht:
	Sie gaben ihm Ihr Jawort – gilt es oder nicht?
ORGON	Auf Wiederseh'n! *(Geht rasch ab)*
CLÉANTE	*(allein).* Verteufelte Geschichte!
	Mir scheint es um das Glück Valères nicht gut
	zu stehen –
	Jedoch, was hilft's? Ich muß nun zu ihm gehen,
	daß ich ihm alles schonungslos berichte –

ZWEITER AUFZUG

Erster Auftritt
ORGON, MARIANNE

ORGON	Marianne!
MARIANNE	Vater –?
ORGON	Komm zu mir, mein Kind.
	Ich möchte mit dir reden – aber im Vertrauen.
	(Er öffnet vorsichtig die Tür zu einem kleinen

Das Alineazeichen

Wenn wir ein Buch in Händen halten, so wissen wir, daß dieses aus mehreren Lagen oder Bogen besteht, die durch Fäden und Leim zusammengehalten werden. Beschnitten ergeben die Bogen Doppelblätter, wovon jedes einzelne Blatt wiederum aus zwei Seiten besteht.

Nehmen wir den Satz als die kleinste Einheit, dann ist der Absatz die nächst größere. Mehrere Absätze ergeben einen Abschnitt und davon wieder mehrere ein Kapitel.

Der Satz hat den Punkt als Kennzeichnung, Abschnitt und Kapitel besitzen meist eine Überschrift. Früher wurde das Ende eines Abschnittes häufig mit einer Linie angezeigt. Heute begnügt man sich, wo es notwendig ist, mit einer Leerzeile. Zwischen Absatz und Abschnitt wird heute kaum mehr unterschieden.

Das Ende eines Absatzes zeigen wir dadurch an, daß wir der letzten Zeile nichts mehr anfügen und sie beim Punkt enden lassen.

Die erste Zeile eines Absatzes wird durch einen kleinen, leeren Raum am Beginn gekennzeichnet. Das alte Absatzzeichen, das in frühen Büchern verwendet wurde, kam in unserem Jahrhundert überraschend wieder zu Ehren. Es glich einem seitenverkehrten P, dessen Punze ausgefüllt war. Es wurde vor allem dort angebracht, wo der Text in viele kurze aufeinanderfolgende Absätze unterteilt war, die, hätte man sie mit Einzug und Ausgang versehen, ein unruhiges und zerrissenes Satzbild ergeben hätten.

Anstelle des Absatz- oder Alineazeichens wurden des öfteren auch andere Symbole verwendet. So finden wir in unseren Beispielen einmal den Stern, ein andermal die Arabeske.

Problematisch werden die Alineazeichen dann, wenn sie, wie hier bei den Sternchen, das in sich geschlossene

---

deren grofsen meifter der fchrift, Garamond, Crefci [7], Fournier und felbft noch Bodoni, nicht der zirkel, sondern das auge allein der herr der form. ¶ So können wir in dem alphabet des DAMIANUS MOYLLUS zwar nicht viel mehr fehen als ein fehr frühes regelblatt für anfänger, doch ftrahlt fein ehrwürdiges alter einen reiz aus, dem fogar der kundige fich nicht zu entziehen vermag. ¶ Für die abbildungen habe ich neue linearzeichnungen in der genauen gröfse der urfprünglichen metall- oder holzfchnitte erftellt. Die hilfslinien find etwas dünner, als fie im original erfcheinen, gehalten. Für die unregelmäfsigkeiten in den radien der endftrichkurven ift Moyllus verantwortlich. Im original folgt jeder bedruckten feite bis zum L die leere rückfeite; nachher geht die leere rückfeite der bedruckten voraus. Hier find die buchftaben buchmäfsig angeordnet und mit bunter farbe gefüllt, die im original fehlt. Das im original arg bedrängte Q habe ich hochgeftellt und vom text getrennt. Unfer feitenformat ift nur um je zwei millimeter höher und breiter als Morifons fakfimile. Die fchriftfätze unter den buchftaben find denen des originals in der breite und gröfse angenähert, ihr abftand von den figuren ift aber ftets derfelbe; einige grundlofe abweichungen des originals find vermieden. Anftelle der venezianifchen antiqua des originals ift hier die *Poliphilus* verwendet. ¶ Die erläuternden texte Moyllus' find nicht unbeftimmt und ohne feine zeichnungen nicht felten unverftändlich. Auch decken fich die texte nicht immer mit den zeichnun-

Aus: Jan Tschichold, Das Alphabet des Damianus Moyllus,
Bucherer, Kurrus & Co., Basel.

Satzbild zu stark unterbrechen, was ihrer ursprünglichen Aufgabe, die Seite zusammenzuhalten, ja widerspricht. Das ist im Satz mit den Arabesken besser gelöst, zumal diese auch den Märchentext, um den es sich hier handelt, grafisch reizvoll unterstreichen.

Läßt man sich auf derlei Kennzeichnung ein, so ist für die Wahl der Zeichen der Schriftcharakter ausschlaggebend. Gibt das Zeichen einen Duktus zu erkennen, so ist dieser auf den Duktus der Schrift abzustimmen. Wobei Renaissance- und Barock-Schriften gut mit der Arabeskenform zurechtkommen.

Mit diesem Kapitel beginnen auch wir unsere Abschnitte mit den heute üblichen Einzugs- und Ausgangszeilen zu markieren, so daß der Leser anhand der vorhergehenden Seiten Sinn und Zweck dieser Kennzeichnung selbst überprüfen kann.

Aus: Jan Tschichold, Der chinesische Stempel:
Ursprung des Buchdrucks,
Bucherer, Kurrus & Co., Basel.

---

ein Weinhändlers, sagte der Pfarrer, »aber er hat Wasser in den Wein geschüttet.« So schrecklich kam das dem Burschen gar nicht vor. »Wenn man ihn mit dem Leben dafür hat bezahlen lassen«, sagte er, könnte man ihm jetzt doch wenigstens ein christliches Begräbnis geben und den Toten ruhen lassen!« ☞ Aber der Pfarrer sagte, das sei auf keine Weise zu machen, denn um ihn aus dem Eise herauszubrechen, brauche man Leute; und um von der Kirche das Grab zu kaufen, Geld, und der Totengräber wolle auch Geld für seine Mühe, der Küster für die Glocken, der Kantor für den Gesang und der Pfarrer für die Leichenpredigt. »Glaubst du, daß es einen Menschen gibt, der all das viele Geld für einen solchen argen Sünder zahlen will?« fragte der Pfarrer. ☞ »Ja«, sagte der Bursche, »wenn Ihr ihm ein Begräbnis verschafft, so will ich schon den Leichenschmauß zahlen aus meinem schmalen Beutel. ☞ Der Pfarrer wollte erst nichts davon wissen, aber als der Bursche mit zwei Männern wiederkam und ihn vor ihren Ohren fragte, ob er das christliche Begräbnis verweigere, wagte er keinen Widerspruch mehr. ☞ Also befreiten sie den Weinhändler aus dem Eisklotz und legten ihn in die geweihte Erde. Die Glocken läuteten, und der Pfarrer warf Erde auf den Sarg, und sie hielten einen Leichenschmaus, und es gab abwechselnd Tränen und Gelächter. Als aber der Bursche den Leichenschmaus bezahlt hatte, trug er nicht mehr viel Groschen in der Tasche. ☞ Da machte er sich wieder auf den Weg; aber er war noch nicht weit gegangen, da kam ein Mann hinter ihm her und fragte ihn, ob es nicht langweilig sei, so allein zu gehen. ☞ »Nein«, sagte der Bursche, »ich habe immer etwas, woran ich denken muß.« ☞ Der Mann fragte: »Braucht Ihr nicht einen Diener?« »Nein«, sagte der Bursche, »ich bin gewöhnt, mein eigener Diener zu sein, deshalb brauche ich keinen, und wenn ich auch noch so gern einen haben wollte, so könnte ich doch nicht, denn ich habe kein Geld für Kost und Lohn.« ☞ »Du hast aber doch einen Diener nötig, das weiß ich besser als du«, sagte der Mann, »und zwar brauchst du einen, auf den du dich im Leben und Tod verlassen kannst. Wenn du mich nicht als Diener haben willst, so nimm mich als Kameraden; ich verspreche dir, es soll dein Schade nicht sein; ich werde dich kein Geld

Aus: Vom Zaubergarten der Volksmärchen.
Jahresgabe der Akademie für das Graphische Gewerbe
München.

---

dung des Stempels, durchaus mit Recht, zugleich als die des eigentlichen BUCHDRUCKS ansieht. ✳ Die Abprägung in Lehm oder Ton ist die älteste Form. In China gab es prägende Siegelnegative bereits in der späteren Shang-Zeit, um 1300 bis 1028 vor Christus [8]. Das Siegel des Kaisers, *hsi*, wird in der Verfassungsurkunde der Chou-Dynastie von 1121 vor Christus erwähnt [4]. Nach der Erfindung des Papiers (um 105 nach Christus) und nachdem man gelernt hatte, die chinesische Erdfarbe Zinnober als Pigment zu benützen, wird aus dem geprägten Siegel der aufgedruckte Stempel. Solche zinnoberroten Stempelabdrücke auf Papier sind spätestens seit 500 nach Christus in Gebrauch [9]. Taoistische Priester stellten große, vier Zoll breite Stempelabdrücke her, die böse Geister abwehren sollten. Erwähnt wird ein taoistischer Dattelholzstempel mit vierhundert Schriftzeichen [9]. Buddhistische Priester verteilten Stempelabdrucke mit der Darstellung Buddhas. Stempel mit einem Zauberspruch oder dem Namen einer Gottheit galten als Talismane, ob sie nun auf ein Stück Papier oder auf ein Stück persönlichen Eigentums aufgedruckt waren. ✳ Da die wenigen Zeichen einer chinesischen Unterschrift leicht zu fälschen wären, der Stempelabdruck aber wegen seiner vielen kleinen Unebenheiten schwer nachahmbar ist, bedarf eine chinesische Unterschrift des beigedruckten amtlich registrierten Namensstempels, um rechtskräftig zu werden. Darum wurde China zum Lande der Stempel. ✳ Die drei bis vier Zeichen, aus denen ein chinesischer Name zusammengesetzt ist, finden bequem auf einem kleinen quadratischen Stempel Platz. Besteht der Name aus drei Wörtern, so wird als viertes, links unten, das Zeichen ‹Stempel› benützt, wie unsere Abbildung 10 auf Seite 14 belegt. ✳ Der Stempel gilt dem Chinesen nicht nur als Beurkundung, sondern auch als Kunstwerk, weil er eine kalligraphische Ideogrammkomposition enthält. Nach einem chinesischen Urteil [1] ist er eine der charakteristischsten Formen der chinesischen Kunst. Er bildet auch die unentbehrliche Verzierung aller chinesischen Malereien. Dem Stempel des Malers

Der Einzug

254   *Die Herrschaft der Demokratie in Amerika*

Von den Männern, die in den letzten vierzig Jahren in Frankreich an der Macht waren, sind mehrere beschuldigt worden, sich auf Kosten des Staates und seiner Verbündeten bereichert zu haben; diese Anklage ist in der alten Monarchie selten gegen die Männer der Öffentlichkeit erhoben worden. In Frankreich aber kommt es nahezu nie vor, daß die Stimme eines Wählers mit Geld gekauft wird, wogegen es in England ganz offenkundig und öffentlich geschieht.

In den Vereinigten Staaten hörte ich nie sagen, daß man seinen eigenen Reichtum benützt, um die Regierten zu gewinnen; oft aber sah ich die Ehrlichkeit der Beamten in Zweifel gezogen. Noch öfters hörte ich ihren Erfolg auf niedrige Ränke oder verwerfliche Umtriebe zurückführen.

Suchen also die Führer in den Aristokratien manchmal zu bestechen, so erweisen sich die führenden Männer in den Demokratien selber als käuflich. In den einen greift man die Sittlichkeit des Volkes unmittelbar an; in den andern wirkt man auf das öffentliche Gewissen mittelbar ein, was noch bedenklicher ist.

In den demokratischen Völkern, wo die Menschen an der Spitze des Staates fast immer üblen Verdächtigungen ausgesetzt sind, leihen sie gewissermaßen den Verbrechen, deren man sie beschuldigt, die Unterstützung der Regierung. Sie bieten damit der Tugend, die noch kämpft, ein gefährliches Beispiel, und sie liefern dem Laster, das sich versteckt, ruhmvolle Vergleiche.

Vergeblich würde man sagen, daß man ehrlosen Leidenschaften in allen Schichten begegnet; daß sie oft durch das Recht der Geburt auf den Thron steigen; daß man daher höchst verachtungswürdige Männer an der Spitze der aristokratischen Völker wie im Schoß der Demokratien trifft.

Diese Antwort befriedigt mich nicht; in der Bestechlichkeit derer, die durch Zufall zur Macht gelangen, zeigt sich etwas Grobes und Gewöhnliches, das die Menge ansteckt; dagegen lebt selbst in der Verderbtheit der Vornehmen eine gewisse aristokratische Verfeinerung, ein Zug von Größe, der oft ihre Übertragung verhindert.

Das Volk wird nie in die dunklen Irrgänge höfischen Geistes eindringen; es wird immer mit Mühe die Niedrigkeit entdecken, die sich hinter der Eleganz der Lebensart, der Liebe für Geschmack und der Anmut der Sprache verbirgt. Aber der Elendeste versteht, was es heißt, den Staatsschatz bestehlen oder die Gunst des Staates um Geld verkaufen, und er kann sich schmeicheln, seinerseits ein Gleiches zu tun.

Oben Aus: Alexis de Tocqueville. Über die Demokratie in Amerika, dtv, München. – Unten Aus: Johannes Tzschichhold, Iwan Tschichold, Jan Tschichold, Jahresgabe der Typographischen Gesellschaft München.

EDITH TSCHICHOLD

*Johannes Tzschichhold Iwan Tschichold
Jan Tschichold*

J.T. wurde als Johannes Tzschichhold am 2. April 1902 in Leipzig geboren. Sein Vater stammte aus Pförten in der Lausitz und war wendischer Abstammung. Auch seine Mutter war slawischen Ursprungs, und so ist es nicht verwunderlich, daß J.T. sich früh für den slawischen Kulturkreis zu interessieren begann. Ihm fühlte er sich bis an sein Lebensende verbunden. Neben der slawischen haben ihn vor allem die chinesische Kunst und Philosophie stark beeindruckt und sein Weltbild geformt.

Schon in der letzten Zeit seiner Studien an der Leipziger Akademie, etwa 1922/23, begann die Bekanntschaft mit Moholy-Nagy, aus der sich eine nahe Freundschaft bis zu Moholys frühem Tod in den USA entwickelte. Durch Moholy kamen auch die ersten Kontakte zu anderen Bauhaus-Leuten und ganz besonders zu den russischen Konstruktivisten und Suprematisten zustande. Den ersten persönlichen Kontakt auch zu Lissitzky vermittelte Moholy-Nagy. Die Ideen und künstlerischen Leistungen der russischen Kon-

in England gelassen, als er nach zweieinhalb Jahren schlechthin titanischen Schaffens, worüber er selbst an anderer Stelle berichtet hat, in die Schweiz zurückkehrte. Gewissermaßen in Klammern, und ganz sanft und leise, darf allerdings erzählt werden, daß Jan laut Mitteilung eines Augenzeugen einmal an einem schwülen Sommernachmittag bei der Arbeit eingeschlummert war. Aber wem wäre das noch nie im Leben passiert?

Die neun Stühle sind mehr als ein wertvoller Besitz oder ein ungewöhnliches Souvenir, sagen sie doch manches über den früheren Eigentümer aus. Jene Bauhausstühle stammen nämlich aus der Zeit, als *Die neue Typographie* und *foto-auge* erschienen, während die alten Möbel wohl erst in den dreißiger oder vierziger Jahren erworben wurden, als Tschichold schon lange erkannt hatte, daß in der Typographie »eine zwar gereinigte, doch traditionelle Anordnung der vernünftigste und beste Weg für viele Aufgaben ist«, um den wohl nicht mehr anonymen »Reminiscor«, den Verfasser des Aufsatzes zu Tschicholds siebzigstem Geburtstag in der Zeitschrift *Typographische Monatsblätter*, April 1972, zu zitieren.

Dieser Bruch mit den revolutionären Vorstellungen und den Theorien seiner Sturm-und-Drang-Zeit ist Tschichold oft als eine Art des »Verrates« vorgeworfen worden. Er bestand aber ganz fraglos mit Recht darauf, daß sein Traditionalismus und Modernismus

Oben Aus: Johannes Tzschichhold, Iwan Tschichold, Jan Tschichold, Jahresgabe der Typographischen Gesellschaft München. – Unten Aus: Hilde Spiel, Rückkehr nach Wien, Nymphenburger Verlagshandlung, München.

formuliert werden kann. Immerhin haben die beiden, wie mir unweigerlich einfällt, sieben Jahre lang Schulter an Schulter mit der Barbarei gelebt – nur, daß ihre eigenen Barbaren sanftzüngig waren, durchaus imstande, über Goethe und Mozart in gewähltem Ton zu konversieren, angenehme Tischgenossen, kultivierte Gastgeber und Gäste, geschmeidig, wohlgekleidet und durch und durch europäisch. Schlimmeres als die Schändung wehrloser Frauen hat sich hinter Kerkermauern und Lagerzäunen abgespielt. Aber erst in ihrer östlichen, ihrer nackten und schamlosen Manifestation wird die rauhe Gegenwart für den Grafen und die Gräfin erkennbar. Der Geist des achtzehnten und neunzehnten Jahrhunderts ist schon lange tot. Ihnen, die mit ihm gestorben sind, beginnt das jetzt erst aufzudämmern.

Später

Es ist ein weiter Weg von diesen Opfern einer veränderten Welt zu einer wahren ›Frau aus dem Volk‹, an deren Lebensform die Historie kaum gerüttelt hat.

Anna war ein anderer Dienstbote unserer Familie, die Köchin meiner väterlichen Großmutter Laura. Als vierzehnjähriges Mädchen kam sie 1891 aus Böhmen zu ihr nach Wien und blieb hier bis 1939,

Die Einzugsregel spricht von einem Geviert. Das heißt der Einzug soll so groß wie der Kegel der entsprechenden Schrift sein. Bei kleinen Schriften also kleiner als bei größeren. Diese Regel läßt jedoch die Zeilenbreite außer acht. Sie ignoriert überdies die Zeilenform. Selbst bei Blocksatz von 99 mm Breite, was dem Durchschnitt entspricht, sind eineinhalb Geviert wie auf unserem Beispiel besser. Der Einzug sollte in jedem Fall größer als der Zeilenabstand sein.

Die beiden linken Abbildungen zeigen einmal Satz ohne und einmal mit Einzug. Die letzte Zeile des ersten Absatzes der rechten Abbildung wäre ohne folgenden Einzug nicht mehr als Absatz zu erkennen.

Nach einer Überschrift ist der Einzug sinnlos, wie die unteren Abbildungen zeigen. Hingegen ist er zu Beginn einer Seite durchaus sinnvoll.

Aus: Jan Tschichold, Willkürfreie Maßverhältnisse der Buchseite und des Satzspiegels, Bucherer, Kurrus & Co., Basel.

Außer dem vierspaltigen Codex Sinaiticus des Britischen Museums, einem der ältesten Bücher der Welt, hat es nur wenige quadratische Bücher gegeben. Es bedarf ihrer nicht. Als Studierbücher sind sie unnötig niedrig und von störender Breite, als Freihandbücher so unhandlich und unelegant wie kein einziges anderes Format. Erst in der behäbigen Zeit, die den Verfall der Typographie und der Buchkunst einleitet, unserem Biedermeier, waren nahezu quadratische Quart- und sehr breite Oktavformate nicht selten.

Wie häßlich die Bücher im neunzehnten Jahrhundert geworden waren, zeigte sich um die Jahrhundertwende. Der Satzspiegel wurde genau in die Mitte des Papiers gestellt, alle vier Ränder waren gleich breit. Das Seitenpaar verlor seinen Zusammenhang und fiel darum auseinander. Man begann sich darüber Gedanken zu machen, sah mit Recht ein Problem im Verhältnis der vier Ränder zueinander und versuchte, dieses in Zahlenwerten zu formulieren.

Diese Bemühungen aber haben eine verkehrte Richtung eingeschlagen. Nur unter gewissen Voraussetzungen können die Ränder rationale (das heißt, in einfachen Zahlen ausdrückbare) Progressionen (innerer Rand zum oberen, vorderen und unteren) wie zum Beispiel 2:3:4:6 bilden. Die Ränderprogression 2:3:4:6 ist nur möglich, wenn das Papierformat die Proportion 2:3 hat und das Satzformat ihr folgt. Hat das Papier aber eine andere Proportion, etwa $1:\sqrt{2}$, dann ergibt eine Stellung mit Rändern im Verhältnis 2:3:4:6 einen Satzspiegel von einer Proportion, die von jener der Seitengröße unterschieden und daher unharmonisch ist. Das Geheimnis der schönen Buchseite steckt also nicht notwendig in einem in einfachen Zahlen ausdrückbaren Verhältnis der Randbreiten.

III

FAHNENSTANGE

Vom steinernen Balkon des Gästezimmers ließ sich verfolgen, was im Hof vorging. Ein unsichtbares Auge war aufgegangen, winziger Spiegel des Zeitalters unter dem Schirm und Schutz der in der Nische stehenden Madonna, die auf der Weltenkugel der Schlange den Kopf zertrat. Eine langgestreckte Doppelgarage grenzte den Hof gegen das Nachbarhaus ab. Zwei große Kutschen hätten bequem darin Platz gehabt. Seit kurzem stand die eine Hälfte leer. Der funkelneue Kapitän hatte als kriegswichtiges Gut abgeliefert werden müssen. Der kleine Opel, der schon immer vorhandene, sah auf einmal sehr schäbig aus. Übermut und Überfluß hatten nur einen Augenblick gedauert — die ganze Vorkriegszeit zog sich in jenem frühen Sommermorgen zusammen, als der Vater sich nicht entscheiden konnte, in welchem Auto der Ausflug an das Forellenwasser in Falkenstein unternommen werden sollte, und fünf- oder sechsmal lachend ins Haus zurücklief, den anderen Schlüssel zu holen.

Neben der Garage, nicht weit vom Gittertor, das auf die Straße führte, ragte einen Fahnenstange. Das Haus gehörte dem Fürsten, und diese Eigenschaft verlieh ihm den Rang eines halböffentlichen Gebäudes. Von meinem Beobachterposten aus wurde ich Zeuge des Beflaggungsvorgangs. Das rote Tuch lag schlaff auf dem Kiesboden. Die eigentliche

Aus: Albert von Schirnding, Posthorn-Serenade,

Buchverlag der Mittelbayerischen Zeitung, Regensburg,

V

CHERUBINO
ENTDECKT
DAS THEATER

In die Regensburger Morgenröte mischte sich erborgter Glanz. Die Strahlen der Sonne vertrieben die Nacht — in Sarastros Reich, und das lag in fremdem, der Wirklichkeit wunderbar entrücktem Hoheitsgebiet: im klassizistischen Gebäude des Stadttheaters am Bismarckplatz. Vorher schon hatte dort Taumännchen in der Domspatzen-Aufführung von »Hänsel und Gretel« die vom Sandmann am Ende des zweiten Akts in den Schlaf gesungenen Kinder pünktlich zu Beginn des dritten wieder aufgeweckt. Bühnenlicht leuchtete noch während des Krieges in die Kindheit hinein, und es war zugleich, wie in Brentanos synästhetischem »Abendständchen«, »der Töne Licht«.

Seit der Taktstock des Domkapellmeisters Theobald Schrems, eines katholischen Geistlichen, den die Nazis zum Professor ernannt hatten, zum ersten Mal sich erhoben hatte, um Humperdincks Ouvertüre für mich erklingen zu lassen, gehörten Theater und Musik, Oper und Märchen zusammen. Ihr Geheimnis hieß Verwandlung. Wenn der Vorhang das Innere der armseligen Holzhackerbehausung freigegeben hatte, blickte durch das Fenster im Hintergrund der Wald herein, die spätere Kulisse für die Traumvision der Himmelsleiter und das Urbild aller szenischen Metamorphosen: die aus Nebelschwaden hervorgehende Erscheinung des Hexenhäuschens.

Aus: Albert von Schirnding, Posthorn-Serenade,

Buchverlag der Mittelbayerischen Zeitung, Regensburg,

Je länger die Zeilen sind, desto größer darf auch der Einzug sein. Über drei Gevierte sollte er allerdings nicht hinausgehen. Es sei denn, er beginnt mit einem Initial, wie das auf unserer Abbildung unten der Fall ist. Hier handelt es sich immer um die erste Zeile eines Kapitels, die nicht als Maßstab für die folgenden Einzüge gelten muß. Auch hier ist der Einzug mehr als Gestaltungselement gedacht und weniger als Absatzmarkierung. Wird der Absatz aber als Gestaltungselement benützt, gibt es keinerlei Regel.

Unser altes Satztechnisches Taschen-Lexikon aus dem vorigen Jahrhundert empfiehlt hier bei einer Satzbreite von 8 Cicero (36 mm) ein Geviert, bei 16 Cicero (73 mm) Breite eineinhalb Geviert, bei 24 Cicero (109 mm) Breite zwei Gevierte. Das ist eine Regel, die man gelten lassen kann. Natürlich gilt auch hier wie bei allen Regeln, daß es sich nur um Richtwerte handelt.

Bei Kapitelanfängen wird der Einzug des öfteren als Gestaltungselement benützt, was uns die beiden oberen Abbildungen zeigen. Hier beträgt er jeweils die Hälfte der Satzbreite. Von der Satzmitte aus nach rechts verlaufen auch die römischen Kapitelzahlen. Die Überschriften, an der linken Satzkante beginnend, dürfen allerdings die Satzmitte nicht überschreiten. Sie werden dann in mehreren Zeilen nach oben angeordnet, wie das ebenfalls auf unserer Abbildung zu sehen ist.

Diese Art der Gestaltung wird dann problematisch, wenn die Worte der ersten Textzeile zu lang sind und die Wortabstände dadurch zu wenige werden. Sie büßen nun ihre Funktion als Regulativ ein und erscheinen zu groß oder werden zu eng.

Der Fremde, der an einem schönen Sommertag nach München kommt, um die Stadt, ihre Bewohner, ihre Kunst und ihr Gemüt kennen zu lernen, wo soll er beginnen? Es gibt eilfertige Durchreisende, die vom Bahnhof mit der Trambahn durch die Innenstadt fahren, die Möven an der Ludwigsbrücke bewundern und durch das »Deutsche Museum« laufen, um dann im Bahnhofsrestaurant auf ihren Zug nach Salzburg oder Innsbruck zu warten. Solche Zugvögel liebt die Stadt München nicht. Neuerdings gibt es Besucher, die mit dem Flugzeug in Riem landen, mit dem Omnibus eine Rundfahrt durch die Stadt machen, im »Hofbräuhaus« vorsprechen und mit einer schwappenden Woge im Magen nach Rom, Damaskus oder Kalkutta weiterreisen. Sie haben sich einen Begriff von der Stadt angeeignet. Aber eine Stadt ist keine Ansammlung von Häusern, Kunsttempeln, Bierkellern und grünen Anlagen, gar München ist keine solche Stadt. Man kann nun dem Fremden, der sich mit München befreunden will, anraten, daß er sich in der ersten Stunde seines Aufenthaltes einen Stadtplan kauft und diesen studiert oder daß er sich von einem Münchner oder einer Münchnerin führen und beraten läßt. Klüger ist es, der Fremde läßt sich nach seiner Ankunft in der schönen Stadt mit dem bequemen Lift in die Kuppel des nördlichen Turmes vom Dom zu »Unserer lieben Frau« hochtragen und sieht von oben durch die winddicht geschlossenen Fenster auf die Stadt hinunter, die ihm ihren Plan in natürlicher Größe ausbreitet.

Aus: Georg Schwarz, Unter Münchens Himmel,

Jahresgabe der Akademie für das Graphische Gewerbe,

München.

Nur der verblichene rote Samt in den Vitrinen herrschaftlicher Kleinodien läßt engere Verwandtschaftlichkeit erahnen. Kein Wunder: Die »zeremonielle Verbrauchsware«, wie sie ein preußischer Protokollbeamter einmal bezeichnete, landet nach beendeter Dienstzeit auf dem Müll oder »allenfalls in der Laube eines Hausmeisters«.

Der rote Teppich, unverzichtbares Requisit auf der Bühne der Mächtigen und Geltungsbedürftigen, erweist sich bei näherem Hinsehen als ein Stiefkind der Kulturgeschichte.

Hier mag die Wahrnehmung des Kultursoziologen Norbert Elias zutreffen, daß das verfügbare Wissen um die einfachsten und unscheinbarsten Requisiten der Kulturgeschichte »vielfach im umgekehrten Verhältnis zu ihrer Gebrauchshäufigkeit steht« – ein eigentümlicher Mangel, an dem offensichtlich auch der rote Bedeutungsträger leidet.

604 URSPRUNG UND LANDSCHAFT

Gebiet durch Militärstraßen, Ansiedlungen und Kastelle gesichert. Ebenso römisch ist aber auch die Familiengeschichte seines Hauses, das in neronischen Greueln rasch zu Ende ging, in denen der Kanzler Lui-schi, der erste Gatte der Kaisermutter, und der große Staatsmann Li-sze, der Agrippa seiner Zeit und Begründer der chinesischen Einheitsschrift, eine Rolle spielten. Es folgen die beiden Han-Dynastien (die westliche 206 v. – 23 n., die östliche 25–220), unter denen die Grenze sich immer weiter ausdehnte, während in der Hauptstadt Eunuchenminister, Generale und Soldaten die Herrscher ihrer Wahl ein- und absetzten. Es sind seltsame Augenblicke, als unter den Kaisern Wu-ti (140–86) und Ming-ti (58–76) die chinesisch-konfuzianische, die indisch-buddhistische und die antik-stoische Weltmacht sich dem Kaspischen Meer so weit genähert hatten, daß eine Berührung leicht hätte eintreten können.[1]

Der Zufall hat es gefügt, daß die schweren Angriffe der Hunnen sich damals an dem chinesischen Limes brachen, der gerade jedesmal durch einen kräftigen Kaiser verteidigt wurde. Die entscheidende Niederlage der Hunnen erfolgte 124–119 durch den chinesischen Trajan Wu-ti, der auch Südchina endgültig einverleibte, um einen Weg nach Indien zu bekommen, und der eine ungeheure, festungsartig gesicherte Militärstraße nach dem Tarim baute. Sie wandten sich endlich nach dem Westen und erschienen später, mit einem Schwarm germanischer Stämme vor sich her, vor dem römischen Grenzwall. Hier gelang es ihnen. Das römische Imperium ging zugrunde, und die Folge war, daß nur das chinesische und indische Imperium noch heute bestehen als bevorzugte Objekte immer wechselnder Gewalten. Heute sind es die „rothaarigen Barbaren" des Westens, die in den Augen der hochzivilisierten Brahmanen und Mandarinen keine andere und bessere Rolle spielen als die Moguln und Mandschu, und die ebenfalls ihre Nachfolger finden werden. Auf dem Kolonisationsgebiet des zerstörten römischen Imperiums bereitete sich dagegen im Nordwesten die Vorkultur des Abend-

[1] Denn selbst Indien hatte damals imperialistische Tendenzen in der Maurya- und Sunga-Dynastie zum Ausdruck gebracht, die bei dem ganzen indischen Wesen nur wirr und folgenlos sein konnten.

Bei Fußnoten wird die Einzugsregel außer Kraft gesetzt, wenn auch der Notentext eingezogen ist. Hier richtet sich der Einzug dann nicht nach dem Schriftkegel der Note, sondern nach dem Einzug des Grundtextes, so daß beide Schriften den gleichen Einzug, nämlich den der größeren Schrift erhalten. Eine Buchseite soll in ihrem Aufbau so wenig senkrechte Gliederungen wie möglich besitzen.

So viele Regeln es beim Einzug zu beachten gibt, so wenige kennt der Ausgang. Hier haben wir nur eine, die besagt, daß der Ausgang nicht kürzer sein soll als der Einzug. Beträgt also der Einzug zwei Gevierte, so sollte die Ausgangzeile ebenfalls mindestens zwei Gevierte Leerraum zur nächsten vollen Zeile lassen. In unserem Beispiel unten ist das im mittleren Absatz nicht der Fall.

Was bislang empfohlen wurde, galt für Blocksatz. Dieser wird heute aber mehr und mehr durch den Rauhsatz und den Flattersatz verdrängt – und das selbst in Büchern.

Der ausgefranste rechte Rand dieser Satzarten weist in seinen Zeilenlängen zuweilen größere Schwankungen als ein oder zwei Gevierte auf. Hier konkurriert der Einzug mit dem rechten Satzrand. Da der Einzug als Absatzmarkierung durch das ganze Buch einheitlich sein muß, ist es beim Rauhsatz wie beim Flattersatz ratsam, die Größe so zu wählen, daß sie in etwa dem mittleren Flatterwert des rechten Randes entspricht. Dabei wird eine größere Schrift automatisch auch eine größere Längendifferenz der Zeilen nach sich ziehen, das heißt, auch einen größeren Einzug.

Gelehrten, hatte etwas Genießerisches. Ja, ich glaube, er war ein Lebensgenießer. Er aß und trank gern. Was er gründlich verachtete, war: schlechte Arbeit. Über Anerkennung konnte er sich kindlich freuen. Ein Leuchten ging über sein Gesicht, als ich ihm einmal erzählte, ich hätte im New Yorker Museum of Modern Art seine Plakate für das Phoebus-Kino in München neben den Arbeiten von Mies van der Rohe und Le Corbusier hängen sehen.

Er hatte Freunde aus der mythischen Zeit: El Lissitzky, Schwitters, Sophie Taeuber, Jean Arp und andere. Als die mythische Moderne zerstört wurde, ging er aus Deutschland fort, ganz selbstverständlich, zog es vor, in Basel zu hungern. Seine persönliche Entwicklung von der von ihm initiierten neuen Typographie zu seinen späteren Arbeiten wurde lange ganz falsch gesehen. Sie hat nichts Reaktionäres, sondern ist eine Entwicklung aus Vernunft, aus Aufklärung gewesen. Er konnte einfach nichts Unvernünftiges tun. Sein Lieblingsschriftsteller, bis zuletzt, war Diderot.

Tief eingelassen in seine tägliche Arbeit war seine Liebe zu Asien. Ich vermute, er liebte die chinesische Kultur, weil sie eine geistige Form des reinen Handwerks war. Sie kultivierte ihn, brachte ihn zu seinen letzten Einsichten. Auch körperlich hatte er ja etwas Chinesisches. In all seiner Rationalität eignete ihm etwas Geheimnisvolles. Seine Sammlungen sind Stücke

Das Ästhetikprogramm

WAS IST EIN ÄSTHETIK PROGRAMM? Zunächst eigentlich eine falsche Bezeichnung für eine Software, die viel mehr mit dem Lesen als mit Ästhetik zu tun hat. Um optimal lesen zu können, sollten die Zeilen eine möglichst gleichmäßige Abfolge von Buchstaben darstellen, die Buchstaben wie Perlen aufgereiht erscheinen. Das gelingt nicht immer, da nicht alle Buchstaben wie Perlen rund oder oval sind. Um die Buchstabenabstände optisch einander anzugleichen, muß man in den Satzablauf korrigierend eingreifen. Vor allem bei engem Satz, der weitem Satz immer vorzuziehen ist, kann es vorkommen, daß zu weiter Buchstabenabstand mit einem engen Wortabstand verwechselt wird. Der Leser hat dann zu entscheiden, ob es ein neues Wort ist oder nicht. Das aber ist eine unnötige Lesearbeit. Das sogenannte Ästhetikprogramm ist deshalb ein Korrekturprogramm. Und zwar korrigiert es die dem Rechner eingegebenen Standardwerte so, daß sie der Situation der Buchstabenabfolge gerecht werden. Das heißt, die im Rechner definierten Einheiten werden von Fall zu Fall verändert. Markante Beispiele sind Te, Ve, Wo, deren Abstand ohne Ästhetikprogramm zu groß wäre. Das Ästhetikprogramm ist meist ein zusätzlich zu installierendes Softwarepaket, also eine zusätzlich zu installierende Anweisung für den Computer.

Großbuchstaben, die in dieser Kombination Lücken ergeben würden, die den Leser irritieren.

Kleinbuchstaben, die im herkömmlichen Satz zu weit von den großen entfernt stehen.

Auch Punkturen und andere Satzzeichen beanspruchen weniger Raum, als sie normal bekommen.

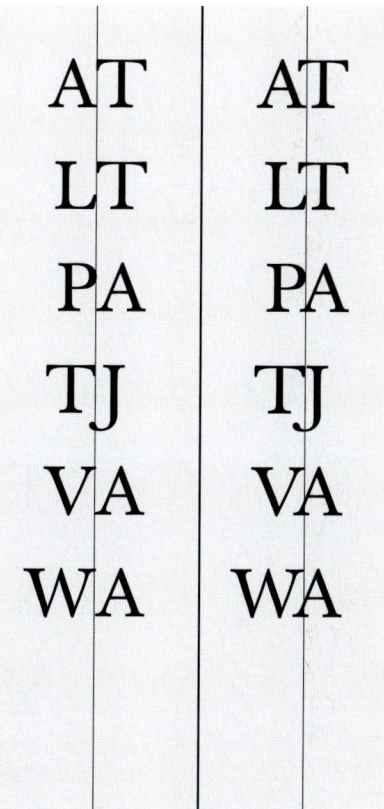

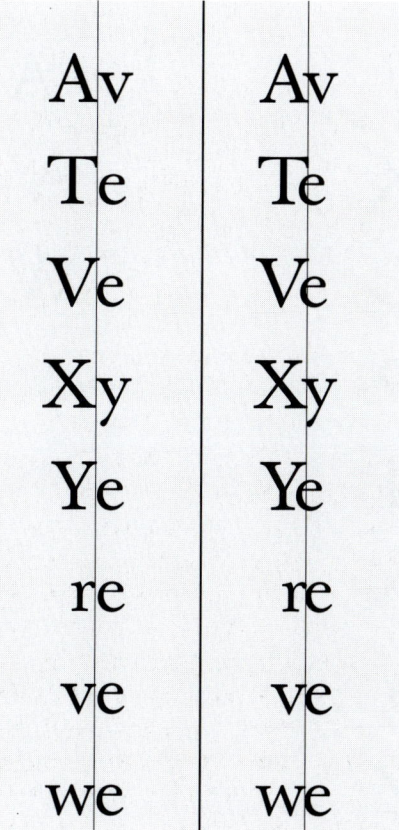

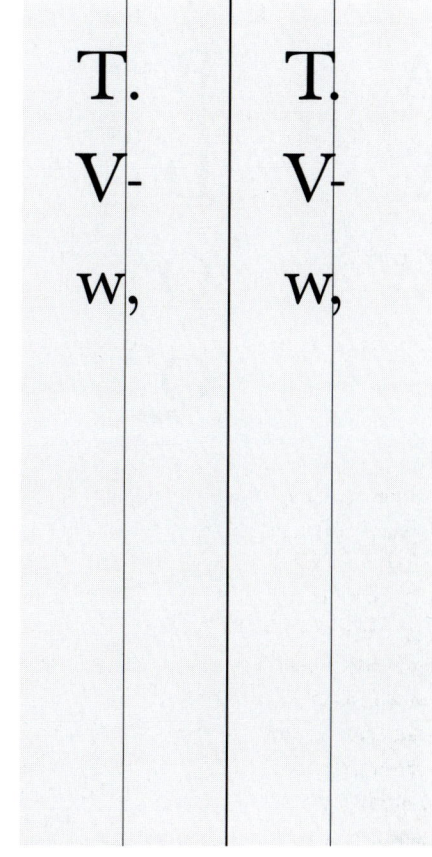

Gruppenbildung

Bei der Erstellung des sogenannten Ästhetikprogramms werden zu Beginn Buchstaben- und Zeichengruppen gebildet, die jeweils die gleichen Merkmale aufweisen. Dabei muß zwischen jenen Buchstaben und Zeichen unterschieden werden, die später im Satz links und solchen, die später im Satz rechts zu stehen kommen. Es gibt symmetrische Formen wie A, H, I oder O, und es gibt asymmetrische Formen wie B, D oder K. Bei letzteren ist die linke Seite gerade, die rechte hingegen ist rund oder offen. Ihr Verhalten ist je nach Stellung innerhalb eines Wortes oder einer Zeile unterschiedlich. Solche Konstellationen ergeben sich aber nicht nur bei Groß-

buchstaben, sondern auch bei Kleinbuchstaben, bei Satzzeichen und bei Ziffern.

Lücken sind vor allem bei den Großbuchstaben-Kombinationen R A , R O , R T , R V , R W , V O oder T Y zu korrigieren. Bei den Gemeinen gilt die Aufmerksamkeit den Buchstaben, die nach einem c, f, k und r folgen. Aber nicht nur das. In bestimmten Situationen sind die Unterschneidungswerte wieder rückgängig zu machen, da der folgende Buchstabe sonst in den vorhergehenden belichtet werden würde. Das gilt unter anderem dann, wenn Umlautpunkte oder Akzente verwendet werden müssen und der vorangehende Buchstabe über-

hängend ist, wie das beispielsweise bei der Kombination Tä der Fall wäre.

Jeder der so gebildeten Gruppen wird ein Wert zugeordnet, der für alle Buchstaben und Zeichen dieser Gruppe gilt. Als Rechenwert werden schriftgrößenproportionale Einheiten definiert. In komfortablen Programmen können die Zeichenkombinationen vom Bediener selbst bestimmt werden. Da in jeder Schrift andere Buchstabenproportionen herrschen, ist es auch notwendig, jeder Schrift ein eigenes Ästhetikprogramm zu erstellen.

Eine weitere Aufgabe des sogenannten Ästhetikprogramms bilden die Wortabstände. Der gute alte Setzer verwen-

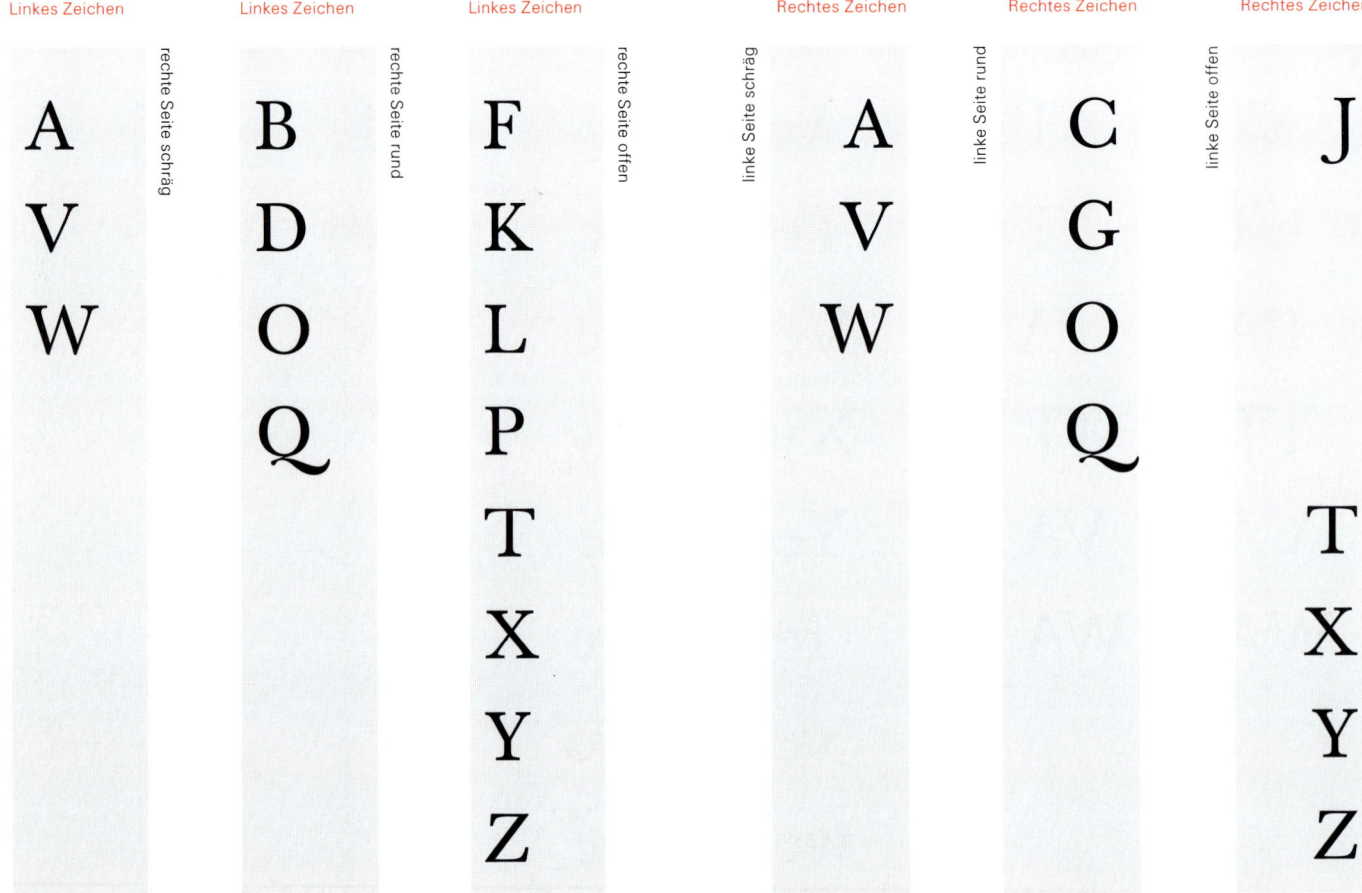

Linkes Zeichen   Linkes Zeichen   Linkes Zeichen   Rechtes Zeichen   Rechtes Zeichen   Rechtes Zeichen

rechte Seite schräg   rechte Seite rund   rechte Seite offen   linke Seite schräg   linke Seite rund   linke Seite offen

| A V W | B D O Q | F K L P T X Y Z | A V W | C G O Q | J T X Y Z |

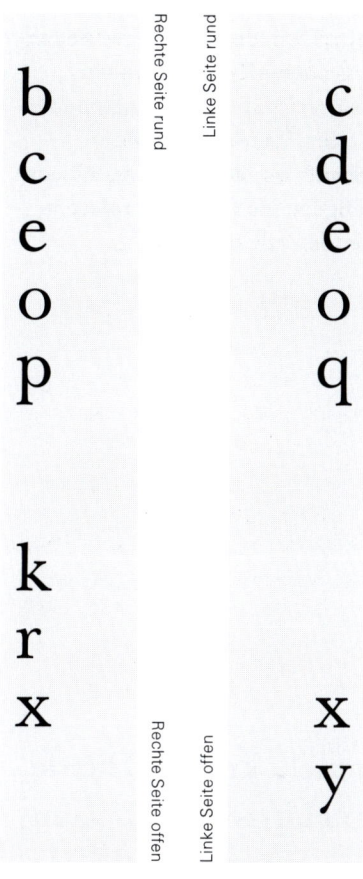

Rechte Seite rund | Linke Seite rund

Rechte Seite offen | Linke Seite offen

Linkes Zeichen | Rechtes Zeichen

dete im Bleisatz nach einem Komma ein etwas dünneres Ausschlußstück, um somit schon von Anfang an den Wortabstand optisch zu regulieren. Das gleiche tat er nach einem Abkürzungspunkt sowie vor und nach einem Gedankenstrich. Endete ein Wort mit einem w und begann das nächste Wort mit einem v, so wußte er, daß auch hier der Abstand zu korrigieren ist, indem er ihn schmäler hielt. Diese Feinheiten weiß heute das Programm und steuert den Rechner entsprechend.

Die erwähnten Punkte gelten für alle Satzarten wie Blocksatz, Rauhsatz, Flattersatz links- oder rechtsbündig, sowie Satz auf Mitte. Mit Ausnahme des

Mittelachsensatzes besitzen alle Satzarten eine senkrechte Satzkante, der Blocksatz besitzt sogar zwei. Hier findet das Ästhetikprogramm seine letzte Aufgabe darin, den sogenannten Randausgleich zu schaffen.

Was heißt Randausgleich? Der Blocksatz zum Beispiel erzielt weder an der linken noch an der rechten Seite eine optisch glatte Kante. Viele Buchstaben sind nach der einen oder anderen Seite hin rund oder offen. Hinzu kommt, daß an den Zeilenenden häufig Zeichen zu stehen kommen, wie Divis, Komma oder Punkt, die optische Lücken bilden. Diese Lücken kann man nur dadurch schließen, daß man die entsprechenden

Linkes Zeichen | Rechtes Zeichen

Rechte Seite offen | Linke Seite offen

Linkes Zeichen | Rechtes Zeichen

Rechte Seite offen | Linke Seite offen

Wir verweisen
in diesem
Zusammenhang
noch einmal
auf frühere
Beilagen
und zwar auf
die Seiten
18 (Dicke),
19 (Einheit),
20 (Laufweite),
21 (Vor- und
Nachbreite),
25 (Zeichen- und
Zeichenbegrenzung)

Der Randausgleich

Buchstaben oder Zeichen über den Satzrand hinausstehen läßt.

Die Spalten- oder Zeilenbreite wird meist in metrischen Werten eingegeben. Man bedient sich im Prinzip der gleichen Software wie bei Unterschneidungen. Der Satzrechner bekommt gesagt: Wenn ein definiertes Zeichen als erstes Zeichen in einer Zeile steht, dann verschiebe dieses um soundsoviele Einheiten nach links. Gleiches geschieht mit den Zeichen am Ende einer Zeile nach rechts.

Nun kann es aber dennoch sein, daß eine Lücke entsteht, weil zuviele Trennungen untereinander stehen. Vor allem bei sehr schmalen Spalten kommt das

häufig vor. Deshalb besagt eine Setzerregel, daß nach Möglichkeit nicht mehr als drei Trennungen aufeinanderfolgen sollen. Werden es mehr, ist zu überlegen, ob nicht die eine Silbe in die vorangehende oder die andere in die folgende Zeile paßt.

Silbentrennprogramme
sind nicht in
der Lage, den
Sinn eines Wortes
zu erfassen.
Sie erkennen nur,
was Vokal und
was Konsonant ist.
Wenn das Setzgerät keinen
Ausnahmespeicher
besitzt, empfiehlt
es sich, kritische
Worte gleich mit
Trennfugen zu tasten.

Linker Rand

Rechter Rand

Ohne Ästhetikprogramm

Die warmen Farben des Tweeds erinnern daran, daß der Stoff früher mit Pflanzensäften gefärbt wurde.
Weber Charles Finlayson findet die Arbeit ziemlich langweilig.

Mit Ästhetikprogramm

Die warmen Farben des Tweeds erinnern daran, daß der Stoff früher mit Pflanzensäften gefärbt wurde.
Weber Charles Finlayson findet die Arbeit ziemlich langweilig.

Ohne Ästhetikprogramm

Es braucht kräftige Hände, um Harris Tweed herzustellen. Frauen wie Alistair Martin sind deshalb eine Ausnahme unter den Webern auf den Hebriden.

Mit Ästhetikprogramm

Es braucht kräftige Hände, um Harris Tweed herzustellen. Frauen wie Alistair Martin sind deshalb eine Ausnahme unter den Webern auf den Hebriden.

Konturensatz

Der französische Lyriker GUILLAUME APOLLINAIRE (1880–1918) nannte seine Gedichte, denen er gegenständliche Formen verlieh, *Kalligramme*. Vor ihm hieß man sie *vers figurés*. Man könnte sie als Vorläufer unseres Konturensatzes betrachten, wenn es nicht Zeugnisse aus dem vierten Jahrhundert gäbe, einer Zeit also, in der der Druck nicht nur unbekannt war, sondern selbst das Schreiben, an heutigen Maßstäben gemessen, eine Kunst darstellte, die nicht jedermann ausübte. Daß man solche Bilder brauchte, gerade um für jedermann verständlich zu werden, muß ich nicht begründen. Anscheinend wurde der Gedanke, Umrisse irgendwelcher

Art mit Text zu füllen, immer wieder einmal aufgegriffen, so daß man derlei Gebilde durch die Jahrhunderte verfolgen kann. Vor allem für Kalligrafen besaß diese Kunst besonderen Reiz.

Auch gesetzt hat man solcherlei Bilder schon, selbst wenn diesen ältere geschriebene Texte zugrunde lagen. In solchen Imitationen besitzen wir häufig den Beweis über die frühe Existenz derartiger Werke.

Auch im zwanzigsten Jahrhundert wurden Bildgedichte verfaßt und gedruckt. Im deutschsprachigen Raum hießen sie *konkrete Poesie*. Deutlicher als andere Bezeichnungen dieser Gattung drückt der Name aus, worum es sich

handelt. Das Adjektiv konkret geht auf das lateinische concretus zurück und bedeutet zusammengewachsen. Form und Inhalt sind hier also eins.

Waren bis hierher diese Bilder literarischen Texten vorbehalten, so blieb abzusehen, daß sich eines Tages die Werbung ihrer bemächtigen würde, zumal der Textinhalt schon der Bildkontur entnommen werden konnte, Form und Text sozusagen kurzgeschlossen waren.

Der Satz solcher Bilder war ein Geduldsspiel. Die Bildkontur mußte auf Transparentpapier gezeichnet und Zeile für Zeile mit dem Satz abgestimmt werden. Heute überläßt man diese Satzkunststücke dem Rechner unter dem Stichwort

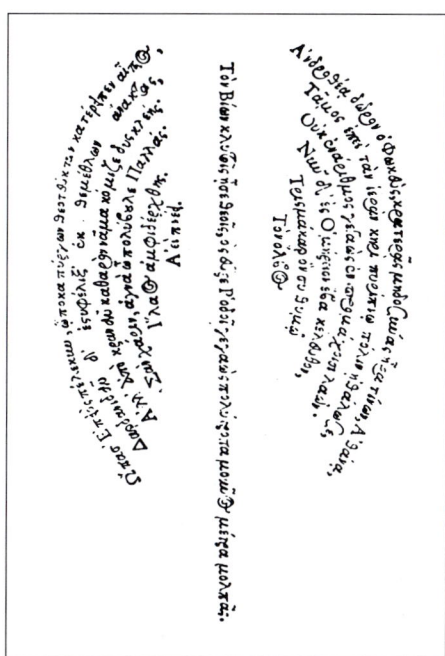

Nachbildung eines Gedichtes des Simmias von Rhodos (etwa 300 n. Chr.). Geschrieben ist es in Form einer Labrys (Doppelaxt) und war Minerva geweiht.

Das Portrait der Königin Marie-Antoinette enthält den Text ihres letzten Briefes, den sie kurz vor ihrem Gang zum Schafott am 6. Oktober 1793 um halbfünf Uhr früh schrieb.

Johann Leonhard Frisch, Berliner Bär (1700), erschienen in J.L.F., Schulspiel. Herausgegeben von L.H. Fischer, Berlin 1890. Dieses Figuren- oder Bildgedicht aus einer für die damalige Zeit charakteristischen Fraktur, hatte, trotz Auge und Halsband aus Schmuck, seine Mühe, die Kontur des Bären mit Schrift zu füllen. Das zeigen die nicht sinnvoll gesperrten Wörter, das zeigt vor allem der linke Fuß, der dem Leser Rätsel im Leseablauf aufgibt. Der Barock hat keine Qualitätsansprüche gestellt.

Kan Berlin
in diesem Land forthin
Sich mit vielen Dingen
Höher als vorhero schwingen?
Ey so sagt man, wie von seinem Rom Virgil,
Daß Sie sich auch so hoch erheben wil,
Als Cypressen übersteigen
Büsche, so zur Erd sich neigen.

Ja, dieweil des Bären Bild Füllet ihren Wappen-Schild,
Als ein Zeichen, das zugleich Viel der Edlen in dem Reich
Auch viel hoh= und grosse Fürsten=Häuser führen,
Wird diß Gleichniß auch dem Bären wol gebühren.
Wie sich dessen Krafft über andre Thier erhebt,
Daß das stärckste Rind von desselben Klauen bebt,
Wie der Bär auch geht auf zweyen Füssen,
Da viel andre Thier viere brauchen müssen,
Wie er seine Brust erhöht,
Wann er wie die Menschen steht,
So hebt sich Berlin empor
Unter aller Städte Chor.
Wie nun jeder Stand der Stadt
Theil an diesem Bären hat,
Welcher nicht ein einig Glied
Ohne starcke Nerven zieht,
So verbleibt das eine Theil,
Welches als ein veste Säul
Den Cörper richtig trägt,
Wann er den Gang so regt,
Und weil zu diesem Stand
auch unsre Schul gehöret,
So wird sie mit beehret,
auch wohl durch dieses band Dem Lehrer=Stand,
Dessen Knie
Spat und früh
durch den Sand
Ohn Verdruß
Waden muß,
Auch damit
Seinen Feind,
Eh ers meynt,
Zu Boden tritt.
An den Füssen
Bleiben müssen.

Kan Berlin / in diesem Land forthin
Sich mit vielen Dingen
Höher als vorhero schwingen?
Ey so sagt man, wie von seinem Rom Virgil,
Daß Sie sich auch so hoch erheben wil,
Als Cypressen übersteigen
Büsche, so zur Erd sich neigen.
Ja, dieweil des Bären Bild
Füllet ihren Wappen-Schild,
Als ein Zeichen, das zugleich
Viel der Edlen in dem Reich
Auch viel hoh- und grosse Fürsten-Häuser führen,
Wird diß Gleichniß auch dem Bären wol gebühren.
Wie sich dessen Krafft über andre Thier erhebt,
Daß das stärckste Rind von desselben Klauen bebt,
Wie der Bär auch geht auf zweyen Füssen,
Da viel andre Thier viere brauchen müssen,
Wie er seine Brust erhöht,
Wann er wie die Menschen steht,
So hebt sich Berlin empor
Unter aller Städte Chor.
Wie nun jeder Stand der Stadt
Theil an diesem Bären hat,
Welcher nicht ein einig Glied
Ohne starcke Nerven zieht,
So verbleibt das eine Theil,
Welches als ein veste Säul
Den Cörper richtig trägt,
Wann er den Gang so regt,
Und weil zu diesem Stand
auch unsre Schul gehöret,
So wird sie mit beehret,
auch wohl durch dieses band
Dem Lehrer-Stand, / Dessen Knie
Spat und früh / durch den Sand
Ohn Verdruß / Waden muß.
Auch damit / Seinen Feind,
Eh ers meynt, / Zu Boden tritt.

Konturensatz

Konturenprogramm. Auch hier werden die komplizierteren Bildumrisse noch auf Millimeterpapier vorgezeichnet, um die nötigen Parameter zu ermitteln, es sei denn, man geht über eine Bildbox und holt sich von dort den Umriß mit den nötigen Daten.

Jede größere Form besteht aus kleineren Elementen. Diese besitzen Anfangs- und Endpunkte. Je nach Form können dazwischen noch weitere Parameter liegen. Die ermittelten und dem Rechner eingegebenen Werte verbindet dieser selbständig mit einer Linie. Diese kann von Fall zu Fall noch gebogen werden. Die daraus entstehende Figur ergibt mit ihren Parametern das mathematische

Gerüst, in das Text gefüllt werden kann. Die Länge der einzelnen Zeilen ist ja durch die Kontur schon errechnet.

Ähnlich ist der Vorgang, wenn eine Figur nicht ausgefüllt, sondern innerhalb eines Textes ausgespart werden soll. Auch hier wird die jeweilige Länge der Zeile vom Rechner ermittelt und bestimmt.

In den PC's verwendet man Grafikprogramme. Die Form zeichnet man ebenfalls über Stützpunkte. Der Befehl »an die Kontur anpassen« erledigt das Weitere. Es werden richtige Kurven erzeugt und die Kontur kann unabhängig vom Text korrigiert werden.

Typografisch waren solche Kalligramme immer mit Problemen behaftet.

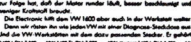

Konturensatz

Aus den achtziger
Jahren direkt
ins Museum:
Swatch zeigt sich
in seiner beliebigen
Unendlichkeit.
800 bunte Uhren in
München – die Sammler
sind verunsichert,
der Handel grollt

Stopp. Zeit läuft. Drei. Zwei. Eins. LOS. Bei einem durchschnittlichen Lesetempo von zwei Sekunden pro Zeile haben wir knapp sechs Minuten, um den Lesern einen optimal kondensierten Wegwerfartikel nahezubringen. Um ihnen ticktacktickttack zu erläutern, daß Uhr nicht gleich Uhr ist. Die Frage lautet nicht, wie spät es ist. Die Frage ist, warum alle Welt dem Mythos aufsitzt, ausgerechnet am Handgelenk müßten sich die Schwingungen der Gegenwart verdinglichen. Denn so stellen sich die PR-Strategen vor: „Wir sollten Swatch vor jedem Hintergrund schnell, schrill und multimedial darstellen wie auch das Leben von Swatch." Das Leben von Swatch, soviel sei gleich zu Beginn verraten, befindet sich in einer dornigen Etappe auf dem Weg aus den Achtzigern in die neunziger Jahre.

Die heile Welt manifestiert sich seit dem 7. Februar in einer Münchner Ausstellung. In der schwarz ausgekleideten „Panzerhalle" im Norden Schwabings sind dort zwei Wochen lang „alle jemals geswatchten" Uhren zu sehen, über 800 Modelle. Gängige, Spezielle, Aufwendige, Rarissime, nach Familien geordnet, sind ein Pilgerziel für Turnschuh-Kids und Kaschmir-Teddys. Gesichert hinter Glas aufgebahrt und zum musealen Wertobjekt erhoben, zeigt sich hier, was einstmals ach so günstig war. Ikonen wie „Velvet Underground", ganz in Spitze. Die pelzigen „Puff"-Varianten. Die pointillistische „Lots of dots". Das Christmas-Spezial „Mozart" im Spitzenjabot, „Nautilus" und „Jelly Fish" und und und. Doch mit der Wirklichkeit hat diese Schau längst nichts mehr zu tun.

Wer das nicht glaubt, begebe sich kurzerhand an die Schnittstelle zwischen Nachfrage und Angebot, an einem verkaufsoffenen Sonnabend in einem verkaufsoffenen Kaufhaus. Schauplatz: Uhrenabteilung. Ein gerahmter Hinweis („Hallo Swatch-Freunde!") informiert: „Derzeit sind nur die Modelle der unteren Reihe erhältlich." Diese Uhr wird nicht verkauft. Sie verkauft sich selbst. Die Kids drängeln sich, deuten auf die „Glance", verwerfen „Nüni", diskutieren Alternativen. Ihre Kenntnis der Modelle, deren Baujahr und Seltenheitswert wiederholt das Muster aller hypes aller Zeiten, gleich ob Sneakers, Popstars oder Chevignon-Jacken. „Ey stark, Mann. Die hätt' ich gern, die hol' ich mir, die hat Christian auch." Beratung entfällt. Schließlich weiß die Kundschaft, was sie will. 65 Mark eingetippt, Bon in die Tüte. Eine einzige Frage überquert die Ladentisch: „Wie lange hält die Batterie?" Kommt darauf an, sagt die Verkäuferin, ein Jahr etwa. „Und wenn die Uhr kaputt ist?" – „Tja, Reparatur is' schlecht, nech?"

Es handelt sich um ein Wegwerfprodukt. Wenn die Batterie ihren Geist aufgibt, weht der Zeitgeist längst über der neuen Kollektion, über einem anderen Design. Oder, wie Ute Reumuth von der Marketingabteilung Swatch Deutschland formuliert: „Vier Kollektionen pro Jahr werden produziert, und sie durchverkauft sind, dann ist eben Schluß."

Das Prinzip der künstlichen Verknappung ist ein Werkzeug, um die Nachfrage aufzuheizen. In Kneipen und Anzeigenblättern finden regelmäßig Tauschbörsen statt, wo Durchschnitts-Swatcher auf gewiefte Spekulanten treffen. In Verruf sind die Börsen geraten, als sich herumsprach, daß dort selbst solche Uhren zu dreisten Preisen abgesetzt werden, die anderswo noch im Handel sind.

Ende der achtziger Jahre zeichnete sich ab, daß die Plastikuhr zum Liebhaberobjekt wurde. Die Preise für „Mimmo Paladino", „Jelly Fish" und die Gemüseuhren (deren Erstverkauf veritable Schlägereien unter den Interessenten begleiteten) zogen ab in astronomische Höhen. Im Dezember 1989 hielt Sotheby's die erste Auktion ausgewählter Spezialmodelle ab. Dort erwarb beispielsweise der New Yorker Photograph Henry Buhl für 28 000 Dollar eine „Kiki Picasso". Ein Modell, das Sammlern das Blut in den Schläfen pochen läßt, doch im gesamten Universum lediglich 121 Exemplare im Umlauf. „Und jede", raunt Ute Reumuth, „jede ist in der Farbe anders." Mr. Buhl übrigens schenkte

seine „Kiki Picasso" seiner Exfrau, einer Sammlerin, die selbstverständlich weiß, daß es sich bei der Namensgeberin keinesfalls um eine bislang inkognito lebende Enkelin des Genies, sondern um den Künstlernamen des Entwerfers Christian Chapiron handelt.

Ach ja, Kunst und Kult sind kommunizierende Röhren im Zeitgeist. Direktor des Design Lab in Mailand ist derzeit Alessandro Mendini. „Er dürfte Ihnen ein Begriff sein", wie in München versichert wird, gehört er doch zur Crème von Italiens Architekten und Gestaltern, hat für Alchimia und Memphis gearbeitet und nun für Swatch, „bekanntlich" das innovativste Konsumgüterunternehmen Europas. Grundsätzlich werden dort Künstler und Entwerfer nur temporär beschäftigt. Welche ihrer zahllosen Entwürfe tatsächlich produziert werden, entscheiden die Managementgremien der SMH (Schweizerische Gesellschaft für Mikroelektronik und Uhrenindustrie) in Biel. Sind die kreativen Köpfe leer gepumpt, rückt die nächste Entwerfergeneration nach – das spart Kosten und garantiert optimalen Output. Einen dritten Vorteil nennt Gloria Teresi vom Auktionshaus Christie's Genf: „Daß auch Künstler daran beteiligt sind, verleiht ihr den Hauch des Intellektuellen."

Gestern im Werbespot, heute am Handgelenk? Nein, heute das Fallbeil. Ausverkauft. Nicht mehr da. Kommt nicht mehr rein.

Drehen wir die Zeiger zurück in die Urzeit des Mythos, zurück hinter hundert Millionen verkaufte Uhren, in das Jahr 1983. Die Japaner auf dem Vormarsch, die Schweizer Uhrenindustrie mit dem Rücken zur Wand, Entlassungen drohen, das Management auf der Suche nach der letzten Chance. Und da, die Rettung: eine trendige Billiguhr mit Quarzwerk, Zifferblatt und Armband als optische Einheit, rationell zu produzieren (54 Teile), Zielgruppe: jung. Unzureichend erläutert wäre die zum Symbol der goldenen achtziger Jahre gewordene Swiss watch Swatch ohne einen Blick auf Nicolas G. Hayek. Die Weltwoche ernannte den früheren Unternehmensberater zum „Hexenmeister der Marktwirtschaft". Wie man aus einem banalen ein hochemotional besetzt und in einen Markt drückt, diese Methode kann er für sich patentieren lassen. Alles eben eine Frage des „Lebensgefühls". „Emotionen sind etwas, was sich nicht nachmachen läßt", erklärt Hayek. Was nichts anderes bedeutet als: Sein Unternehmen verkauft keine Zeitmesser, sondern etwas, das sich gar nicht fassen, also auch nicht kopieren läßt. Inzwischen beschleicht viele das Gefühl, daß Swatch, getreu der These vom Produktlebenszyklus, ihren Zenit überschritten hat.

Symptome der Krise: Unter den Händlern tobt ein Verteilungskampf um die besten, sprich extra-marktkonformen Modelle, von denen es, siehe Prinzip Verknappung, nie genug gibt. Frustriert von rigiden Zuteilungskriterien, sind einige Uhrenhändler schon vor zwei Jahren ausgestiegen. Sie fühlten, daß Swatch sie am ausgestreckten Arm verhungern ließ. Im vergangenen Jahr kündigte Swatch etwa 400 Läden. Eine Hamburger Händlerin, die zu den kurzerhand abservierten zählt, klagt: „Der Fachhandel war nur gut genug, die Marke salonfähig zu machen." Ob in der Provinz oder in Großstädten – überall nur Klagen: „Keine Prospekte, keine Ware, keine Nachrichten."

Der Handel verprellt, der Sammler verhätschelt. Für den „Collector's Club" nämlich gibt Swatch sich jede Mühe. Ute Reumuth: „Sammler wollen wissen: Wie entsteht das Design, was kommt als nächstes?" Streng getadelt werden hingegen die „abartig hohen" Preise auf den Börsen; jeglicher Zusammenhang mit gesteuertem Marketing wird zurückgewiesen. Mehr noch – die Spekulanten, seien sie nun in Italien, in den USA oder sonstwo unterwegs, sollen nur nicht glauben, sie hätten Swatch in der Hand: „Ich könnte innerhalb einer Woche 500 000 ,Kiki Picasso' herstellen", warnt Hayek. „Einfach den Safe geöffnet, den Entwurf herausgeholt und zur Fabrik gegeben. Das erzähle ich jedem, der es wissen will."

VON ANNA V. MÜNCHHAUSEN

Und blieb einfach st . . .

Artikel aus der Wochenzeitung ›Die Zeit‹ vom 12. Februar 1993. Erst der Konturensatz verrät den Witz dieser Illustration, einer Armbanduhr in einer Armbanduhr.

Wie beim Blocksatz, ist auch hier jeder Zeile eine bestimmte Länge vorgeschrieben. Und wie beim Blocksatz werden die Längendifferenzen über den Wortabstand ausgeglichen. Wie problematisch das wird, wenn in einer Zeile nur ein Wortabstand oder gar keiner vorhanden ist, brauche ich nicht zu erklären. Den Wortabstand konstant zu lassen und die Lösung über eine veränderte Laufweite zu suchen, ist typografischer Murks. Eine vernünftige Arbeit kann hier nur im Zusammenwirken mit dem Autor oder Texter erzielt werden. Daß der Konturensatz aus den Printmedien nicht mehr wegzudenken ist, verdankt er nicht nur der einfacheren Herstellung über den Computer, sondern hat auch seine Ursache darin, daß er unter bestimmten Voraussetzungen *Informationsstütze* des Textes ist und als solche funktioniert. Das war in den Anfängen noch nicht sein Anliegen. Vielmehr besaß das Bild dort eine *Leseersatzfunktion,* die es heute höchstens in Zusammenhang mit einer polyglotten Verständigung wieder erhalten kann. Wir dürfen nicht verkennen, daß ein Bild nach mehreren Seiten deutungsfähig ist, hingegen das Wort in Gestalt der Schrift eindeutig bleibt. Wie immer wir die Sache auch betrachten, es muß uns überraschen, daß der Text in Bildform immerhin ein Alter von annähernd zweitausend Jahren aufweist. Was innerhalb der Schriftgeschichte zwar keine biblische Zahl ist, wenn wir das kurze Alter der Druckkunst betrachten aber erstaunlich wirkt.

Die Laufrichtung

Eine gut gemachte Drucksache, gleich
ob Buch, Katalog oder Prospekt, nimmt
Rücksicht auf die Eigenheiten des
Papiers. Das Papier ist der Grundstoff
der meisten Druckarbeiten. Und eine
seiner hervorstechendsten Eigenheiten
ist die Aufnahmefähigkeit von Wasser,
sei es aus der Luft, aus dem Klebstoff
oder sonst einer Quelle. Dabei beginnt
das Papier sich zu dehnen, also seine
Maße zu verändern. Die Fasern, aus
denen Papier zum großen Teil besteht,
quellen auf und werden dicker. Die
Seite, nach der das Papier sich verändert, nennt man die *Dehnrichtung*.
Sie liegt im Winkel von neunzig Grad
zur *Laufrichtung*. Das ist die Seite, mit
der das Papier aus der Papiermaschine
kommt. Sie wird bei Größenangaben
durch Unterstreichen des betreffenden
Maßes gekennzeichnet. Ist bei einem
Bogenformat von 70 x 100 cm siebzig
unterstrichen, so hat das Papier mit der
schmalen Seite voran die Maschine verlassen. Hier spricht man von *Schmalbahn*.
Ist 100 unterstrichen (70 x 100 cm), ist
das Papier mit der breiten Seite zuerst
von der Maschine gelaufen. Dann ist
es *Breitbahn*. Die Richtung, in die die
Papierbahn läuft, heißt Laufrichtung.

Wird das Buch am Rücken verleimt,
erhalten die Bogen von dort Feuchtig-
keit. An der Seite also, an der die Bogen
miteinander verbunden werden, quellen die Fasern auf. Diese Seite heißt der
Bund. Liegt die Mehrzahl der Fasern
parallel zum Bund, wie ja die Laufrichtung sein soll, so kann das Papier sich
nach außen dehnen. Andernfalls wird
es vom Bindfaden und dem Kleber
daran gehindert. Das Papier bildet dann
Wellen, die Blätter legen sich nicht,
sondern stehen auf, wenn man das Buch
öffnet.

Soll ein Buch funktionieren, so ist
das einer der Punkte, der zu berücksich-

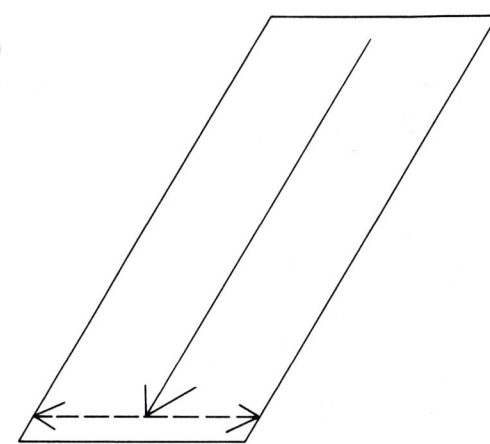

Die Mehrzahl der Papierfasern
liegt parallel zur Laufrichtung,
die mit einem Pfeil gekennzeichnet ist. Hier handelt es
sich also um Schmalbahn.
Die Dehnrichtung ist mit zwei
gestrichelten Pfeilen angegeben.

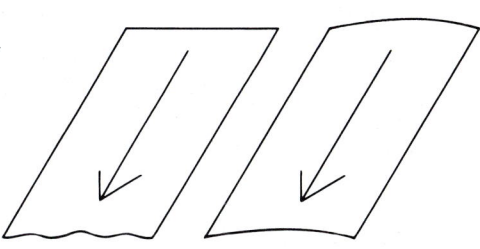

Hier eine Methode (die Finger-
nagelprobe), anhand derer
die Laufrichtung festgestellt
werden kann. An zwei Seiten
wird das Blatt zwischen zwei
Fingernägel gezogen und
gedehnt. Die wellige Seite
zeigt die Dehnrichtung.

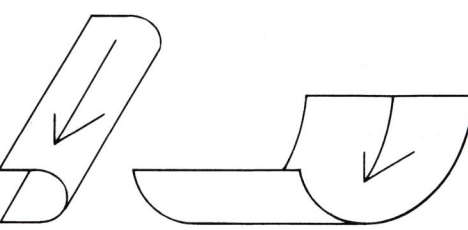

Bei einer anderen Methode
(der Biegeprobe) wird das
Blatt mit den Handflächen
nach zwei Seiten gebogen.
Eine der Seiten leistet größeren Widerstand. Hier ist es
die der rechten Darstellung.

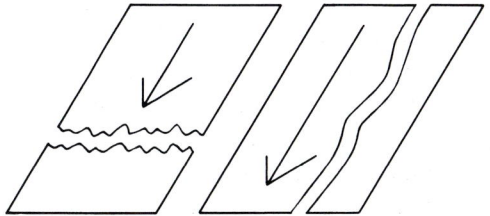

Bei einer dritten Methode
(der Reißprobe) wird ein Blatt
einmal nach der einen, und
einmal nach der anderen Seite
eingerissen. Der glattere Riß
kennzeichnet die Laufrichtung.

1 x gefalzt 2° Folio 2 Blatt 4 Seiten

Je nach Größe eines Bogens und einer Drucksache kann ein Bogen mit vier, acht, sechzehn oder zweiunddreißig Seiten bedruckt werden. Da der Bund einmal stehend, einmal liegend ist, muß die Laufrichtung gewechselt werden. Hier sind es vier Seiten Hochformat stehend.

2 x gefalzt 4° Quart 4 Blatt 8 Seiten

Der Bund ist bei Hochformat immer die längere Kante des Blattes. Da die Laufrichtung oder Faserrichtung parallel zum Bund liegen soll, brauchen wir hier die Bogen in Schmalbahn.

3 x gefalzt 8° Oktav 8 Blatt 16 Seiten

Je öfter wir falzen, desto kleiner werden bei gleichbleibender Bogengröße die Seiten. Hier muß das Bogenformat in Breitbahn bestellt werden.

4 x gefalzt 16° Sedez 16 Blatt 32 Seiten

Je öfter man falzt, desto dünner sollte das Papier sein, andernfalls muß es vorgerillt und perforiert werden, damit es leichter knickt und die angestaute Luft entweichen kann. Gebraucht wird Schmalbahn.

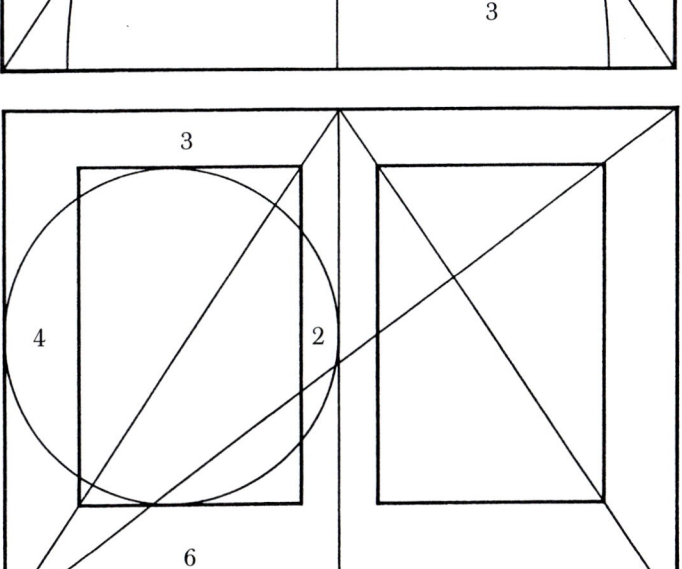

Diese beiden Satzspiegelkonstruktionen ergeben nur scheinbar gleiche Proportionen. Die obere Konstruktion hat im Bund und am Kopf die gleichen Abmessungen. Die untere zeigt am Kopf einen größeren Rand. Die Ziffern bedeuten Teile eines bestimmten Maßes. In unserem Modell beträgt der gesamte seitliche Freiraum 15 mm. Im Bund sind 2 Teile = 5 mm. Am Kopf die 3 Teile = 7,5 mm. Der äußere Rand mißt 4 Teile = 10 mm. Am Fuß der Seite haben wir 6 Teile = 15 mm.

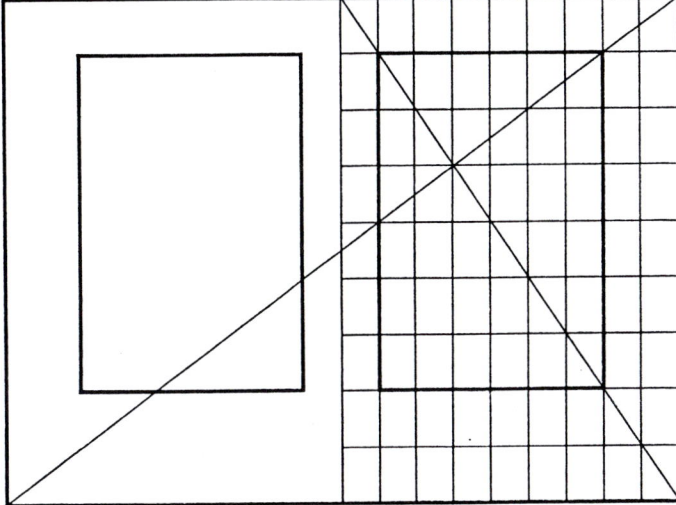

Die Proportionen des Satzspiegels richten sich bei den hier vorgestellten Konstruktionsmethoden immer nach dem Papierformat. Hier wurde das Blatt der Breite wie der Länge nach in neun Felder aufgeteilt. Der Rand im Bund und am Kopf nimmt je ein Feld, der außen und am Fuß je zwei Felder ein. Man kann auch mit sechs oder zwölf Feldern in der Breite und Höhe arbeiten. Das eine Mal erhält man einen kleineren, das andere Mal einen größeren Satzspiegel.

tigen ist. Ein anderer ebenso wichtiger Punkt heißt *Satzspiegel.*

Die Seite als Einheit aller bisher beschriebenen Teile ist immer ein kleines Kunstwerk, sofern die Teile tatsächlich zur Einheit werden. Einheit heißt aber nicht unterordnen bis zum Verschweigen. Einheit kann sehr wohl Buntheit bedeuten, wenn die Kräfte nicht zentrifugal sind. Wie weit eine Seite ruhig, wie weit sie laut und wie weit sie häßlich sein

darf, hängt ganz davon ab, was sie will. Sie ist zunächst nichts anderes als das Zusammenspiel einer bedruckten und einer unbedruckten Fläche. In der Regel ein graues bis tiefgraues Rechteck auf einem größeren weißen.

Beim Öffnen eines Buches steht der Leser immer vor zwei Seiten. Also empfiehlt es sich, wenn man die Größe der bedruckten Fläche, den Satzspiegel, festlegt, von einem Seitenpaar auszugehen.

Seit dem vierten Jahrhundert vor unserer Zeitrechnung lesen wir von links nach rechts. Die Buchstaben stehen auf einer imaginären Linie, die sich *Schrift-* oder *Grundlinie* nennt. Diese Linie führt den Leser die Zeilen entlang. Ganz gleich, wie wir ein Buch typografisch inszenieren, wir lesen immer primär linear. Beim Lesen halten wir das Buch in Händen. Kinder haben es meist auf dem Tisch oder auf dem Boden

Der Satzspiegel

Diese Methode führt am
schnellsten zu einem Ergebnis.
Satzspiegelbeginn ist der
Punkt, an dem sich die feinere
mit der stärkeren Diagonale
kreuzt.

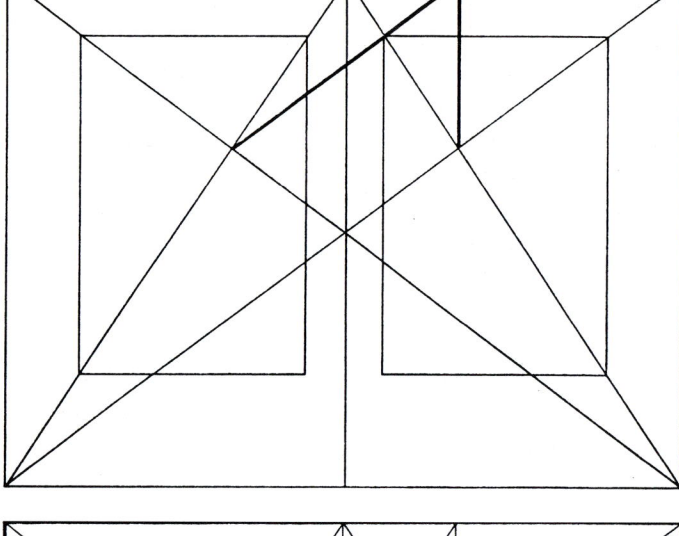

Hier noch ein Konstruktions-
schema, das einen kleinen
Satzspiegel ergibt. Er verlangt
nach einem allgemein splen-
diden Umgang mit der Arbeit,
worunter auch ein großer
Zeilenabstand fällt.

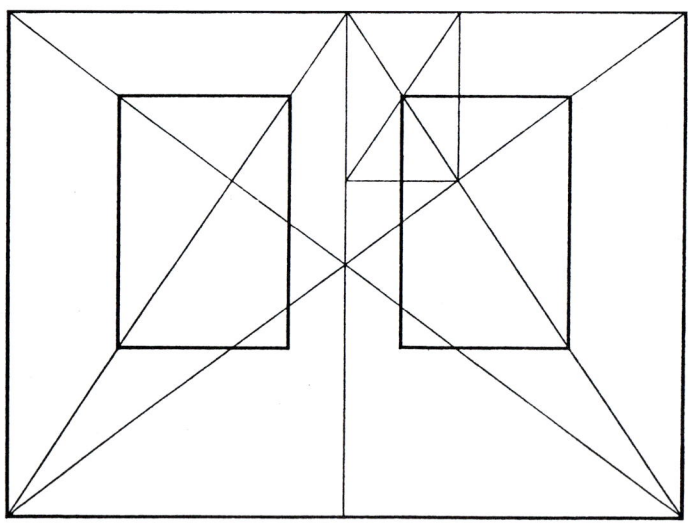

Die Satzspiegelkonstruktionen
sind dem bei Bucherer, Kurrus
& Co 1962 erschienenen Heft
›Willkürfreie Maßverhältnisse
der Buchseite und des Satzspiegels‹ von Jan Tschichold
entnommen.

liegen. Wie wir es in Händen halten,
ist keiner Regel unterworfen, vielmehr
unserer Gewohnheit. Das kann am
oberen, seitlichen oder unteren Rand
sein. Hier sollte das Papier so weit wie
möglich unbedruckt bleiben. Nun hat
das Buch nicht nur haptische, sondern
auch optische Ansprüche zu befriedigen.
Wir alle wissen, daß sich die optische
Mitte von der rechnerischen unterscheidet. So ist auch die Stellung des
Satzspiegels nicht auf Mitte der Seite,
sondern höher anzusetzen.
JAN TSCHICHOLD (1902 bis 1974)
hat anhand vieler Bücher einen
Gestaltungskanon entwickelt, der im
Zweifelsfall als gültiger Satzspiegel
herangezogen werden kann. Er ist
überwiegend für literarisch orientierte
Bücher gedacht, kann aber auch
für andere Bücherarten herangezogen
werden.

Wenn wir die unbedruckten Ränder einer Seite als den Platz zum Halten des Buches betrachten, dann ist es verständlich, daß ein Roman einen anderen Satzspiegel verlangt als ein Lexikon. Das Lexikon liest man nicht, man konsultiert es, wenn wir unter Lesen die längere Beschäftigung mit einem Text verstehen. Fach- und Sachbücher liest man, aber man liest sie selten zur Erbauung und kaum fortlaufend wie einen Roman.

Neue Wissensgebiete haben neue Leseformen erschlossen, so daß der innere Aufbau eines Buches vielfältiger

wurde, dadurch selbstverständlich den Satzspiegel beeinflußte und somit auch die Größe der unbedruckten Ränder. Das konventionelle Rezept der Satzspiegelgestaltung von Jan Tschichold war nicht mehr ausreichend.

Es gibt viele Möglichkeiten, den Leser in verschiedene Kategorien einzuteilen, um damit die verschiedenen Arten von Typografie zu erklären. Ich werde mich auf die vier wesentlichen Unterscheidungen beschränken. Weitere können von diesen abgeleitet werden.

An erster Stelle steht der GENIESSENDE LESER, den ich vor allem mit literarischen Werken in Zusammenhang bringe, wie mit Romanen, Erzählungen, Novellen, Gedichten, Liedern, Balladen, Tragödien und Komödien. Für sie eignet sich noch der konventionelle Satzspiegel, den uns Jan Tschichold errechnet hat.

Gedichte, Lieder und Balladen machen insofern eine Ausnahme, als hier schon das Buchformat schlanker ausfällt, da die Versform in der Regel kürzere Zeilen verlangt als ein Roman.

Das Originalformat dieses Gedichtbandes beträgt 120 x 210 mm je Seite.
Er ist aus der Linotype-Janson-Antiqua gesetzt.

hans magnus enzensberger
landessprache
suhrkamp 1960

Dieser Vergleich ist erläuterungsbedürftig, da *Gedichtsatz* jene Satzart ist, die ihre Zeilenlänge ausschließlich nach der Länge des Verses ausrichtet. Deshalb ist Gedichtsatz weder *Rauhsatz* noch *Flattersatz*. Die Zeilenlänge eines Romans hingegen unterliegt keiner sprachlichen, sondern einer optischen Vorgabe, nämlich der des Satzspiegels.

Die Plazierung der Gedichte kann nach zweierlei Gesichtspunkten erfolgen.

Man errechnet sich einen Satzspiegel und stellt das Gedicht jeweils in dessen Mitte, wobei man sich am längsten und kürzesten Vers und deren durchschnittlicher Länge orientiert. Die andere Möglichkeit ist die, alle Gedichte einheitlich am linken Satzspiegelrand beginnen zu lassen. Die erste dieser beiden Arten ist natürlich zeitaufwendiger, dafür ist die zweite optisch unausgewogen und der Sprachqualität nicht entsprechend.

DER SUCHENDE LESER ist unter den vier der anspruchsloseste, für den Typografen deshalb aber nicht der einfachste. Er bedarf einer Satzart, an der er sich orientieren kann.

Diese Satzart ist der sogenannte *Reihensatz*, eine Spezies, die das lineare Lesen an die zweite Stelle rückt und an die erste das Erfassen des Signals setzt. Erst finden, dann lesen, lautet

ihr Grundsatz. Der horizontale Satzaufbau, wie ihn Romane, Erzählungen und die meisten anderen Texte kennen, weicht dem vertikalen. Der Suchende gleitet von oben nach unten und erst an der Fundstelle geht er von links nach rechts.

Zum Reihensatz zählen alle Nachschlagewerke wie Lexika, Adreßbücher, Telefonbücher, aber auch das Inhalts-

verzeichnis und die verschiedenen Register eines Buches: das Sach- und Namens- oder Stichwortregister, der Quellennachweis und das Literaturverzeichnis. Alle Genannten weisen ein inneres Gefüge auf, das nach bestimmten Regeln organisiert ist. Die Nachschlagewerke sind alphabetisch strukturiert, ebenso die Register eines Buches, wobei das Literaturverzeichnis in Aus-

Das Originalformat dieses Lexikons beträgt 125 x 190 mm je Seite. Grundschrift ist die Times-Antiqua mit kursiv und halbfetter. Die Spitzmarken (Stichworte) sind aus der Univers 65.

nahmefällen die Seitenfolge des Buches zur Grundlage haben kann, wie das auch beim Inhaltsverzeichnis die Regel ist.

Bei Nachschlagewerken ist die Verweildauer des Lesers kurz. Der Komfort, den ihm der Typograf zu bieten hat, liegt in einer maximalen Übersicht und im raschen Zugriff. Die Schriftgröße muß 9 p (3,375 mm) nicht übersteigen. Lediglich das Inhaltsverzeichnis wird normal in Grundschriftgröße des Buches gesetzt.

Bei kleinem Schriftgrad werden in der Regel die Zeilen kürzer. Der Satz kann zwei- oder mehrspaltig sein. Adreß- und Telefonbücher werden zum Nachschlagen, schon ihres Gewichtes wegen, flach auf den Tisch gelegt. Das Lexikon hält man nur so lange in Händen, bis der gesuchte Begriff gefunden und die Erläuterung gelesen ist. Dabei liegt der Band aufgeschlagen in der linken Hand. Die Ränder dürfen schmal sein.

Meyers großes Taschen Lexikon
in 24 Bänden
Band 13
Bibliographisches Institut
Mannheim. Wien. Zürich 1981

Dᴇʀ ɢᴇɴöᴛɪɢᴛᴇ Lᴇsᴇʀ ist der schwierigste, wenn auch nicht der anspruchvollste. Er muß lesen, auch wenn er gar nicht will. Schulbücher, Sach- und Fachbücher, auch Gebrauchsanleitungen sind Druckerzeugnisse, die man ihm aufnötigt. Daß er dabei eine kritische Haltung gegenüber diesen Produkten einnimmt, ist erklärlich. Funktioniert etwas nicht, wird schnell

Unwillen laut. Hier muß der Typograf sich bewähren. Er darf die Abschnitte nicht zu groß werden lassen, muß für Abwechslung und Kurzweil sorgen, indem er mehrere Schriften verwendet, diese so organisiert, daß sie schnell ihre Tendenz erkennen lassen. Auch Farbe wird man dem Typografen bei vielen Unterscheidungen der Abschnitte des Buches zubilligen.

Diese Bücher sind, von ihrem Gebrauch her gesehen, Zwitter. Halb Erzählung, halb Lexikon werden sie weder fortlaufend gelesen, noch kurz nachgeschlagen. Sie werden häppchenweise gebraucht, weshalb ihre Gliederung in Lesehappen aufgeteilt ist. Fachbücher, wie mathematische, physikalische oder chemische Publikationen, sind durch ihre spe-

Das Originalformat dieses Sachbuches beträgt 150 x 230 mm je Seite. Grundschrift ist die New Century Schoolbook mit kursiv. Die serifenlose Schrift ist die News Gothic.

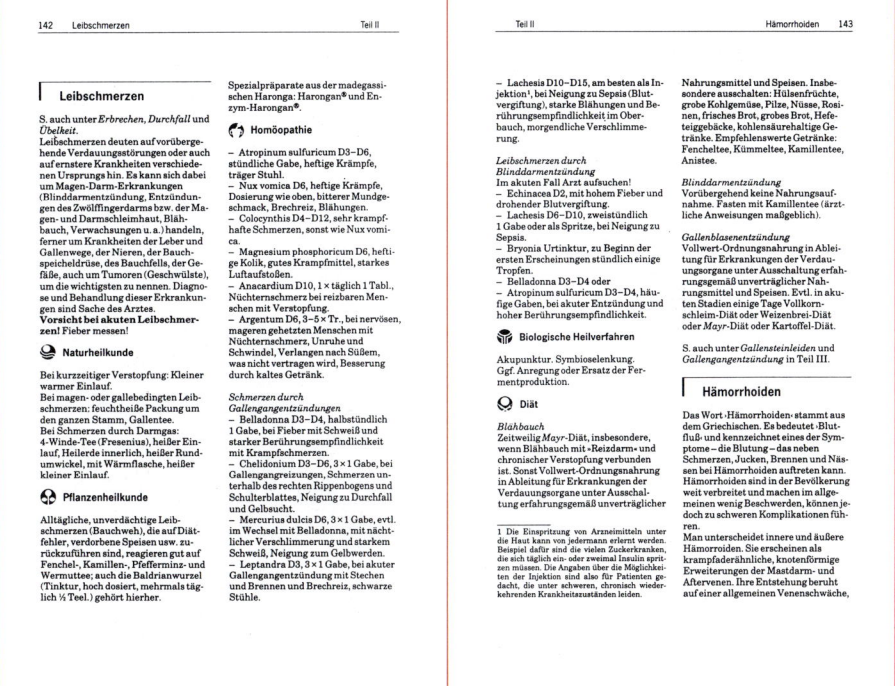

zielle Sprache eine zusätzliche Prüfung für den Typografen.

Das Schulbuch wird in allen möglichen Situationen gelesen; im Stehen, im Sitzen, zu Hause und in der Bahn, manchmal nur in einer Hand liegend und nicht ganz aufgeschlagen. Der unterschiedlichen Lichtverhältnisse wegen darf die Schrift nicht zu klein sein und der nicht vorhersehbaren Lesemöglichkeiten wegen der Rand nicht zu

schmal. Vor allem im Bund muß etwas Raum zugegeben werden. Zu viel kann es nicht sein, weil der Buchumfang nicht unbegrenzt erweiterbar ist, da diese Bücher ständig auf Reisen sind. Fachbücher am Arbeitsplatz oder Sachbücher zu Hause haben diese Probleme nicht. Ihr Satzspiegel kann mehrspaltig sein, und wird, was die Randverhältnisse betrifft, zwischen dem einer Erzählung und dem eines Lexikons schwanken.

Dr. med. G. Seng (Hrsg.), Dr. med. J. Abele, Dr. med. H. Anemueller, Dr. med. H. Baltin, Apotheker H. Gäbler
Naturheilverfahren und Homöopathie
Methoden, Krankheiten und ihre Behandlung
Trias Thieme, Hippokrates, Enke 1989

DER SPIELENDE LESER ist manchmal mehr spielender Zuhörer. Ich habe den Ausdruck »spielend« gewählt, weil er eine ganz gewisse Kundschaft dieser Bücher umreißt, obwohl man heute weiß, daß gerade das Spiel für ein Kind etwas sehr Ernstes ist, nämlich Lernen. Es sind Lesefibeln und Märchenbücher, die dieser Altersstufe vorbehalten bleiben.

Die Lesefibeln unserer Schulen sind meist in einer serifenlosen Antiqua gesetzt, da der Schüler zunächst auch eine solche Schrift zu schreiben lernt. Es gibt aber ernstzunehmende Einwendungen, wonach in einer serifenlosen Schrift gerade das fehlt, was manche Buchstaben von anderen unterscheidet: die Serifen. Sie weisen nicht nur in die Leserichtung, sondern begrenzen

die Zeilen auch nach oben und unten, und werden so zu wichtigen Lesehilfen.

Da Kinder buchstabierend lesen lernen, sind sie auf eine klare Ausdrucksweise der Buchstaben angewiesen. Diese wird bei einer größeren Schrift deutlicher hervortreten als bei einer kleinen. Deshalb sollen die Fibeln nicht kleiner als 12 p (4,5 mm) gesetzt sein. Auch der Zeilenabstand darf groß gehalten werden.

Das Originalformat dieses Kinderbuches beträgt 145 x 205 mm je Seite.
Schrift ist die Palatino-Antiqua.

Ein wichtiges und der Schrift gleichwertiges Element in diesen Büchern ist das Bild. Auch wenn vor allem das Kind noch seine eigenen Bilder in sich trägt, ist das Bild doch als Partner der Schrift unentbehrlich, da es das zeigt, was in der Schrift geschrieben steht.

Die Fibel wie das Märchenbuch werden nur flach aufgeschlagen gelesen. Sie liegen entweder auf dem Tisch, auf dem Boden oder auf dem Schoß der Mutter

oder Großmutter. Das ist der Grund, weshalb die Bilder häufig über den Rand hinaus (abfallend) laufen, ja sogar sich über zwei Seiten erstrecken. Der Text ist dem Bild untergeordnet, und die Zeilenlänge kann sich von Seite zu Seite ändern. Der Satzspiegel schwankt hier zwischen drei Punkten: dem oberen und dem seitlichen Rand und der einheitlichen Stellung der Seitenzahl (Pagina), die auch fehlen darf.

Neues vom Räuber Hotzenplotz
Noch eine Kasperlgeschichte
von Otfried Preussler
K. Thienemanns Verlag Stuttgart 1969

Der Kolumnentitel

Drei Bezeichnungen beweisen, wie wichtig die Ziffer ist, die doch so unscheinbar auf der Seite steht. Wir nennen sie Seitenzahl, Pagina oder Kolumnentitel. Die Seitenzahl existiert nicht deshalb, weil die Seiten eines Buches, einer Broschüre oder einer Zeitschrift gezählt werden müssen, sondern weil man sie unter Umständen zitieren muß, was vor allem bei wissenschaftlichen Publikatio-

nen häufig geschieht. Hier kann man dann nicht nur auf das Buch, sondern auch auf dessen Seite verweisen. Die Seitenzahl hat aber noch einen anderen Sinn. Bei Fach- und Sachbüchern, die nicht fortlaufend gelesen werden, läßt sich das betreffende Thema, das man sucht, anhand des Inhaltsverzeichnisses oder des Sachregisters und der Seitenzahl schnell finden.

Der Begriff Pagina stammt aus der Zeit, als die Drucker noch das Latein beherrschten, da die meisten Bücher in lateinischer Sprache verfaßt waren. Das war das sechzehnte Jahrhundert, also die Zeit des Humanismus, der Renaissance wie auch der Reformation. Pagina heißt Seite und paginieren nennt man das fortlaufende Numerieren der Seiten.

Casacconi; hier erklärte er, daß er die Krone niederlegen werde, wenn bis zum Ende des Oktober die angekündigte Hilfe nicht erschienen sei, oder daß er dann selber auf den Kontinent gehen werde, sie zu beschleunigen.

Sobald das Parlament auseinandergegangen war, welches auf des Königs Vorschlag einen neuen Finanzplan, eine Vermögenssteuer genehmigt hatte, stieg Theodor zu Pferde, sein Reich auch jenseits der Berge kennenzulernen. Im Lande jenseits der Berge waren die Hauptsitze der Signoren Korsikas gewesen, und dort hatten sich die alten Adelsgelüste noch wohlerhalten. Luca Ornano empfing den Monarchen mit einer Gesandtschaft der angesehensten Herren jener Gegenden und führte ihn im festlichen Geleite nach Sartene. Hier kam Theodor auf den fürstlichen Gedanken, einen neuen Ritterorden zu stiften; der Einfall war zugleich politisch, wie wir überhaupt sehen, daß der deutsche Baron und Korsenkönig nicht minder politisch sich zu benehmen wußte als andere Emporkömmlinge von größeren Dimensionen ihrer Herrschaft vor und nach ihm. Der neue Orden hieß: der Orden von der Befreiung *(della Liberazione)*. Der König war Großmeister desselben und ernannte die Kavaliere. Man sagt, daß der Orden in weniger als zwei Monaten mehr denn vierhundert Mitglieder zählte, und daß mehr als ein Viertel davon Ausländer waren, welche um der Seltsamkeit oder um der tapfern Korsen willen die Ehre der Mitgliedschaft nachsuchten. Diese war teuer; denn im Statute war festgesetzt, daß jeder Kavalier bei seinem Eintritte 1000 Scudi zahlen sollte, von welchen er zeitlebens eine Leibrente von zehn Prozent zu beziehen hatte. Dies war denn der beste Sinn des Ordens, nämlich daß er eine Anleihe ehrenhalber und eine Finanzspekulation war. Bei seiner Anwesenheit in Sartene verlieh der König auf den Wunsch der Edeln des

52

Casacconi; hier erklärte er, daß er die Krone niederlegen werde, wenn bis zum Ende des Oktober die angekündigte Hilfe nicht erschienen sei, oder daß er dann selber auf den Kontinent gehen werde, sie zu beschleunigen.

Sobald das Parlament auseinandergegangen war, welches auf des Königs Vorschlag einen neuen Finanzplan, eine Vermögenssteuer genehmigt hatte, stieg Theodor zu Pferde, sein Reich auch jenseits der Berge kennenzulernen. Im Lande jenseits der Berge waren die Hauptsitze der Signoren Korsikas gewesen, und dort hatten sich die alten Adelsgelüste noch wohlerhalten. Luca Ornano empfing den Monarchen mit einer Gesandtschaft der angesehensten Herren jener Gegenden und führte ihn im festlichen Geleite nach Sartene. Hier kam Theodor auf den fürstlichen Gedanken, einen neuen Ritterorden zu stiften; der Einfall war zugleich politisch, wie wir überhaupt sehen, daß der deutsche Baron und Korsenkönig nicht minder politisch sich zu benehmen wußte als andere Emporkömmlinge von größeren Dimensionen ihrer Herrschaft vor und nach ihm. Der neue Orden hieß: der Orden von der Befreiung *(della Liberazione)*. Der König war Großmeister desselben und ernannte die Kavaliere. Man sagt, daß der Orden in weniger als zwei Monaten mehr denn vierhundert Mitglieder zählte, und daß mehr als ein Viertel davon Ausländer waren, welche um der Seltsamkeit oder um der tapfern Korsen willen die Ehre der Mitgliedschaft nachsuchten. Diese war teuer; denn im Statute war festgesetzt, daß jeder Kavalier bei seinem Eintritte 1000 Scudi zahlen sollte, von welchen er zeitlebens eine Leibrente von zehn Prozent zu beziehen hatte. Dies war denn der beste Sinn des Ordens, nämlich daß er eine Anleihe ehrenhalber und eine Finanzspekulation war. Bei seiner Anwesenheit in Sartene verlieh der König auf den Wunsch der Edeln des

52

Casacconi; hier erklärte er, daß er die Krone niederlegen werde, wenn bis zum Ende des Oktober die angekündigte Hilfe nicht erschienen sei, oder daß er dann selber auf den Kontinent gehen werde, sie zu beschleunigen.

Sobald das Parlament auseinandergegangen war, welches auf des Königs Vorschlag einen neuen Finanzplan, eine Vermögenssteuer genehmigt hatte, stieg Theodor zu Pferde, sein Reich auch jenseits der Berge kennenzulernen. Im Lande jenseits der Berge waren die Hauptsitze der Signoren Korsikas gewesen, und dort hatten sich die alten Adelsgelüste noch wohlerhalten. Luca Ornano empfing den Monarchen mit einer Gesandtschaft der angesehensten Herren jener Gegenden und führte ihn im festlichen Geleite nach Sartene. Hier kam Theodor auf den fürstlichen Gedanken, einen neuen Ritterorden zu stiften; der Einfall war zugleich politisch, wie wir überhaupt sehen, daß der deutsche Baron und Korsenkönig nicht minder politisch sich zu benehmen wußte als andere Emporkömmlinge von größeren Dimensionen ihrer Herrschaft vor und nach ihm. Der neue Orden hieß: der Orden von der Befreiung *(della Liberazione)*. Der König war Großmeister desselben und ernannte die Kavaliere. Man sagt, daß der Orden in weniger als zwei Monaten mehr denn vierhundert Mitglieder zählte, und daß mehr als ein Viertel davon Ausländer waren, welche um der Seltsamkeit oder um der tapfern Korsen willen die Ehre der Mitgliedschaft nachsuchten. Diese war teuer; denn im Statute war festgesetzt, daß jeder Kavalier bei seinem Eintritte 1000 Scudi zahlen sollte, von welchen er zeitlebens eine Leibrente von zehn Prozent zu beziehen hatte. Dies war denn der beste Sinn des Ordens, nämlich daß er eine Anleihe ehrenhalber und eine Finanzspekulation war. Bei seiner Anwesenheit in Sartene verlieh der König auf den Wunsch der Edeln des

52

Der selben Zeit entstammt auch der Begriff des Kolumnentitels. Das lateinische Wort columna bedeutet Säule. Auch der Begriff Kolonne, mit dem der Setzer die Spalte einer Tabelle bezeichnet, leitet sich von columna ab. Gemeint ist beidemale das schlanke Aussehen des jeweiligen Satzes. Das lateinische titulus bedeutet Aufschrift oder Inschrift, woraus wir auch die Überschrift hören, so daß Kolumnentitel eigentlich Seitenüberschrift bedeutet, was bei genauer Betrachtung auch stimmt. Nur was darunter verstanden wurde, nennen wir

heute einen *lebenden* Kolumnentitel. Die nackte Ziffer hingegen bezeichnen wir als *toten* Kolumnentitel, also das, was auch Pagina heißt.

Seitenzahl, Pagina und toter Kolumnentitel sind ein- und dasselbe. Nun gibt es zwei Gruppen von Paginas: die mit geraden und die mit ungeraden Zahlen. Die geraden sind immer linke Seiten, die ungeraden immer rechte. Das ist so etwas wie ein Gesetz. Die Größe der Ziffer entspricht in der Regel der Größe

Pagina unten.

Sie rundet das Bild einer Seite ab,

kann auf Mitte gestellt der Kolumne

Gleichgewicht geben. Sie kann

seitlich angebracht, die äußere

Begrenzung des Satzes betonen.

Satzbreite des Originals (linke Seite)

90 mm (20 Cicero)

11 p Italian Old Style.

Ferdinand Gregorovius,

Ein Dreigestirn,

Bibliothek SG, 1993.

Der Kolumnentitel

der Grundschrift. Ihr Abstand zum Text ist häufig eine Blindzeile. Die Pagina wird ihres geringen optischen Gewichtes wegen nicht zum Satzspiegel gezählt. Daß ihre Anordnung dennoch keine nebensächliche Angelegenheit ist, demonstrieren wir an unseren sechs Beispielen.

Die meisten Bücher tragen die Pagina unten. Dort fällt sie am wenigsten auf.

Stellt man sie über den Satz, erhält sie mehr Gewicht. »Jetzt kommt die Seite zweiundfünfzig«, sagt sie dort, während sie unten »das war die Seite zweiundfünfzig« vermerkt. Die Ziffern können mit der äußeren Satzkante bündig oder eingerückt sein oder auf Mitte stehen. Sind sie eingerückt, so sollten sie Rücksicht auf den Einzug nehmen, wenn es im Buch einen gibt. Das heißt, ihr

Abstand von der Satzkante sollte so groß wie der Einzug sein.

Hat man die Wahl zwischen Versal- und Minuskelziffern (siehe auch Seite 8), empfehlen sich, der schnelleren Erfaßbarkeit wegen, die Minuskelziffern.

Die Ziffern seitlich *in* den äußeren Rand zu stellen, ist nur dann praktikabel, wenn der Rand breit genug ist. Im Bund sind sie unangebracht, weil

---

52

Casacconi; hier erklärte er, daß er die Krone niederlegen werde, wenn bis zum Ende des Oktober die angekündigte Hilfe nicht erschienen sei, oder daß er dann selber auf den Kontinent gehen werde, sie zu beschleunigen.

Sobald das Parlament auseinandergegangen war, welches auf des Königs Vorschlag einen neuen Finanzplan, eine Vermögenssteuer genehmigt hatte, stieg Theodor zu Pferde, sein Reich auch jenseits der Berge kennenzulernen. Im Lande jenseits der Berge waren die Hauptsitze der Signoren Korsikas gewesen, und dort hatten sich die alten Adelsgelüste noch wohlerhalten. Luca Ornano empfing den Monarchen mit einer Gesandtschaft der angesehensten Herren jener Gegenden und führte ihn im festlichen Geleite nach Sartene. Hier kam Theodor auf den fürstlichen Gedanken, einen neuen Ritterorden zu stiften; der Einfall war zugleich politisch, wie wir überhaupt sehen, daß der deutsche Baron und Korsenkönig nicht minder politisch sich zu benehmen wußte als andere Emporkömmlinge von größeren Dimensionen ihrer Herrschaft vor und nach ihm. Der neue Orden hieß: der Orden von der Befreiung *(della Liberazione)*. Der König war Großmeister desselben und ernannte die Kavaliere. Man sagt, daß der Orden in weniger als zwei Monaten mehr denn vierhundert Mitglieder zählte, und daß mehr als ein Viertel davon Ausländer waren, welche um der Seltsamkeit oder um der tapfern Korsen willen die Ehre der Mitgliedschaft nachsuchten. Diese war teuer; denn im Statute war festgesetzt, daß jeder Kavalier bei seinem Eintritte 1000 Scudi zahlen sollte, von welchen er zeitlebens eine Leibrente von zehn Prozent zu beziehen hatte. Dies war denn der beste Sinn des Ordens, nämlich daß er eine Anleihe ehrenhalber und eine Finanzspekulation war. Bei seiner Anwesenheit in Sartene verlieh der König auf den Wunsch der Edeln des

---

52

Casacconi; hier erklärte er, daß er die Krone niederlegen werde, wenn bis zum Ende des Oktober die angekündigte Hilfe nicht erschienen sei, oder daß er dann selber auf den Kontinent gehen werde, sie zu beschleunigen.

Sobald das Parlament auseinandergegangen war, welches auf des Königs Vorschlag einen neuen Finanzplan, eine Vermögenssteuer genehmigt hatte, stieg Theodor zu Pferde, sein Reich auch jenseits der Berge kennenzulernen. Im Lande jenseits der Berge waren die Hauptsitze der Signoren Korsikas gewesen, und dort hatten sich die alten Adelsgelüste noch wohlerhalten. Luca Ornano empfing den Monarchen mit einer Gesandtschaft der angesehensten Herren jener Gegenden und führte ihn im festlichen Geleite nach Sartene. Hier kam Theodor auf den fürstlichen Gedanken, einen neuen Ritterorden zu stiften; der Einfall war zugleich politisch, wie wir überhaupt sehen, daß der deutsche Baron und Korsenkönig nicht minder politisch sich zu benehmen wußte als andere Emporkömmlinge von größeren Dimensionen ihrer Herrschaft vor und nach ihm. Der neue Orden hieß: der Orden von der Befreiung *(della Liberazione)*. Der König war Großmeister desselben und ernannte die Kavaliere. Man sagt, daß der Orden in weniger als zwei Monaten mehr denn vierhundert Mitglieder zählte, und daß mehr als ein Viertel davon Ausländer waren, welche um der Seltsamkeit oder um der tapfern Korsen willen die Ehre der Mitgliedschaft nachsuchten. Diese war teuer; denn im Statute war festgesetzt, daß jeder Kavalier bei seinem Eintritte 1000 Scudi zahlen sollte, von welchen er zeitlebens eine Leibrente von zehn Prozent zu beziehen hatte. Dies war denn der beste Sinn des Ordens, nämlich daß er eine Anleihe ehrenhalber und eine Finanzspekulation war. Bei seiner Anwesenheit in Sartene verlieh der König auf den Wunsch der Edeln des

---

52

Casacconi; hier erklärte er, daß er die Krone niederlegen werde, wenn bis zum Ende des Oktober die angekündigte Hilfe nicht erschienen sei, oder daß er dann selber auf den Kontinent gehen werde, sie zu beschleunigen.

Sobald das Parlament auseinandergegangen war, welches auf des Königs Vorschlag einen neuen Finanzplan, eine Vermögenssteuer genehmigt hatte, stieg Theodor zu Pferde, sein Reich auch jenseits der Berge kennenzulernen. Im Lande jenseits der Berge waren die Hauptsitze der Signoren Korsikas gewesen, und dort hatten sich die alten Adelsgelüste noch wohlerhalten. Luca Ornano empfing den Monarchen mit einer Gesandtschaft der angesehensten Herren jener Gegenden und führte ihn im festlichen Geleite nach Sartene. Hier kam Theodor auf den fürstlichen Gedanken, einen neuen Ritterorden zu stiften; der Einfall war zugleich politisch, wie wir überhaupt sehen, daß der deutsche Baron und Korsenkönig nicht minder politisch sich zu benehmen wußte als andere Emporkömmlinge von größeren Dimensionen ihrer Herrschaft vor und nach ihm. Der neue Orden hieß: der Orden von der Befreiung *(della Liberazione)*. Der König war Großmeister desselben und ernannte die Kavaliere. Man sagt, daß der Orden in weniger als zwei Monaten mehr denn vierhundert Mitglieder zählte, und daß mehr als ein Viertel davon Ausländer waren, welche um der Seltsamkeit oder um der tapfern Korsen willen die Ehre der Mitgliedschaft nachsuchten. Diese war teuer; denn im Statute war festgesetzt, daß jeder Kavalier bei seinem Eintritte 1000 Scudi zahlen sollte, von welchen er zeitlebens eine Leibrente von zehn Prozent zu beziehen hatte. Dies war denn der beste Sinn des Ordens, nämlich daß er eine Anleihe ehrenhalber und eine Finanzspekulation war. Bei seiner Anwesenheit in Sartene verlieh der König auf den Wunsch der Edeln des

---

sie dort schlecht zu finden sind. Die Pagina ist ja keine Verzierung der Seite, sondern bei fast allen Büchern für den Leser eine Notwendigkeit.

Vor nicht allzulanger Zeit war es bei sehr starken Büchern üblich, die Titelei römisch zu paginieren. Zur Titelei zählen alle Seiten, die dem fortlaufenden Text vorangestellt sind. Der fortlaufende Text war arabisch paginiert und begann mit Seite eins. Der Grund dazu war das Inhaltsverzeichnis, dessen Umfang und seine

Seitenzahlen erst nach dem vollständigen Umbruch feststanden. Da inzwischen mit dem Druck begonnen werden mußte, klammerte man das Inhaltsverzeichnis samt Titelei so lange aus, bis alle Daten bekannt waren. Wollte man das nicht, mußte man das Inhaltsverzeichnis an den Schluß des Buches stellen, was nicht sinnvoll war.

Den lebenden Kolumnentitel treffen wir überwiegend bei Fach- und Sachbüchern, wie auch bei Nachschlagewerken. Bei Büchern also, die, wie schon

Pagina oben.

An den Kopf der Seite gestellt,

wird die Pagina wichtiger.

Sie folgt nicht dem Text,

sondern der Text folgt ihr.

Satzbreite des Originals

90 mm (20 Cicero)

11 p Italian Old Style.

Ferdinand Gregorovius,

Ein Dreigestirn,

Bibliothek SG, 1993.

gesagt, nicht eigentlich gelesen, sondern konsultiert oder häppchenweise konsumiert werden. Hier kann der Leser auf einen Blick erkennen, welches Wissensgebiet er aufgeschlagen hat. Deshalb steht der lebende Kolumnentitel in der Regel am Kopf der Seite. Nur gelegentlich und vor allem bei Zeitschriften findet man ihn auch am Fuß. Da er, je nach Gestaltung, meist die

gesamte Kolumnenbreite einnimmt, zählt er zum Satzspiegel.

Der lebende Kolumnentitel besteht aus der Pagina und einem Titeltext. Die Pagina behält die Grundschriftgröße, während der Titeltext ein bis zwei Grad kleiner gesetzt wird. Ob man eine geradestehende oder eine kursive Schrift, vielleicht sogar Kapitälchen wählt, hängt nicht zuletzt von der

Länge des Titeltextes ab, der ja in einer Zeile untergebracht werden muß. Den Titel zu kürzen, ist eine schlechte Lösung.

Die Pagina steht links oder rechts mit der Satzkante bündig. Der Titeltext kann mit einem Geviert Abstand zur Pagina folgen. Üblich ist es, ihn auf Mitte der Kolumnenbreite zu stellen, wobei hier die absolute Mitte gemeint ist,

---

Lebender Kolumnentitel oben.

Aus Kapitälchen, die gesperrt wurden,

macht er nicht nur eine gute Figur,

sondern hebt sich auch vom übrigen Text ab,

was der Übersichtlichkeit dient.

Satzbreite des Originals

81 mm (18 Cicero)

8 p Linotype-Garamond-Antiqua.

François Rabelais,

Gargantua und Pantagruel,

Hanser, 1964.

Das Werk ist in Bücher

und Kapitel gegliedert,

wobei ein Buch mehrere

Kapitel zusammenfaßt.

Die Kapitel sind

dem Buch untergeordnet

und stehen deshalb

auf einer rechten Seite.

Wir haben hier noch

das fünfte Buch

im Kolumnentitel,

weil er als linke Seite

den übergeordneten

Begriff zeigt. Die ihm

folgende rechte

Seite, die nicht mehr

abgebildet ist,

trägt im Kolumnentitel:

38. Kapitel.

das heißt, die Pagina als nicht existent betrachtet wird. Den Titeltext zum Bund hin auszuschließen, ist nicht empfehlenswert, da er dort den Leser zwingt, das Buch flach aufzuschlagen.

Je nach Umfang und Gliederung des Buches trägt jeweils der linke Kolumnentitel den Titel des Buches, der rechte die Überschrift des entsprechenden Kapitels. Bei stark gegliederten Werken zeigt die linke Seite den Text der Hauptrubrik, die rechte Seite den der Unterrubrik. Die rechte Seite nimmt in der Titelhierarchie immer den kleinsten, die linke immer den nächst höheren Rang ein. Der Titel der rechten Seite wechselt deshalb öfter als der der linken Seite. Mit Beginn einer neuen Überschrift wird auch der Text des rechten Kolumnentitels neu.

Der Abstand des lebenden Kolumnentitels zum übrigen Text beträgt etwa eine Blindzeile. Wird der Raum eng, kann auch eine durchgehend feine Linie den lebenden Kolumnentitel vom übrigen Text trennen. Damit keine Unklarheiten entstehen: Es gilt das ganze Buch hindurch immer nur eine der hier genannten Versionen.

Reformen und Erfindungen 141

chen sollte. Nun terrorisierten keine Uniformierten mehr bettelnd die Stadt; sie waren ein wichtiger Ordnungsfaktor geworden [83].

Besonders betroffen war Sir Benjamin von der Not und der Kriminalität der Bettler, die München in großer Zahl bevölkerten. Um die Stadt von dieser Plage zu befreien und gleichzeitig den armen Menschen zu helfen, richtete er im ehemaligen Paulanerkloster in der Au (heute Gefängnis Neudeck) eine Fabrik mit Wohnungen ein. 1790, am 1. Januar, dem Tag des alljährlichen Almosengebens, wurden die Bettler Münchens (angeblich über 200, bei einer Einwohnerzahl von knapp 40 000) genau registriert und ins Arbeitshaus gebracht. Alle wurden nun nach ihren Möglichkeiten beschäftigt, z. B. damit, Uniformen für die Armee anzufertigen. Obwohl die Arbeiter, unter ihnen auch Behinderte und Kinder, nicht nur beherbergt und beköstigt wurden, sondern auch Lohn erhielten, warf das gut organisierte Unternehmen bald Gewinne ab [85]. Als Thompson, angegriffen durch die großen Anstrengungen seiner Arbeit und belastet durch Mißgunst, die ihn viele Höflinge und der Magistrat spüren ließen, schwer erkrankte, zogen seine Arbeitshausinsassen täglich in einer Prozession an seinem Fenster vorbei zur Frauenkirche, um dort für ihn eine Stunde zu beten. Erst nach dem Weggang des Stifters wurde das »Arbeitshaus in der Au« immer mehr zur Zwangsarbeitsanstalt. Um die Erziehung begabter, aber unbemittelter Mädchen und Knaben zu ermöglichen, gründete der Minister auch eine Bildungseinrichtung, die er »Haus der Industrie« nannte [84].

Eines der Interessengebiete des Forschers Thompson war stets die Frage nach der richtigen Ernährung. Hunger und Fehlernährung waren Hauptprobleme dieser Zeiten. Für das Arbeitshaus erfand er neue Speisen, so die »Rumfordsuppe«, einen Eintopf aus Wasser, Sauerbier, geriebenen Kartoffeln, Brot, Perlgraupen und Erbsen [85]. Mit der aus den Münchner Erfahrungen geschöpften, in London erschienenen Arbeit »Über die Auswahl und Zubereitung von Speisen, insbesondere für die Armen« half Thompson später in England eine Hungerkatastrophe abzuwenden.

Wichtig für die Ernährung war auch die Erfindung eines neuartigen Kochherdes, den Thompson im »Arbeitshaus« einführte. Dieser Herd verbrauchte wesentlich weniger Brennstoff und war schneller betriebsbereit als herkömmliche Öfen [86]. Der Minister

---

KATHERINE MANSFIELD

fektiertheit, die sie in der Schule aufgeschnappt hat, — und daß sie ganz gut auch anders kann.»

«Anne, du weißt doch, daß sie immer stottert. Du hast genau dasselbe getan in ihrem Alter. Ihre Nerven sind immer ein bißchen zu gespannt.» Die alte Frau nahm die Brille ab, hauchte darauf und rieb sie mit einem Zipfel ihrer Nähschürze.

«Na, das Letzte auf der Welt, was ihr helfen wird, ist, sie sich das einbilden zu lassen», antwortete Anne, schüttelte eins der grünen Kleidchen aus und stach mit ihrer Nadel nach den Falten. «Sie wird genau so behandelt wie Rose, und Bubi hat auch keine Nerven. Hast du ihn gesehn, als ich ihn heute zum erstenmal auf das Schaukelpferd setzte? Er hat einfach gekräht vor Vergnügen. Mit jedem Tag wird er mehr das Ebenbild seines Vaters.»

«Ja, er ist sicherlich durch und durch ein Carsfield», stimmte die alte Frau kopfnickend bei.

«Also das ist auch so etwas mit Helen», sagte Anne. «Die eigentümliche Art, wie sie Bubi behandelt, ihn anstarrt und ihm angst macht, so wie sie's tut. Du erinnerst dich, als er noch ein Säugling war, wie sie ihm die Flasche wegnahm, um zu sehn, was er tun wird? Rose geht wunderbar mit dem Kind um, aber Helen…»

Die alte Frau legte ihre Arbeit auf den Tisch. Ein kleines Schweigen folgte, und durch die Stille klang das laute Ticken der Eßzimmerstanduhr. Sie wollte ihrer Tochter ein für allemal ihre Meinung sagen über die Art, wie sie und Henry Helen behandelten,

286

---

zeitlichen Angaben der Schlußschrift nicht weiter zu beachten. Sie sind nämlich ganz unverfänglich und stammen zudem aus einer erstklassigen Quelle: Wo hätte man darüber besser Bescheid wissen können als im Hause Schöffer. Peter Schöffer, Johanns Vater war ganz gewiß am Bibeldruck beteiligt gewesen; nach dem Prozeß schlug er sich auf die Seite von Fust und durfte zur Belohnung dessen Tochter Christine heiraten, was ihm hoffentlich gut bekommen ist.

Die falschen Angaben, die Johann, aus dieser Liebesheirat entsprossen, über die Person des Erfinders macht, entspringen einem gesunden Bedürfnis nach Reklame und Familienreputation. Die Jahreszahlen geben in dieser Hinsicht nichts her und dürften darum stimmen. Da heißt es also, 1450 sei mit der Realisierung der Erfindung begonnen worden, 1452 aber habe man erstenmal auf das Schaukelpferd setzte... aber habe man zu drucken begonnen, wozu Gottes Gnade das Ihrige beigetragen habe, aber auch Peter Schöffer habe durch zahlreiche notwendige Erfindungen zur Perfektion der Kunst beigetragen. Daß von Gutenberg überhaupt keine Rede ist, das sollte uns aus den angedeuteten Gründen nicht stören. Aus anderen Quellen, die auch wieder in das Haus Schöffer zurückführen, wissen wir, daß man als erstes eine lateinische Bibel gedruckt hat. Wer aber damit 1452 begann, der konnte damit Ende 1453 oder Anfang 1454 fertig werden; denn mehr als zwei Jahre waren nicht erforderlich (s. S. 79).

3. SCHLUSSFOLGERUNGEN

Als Johann Gutenberg und Johann Fust sich zu kollegial entzweiten, war die zweiundvierzigzeilige Bibel fertig ausgedruckt. Ja, die Bibel war allem Anschein nach der Stein des Zwistes, der in einen Prozeß einmündete, von dem wir leider nur sehr unvollkommen unterrichtet sind. Aber man wird gewiß nicht fehlgehen in der Annahme, daß die beiden Kontrahenten schon, bevor man zum Richter lief, sich geschäftlich getrennt haben. Es war aus mit

dem »Werk der Bücher«, dem Gemeinschaftsunternehmen, das für den Bibeldruck begründet worden war und ein so imponierendes Ergebnis gezeitigt hatte.

Daß man in der Tat 1454 auseinanderging, dafür gibt ein Zeugnis, das nur übergroße Voreingenommenheit zugunsten eines tragisch gefärbten Gutenbergbildes bisher vernachlässigt hat. – Mitte 1454 wurden in Mainz Ablaßbriefe gedruckt, die zugunsten der Christen auf Zypern an die Gläubigen abgegeben wurden. Es handelt sich dabei um den ersten Massenauftrag der Druckgeschichte, den wir heute zum Formulardruck rechnen würden. Text- und Auszeichnungstype einer 30zeiligen Fassung sind von denen einer Ausgabe zu 31 Zeilen bei identischem Text völlig verschieden. Der Schluß bietet sich an, daß sie aus zwei verschiedenen Werkstätten gekommen sind. Aber gab es nicht in Mainz um diese Zeit nur eine einzige Offizin, die des Bibeldrucks? Wer sollte zu diesem frühen Zeitpunkt sonst noch sich in Mainz mit der Schwarzen Kunst versucht haben? Nun, wer wohl? Niemand anders, als die nun verfeindeten ehemaligen Geschäftsgenossen, die nun jeder auf eigene Rechnung arbeiteten. Da bei der Aushändigung des Ablaßbriefes an diejenigen, die sich mit ihrer Hilfe eine gute Todesstunde erhofften, ein Datum handschriftlich eingetragen wurde, andererseits aber für Satz und Druck keine allzulange Zeit benötigt wurde, können wir über ihre Entstehungszeit einigermaßen verläßliche Aussagen machen.

Der 31zeilige Ablaßbrief, der wegen seiner Auszeichnungsschrift Johann Gutenberg zugeschrieben werden kann, ist spätestens im Oktober 1454 hergestellt worden. Ein Exemplar des Formulars wurde am 22. Oktober dieses Jahres ausgehändigt. Das Fust-Schöffersche Unternehmen brachte mit deutlicher Verspätung den 30zeiligen Ablaßbrief unter vom 27. Februar 1455. Aus dieser auffallenden Retardierung müßte man schließen, daß es in erster Linie Fust und sein Mitarbeiter und späterer

76   Corsten: Gutenberg-Bibel

Lebender Kolumnentitel rechts.

Dieser zur Pagina gerückte

Titel ist funktionell richtig,

da er schnell erfaßt,

und leicht gelesen werden

kann.

Satzbreite des Originals

108 mm (24 Cicero)

10 p Linotype-Garamond-Antiqua.

Reinhard Bauer, Ernst Piper,

München,

Piper, 1993.

Pagina und Titel getrennt.

Diese Anordnung ist dem raschen

Erfassen hinderlich. Da es sich

hier jedoch um Erzählungen

handelt, wird der Leser den

kleinen Umweg in Kauf nehmen.

Satzbreite des Originals

74 mm (16½ Cicero)

9 p Monotype-Garamond-Antiqua.

Katherine Mansfield,

Seligkeit,

Arche, 1952.

Lebender Kolumnentitel unten.

Dieses Jahrbuch nennt im Kolumnentitel auch den Verfasser, da manche

Artikel nicht über zwei Seiten laufen

und so linke und rechte Seiten

nicht unterschieden werden können.

Satzbreite des Originals

je Spalte 76,5 mm (17 Cicero)

10 p Monotype-Bembo-Antiqua.

Imprimatur,

Gesellschaft der Bibliophilen,

Frankfurt am Main, 1980.

Nicht jede hochstehende Ziffer, nicht jeder hochstehende Stern ist eine Fußnote. Das Wesen einer Fußnote läßt sich aus ihrem Namen erklären. Im Lateinischen bedeutet nota so viel wie Kennzeichen, Merkzeichen, Buchstabenzeichen, Schriftstück, aber auch erklärende Anmerkung. Wir beziehen den Begriff Note auf die erklärende Anmerkung.

Fußnoten sind also Anmerkungen, die bestimmte Textstellen näher erläutern. Diese Erläuterungen befinden sich, wie der Name Fußnote ausdrückt, am Fuße der jeweiligen Seite. Das müssen nicht immer Buchseiten sein. Auch andere Druckerzeugnisse, wie Kataloge oder Broschüren, können Fußnoten enthalten.

Fußnoten stehen innerhalb des Satzspiegels. Sie besitzen, vor allem bei

wissenschaftlichen Werken, zuweilen einen beträchtlichen Umfang. Es ist möglich, daß sie dort über mehrere Seiten laufen. Hier besagt dann eine Regel, daß der Notentext nicht mehr als zwei Drittel einer Seite beanspruchen darf. Ein Drittel muß also dem Grundtext vorbehalten bleiben.

Die erläuterungsbedürftigen Textstellen werden mit einem sogenannten

---

2. Der kompetente Säugling

Untersuchungsmethoden

Ausgangspunkt der bisherigen Überlegungen war die Tatsache, daß die präverbale Zeit über Analysen auf der Couch nur sehr beschränkt zugänglich ist, und weiter, daß man kleine Kinder nicht fragen kann, was sie sehen, hören, schmecken und fühlen. Die Säuglingsforscher haben in den letzten 20 Jahren eine Reihe faszinierender Experimente entwickelt, um das Rätsel der frühen Kindheit zu lösen. Sie haben Säuglinge mit Hilfe von Experimenten »gefragt«, und ihr beobachtetes Verhalten als »Antwort« auf die im Experiment gestellte Frage verstanden. Einige dieser experimentellen Anordnungen möchte ich nun darstellen.*

Das Präferenzparadigma

Man kann einen drei Monate alten Säugling nicht fragen, ob er einen Unterschied zwischen zwei Gesichtern sieht. Aber man kann folgendes Experiment machen: Man zeigt ihm nebeneinander zwei verschiedene Gesichter und mißt die Zeitdauer der visuellen Fixierung. Dabei stellt sich heraus, daß der Säugling eines der beiden Gesichter länger anblickt als das andere. Er zeigt eine visuelle Präferenz für eines der beiden Gesichter, beispielsweise für das seiner Mutter. Daraus kann man schließen, daß er einen Unterschied zwischen beiden Gesichtern wahrnimmt, denn sonst müßte die Fixierungsdauer für beide Gesichter ungefähr gleich sein. Die Antwort des Säuglings – abgelesen an seinem visuellen Verhalten – lautet also: Ja, ich sehe einen Unterschied!

Dieser Typus von Experiment hat weite Verbreitung gefunden. Man nennt ihn das Präferenzparadigma. Im obigen Beispiel wurde eine spezifische Variante dieses Paradigmas geschildert, das sogenannte paarweise Präferenzparadigma. In ihm werden zwei Reize gleichzeitig präsentiert, und der Säugling kann dann wählen. Ein Beispiel für ein

* Die grundlegenden Methoden werden in allen einschlägigen Monographien behandelt. Besonders empfehlenswerte sind, Bower (1977, 1979), Keller/Meyer (1982), Lamb/Bornstein (1987) und Rauh (1987a).

34

---

umgrenzen. Er begegnete Troyon. Seltsamerweise riet dieser ihm, in das Atelier von Couture einzutreten. Monet jedoch zog die freie Akademie vor, wo er die Bekanntschaft Pissaros machte. Naiv quälte er sich in Paris mit Vorwürfen, zuviel die »Brasserie des Martyrs« besucht zu haben. Indessen lernte er dort Albert Glatigny und Edouard Manet kennen, sowie den unvergeßlichen Théodore Pelloquet, der zur Verteidigung der Tugenden der Olympia ein Säbelduell ausfocht*. Von anderen Persönlichkeiten traf er dort: Alphonse Duchêne, Castagnary, Delveaux, Daudet und Courbet, mit dem ihn später eine enge, innige Freundschaft verband.

Im Jahre 1860 wurde Monet zu den afrikanischen Jägern ausgelost, was ihm – wie er erklärte – moralisch sehr gut getan hat. Seine künstlerischen Mittel benutzte er zur Erlangung von Vergünstigungen. Er malte das Porträt seines Hauptmanns. Ein Erholungsurlaub folgte. Sein Vater, der sich durch den Arbeitseifer seines Sohnes hatte umstimmen lassen, entschloß sich, ihm einen Ersatzmann zu kaufen. Und so gelangte Claude Monet törichterweise in das Atelier von Gleyre. Er selbst aber war erpicht darauf, Jongkind und Boudin aufs Land zu folgen, um die Dinge zu sehen, wie sie sind. 1864 erwidern Renoir, Basille und Sisley sein »Feldgeschrei«. »In den Ausstellungen des Salons von 1865 und 1866 sind meine ersten Versuche mit Erfolg aufgenommen worden«, schrieb Monet. Und schon kam Courbet, der sich »Das Frühstück im Grase« ansehen mußte, dieses große Freilichtgemälde eines jungen Mannes, der

* Er wurde sogar in der linken Handhöhle getroffen, was viele Erklärungen zur Folge hatte. Pelloquet lieferte Emile Augier das Vorbild zum Pirscher. Olympia ist das berühmte Gemälde Edouard Manets.

18

Links

Fußnote mit Stern

ohne Einzug.

Die Schrift des Notentextes

ist sehr klein.

Bei einer größeren Schrift

bliebe der Leerraum zum

Grundtext noch groß genug.

Mitte

Fußnote mit Stern

und Einzug.

Auch hier ist der

Notentext zu klein.

Der Einzug des Noten-

textes stimmt nicht

mit dem des Grundtextes

überein.

Grundtext 10 p Garamond-Antiqua

Notentext 6 p Garamond-Antiqua

Martin Dornes,

Der kompetente Säugling,

Die präverbale Entwicklung

des Menschen,

Fischer, 1993.

Grundtext 10 p Bembo-Antiqua

Notentext 6 p Bembo-Antiqua

Georges Clémenceau,

Claude Monet,

Insel, 1989.

Wir haben der

Verständlichkeit wegen

die Fußnoten und

die zu erläuternden

Stellen hervorgehoben.

Im Original

sind sie das nicht.

Notenzeichen versehen. Das sind entweder hochstehende Sterne oder hochstehende Bruchziffern. Sterne eignen sich nur, wenn nicht mehr als zwei Noten je Seite vorkommen. Drei Sterne reißen zu große Löcher in den Text. Die dritte und vierte Note mit einem Kreuz, beziehungsweise mit zwei Kreuzen zu versehen, wie man das früher tat, ist heute nicht mehr üblich. Hier verwendet man dann keine Sterne, sondern arbeitet das ganze Werk hindurch mit hochstehenden Bruchziffern.

Stern oder Ziffer werden vor dem entsprechenden Notentext wiederholt. Wobei man seit längerer Zeit dem Notentext keine hochstehenden Sterne oder hochstehende Bruchziffern voranstellt, sondern Stern und Ziffer in der Größe der Notenschrift verwendet.

Ebenso unnötig ist es geworden, hinter Stern oder Ziffer eine runde Klammer zu setzen.

Die Fußnote ist Konsultationstext. Sie wird dementsprechend auch in Konsultationsgröße (siehe auch Seite 68), also ein bis zwei Grad kleiner als der Grundtext, gesetzt.

Zwischen Grundtext und Notentext ist etwa eine Blindzeile in Größe des

---

Dienst des inneren Reifens. So seit alters her auch die Kampfkünste: Speerstoßen, Schwertfechten, Bogenschießen[1].

Der Sinn allen Reifens ist die Frucht, die es zeitigt. Was ist die Frucht der menschlichen Reife? Der wandelbare Mensch. Doch was bedeutet hier Verwandlung? Es bedeutet Befreiung von dem der Welt unterworfenen Ich und Einswerden mit dem das göttliche Sein in uns verkörpernden *Wesen*.

Zen spricht im Hinblick auf das Wesen des Menschen von der Buddha-Natur. Im Grunde ist jeder Mensch Buddha, aber im Bewußtsein des Menschen, der seinem gegenständlich fixierenden Ich verfallen ist, ist seine Buddha-Natur verborgen. Ist er mit diesem Ich identifiziert, das, um seine Stellung besorgt, an dem haftet, was er hat und weiß, dann fängt er sich immer mehr selbst in Schlingen, vor allem in den Begriffen, mit denen er das Leben einzufangen und festzuhalten sucht. Dies ist der wahre Grund seines menschlichen Leidens. Die Befreiung aus dieser Verstrickung im Ich zum wahren Wesen hin, und der Aufbruch eines neuen Lebens aus diesem Wesen, das ist die Neugeburt, um die es in aller Übungspraxis des Zen geht.

Das Wesen ist kein Gegenstand frommen Glaubens, sondern kann tiefste Erfahrung werden. Um diese Erfahrung geht es im Zen, um die alles umstürzende Erfahrung, darin das Sein, das wir im Grunde, d. h. im Wesen sind, von dem wir aber in unserem Bewußtsein getrennt sind, ins Innesein tritt. Es ist die erschütternde Erfahrung des Seins im Durchbruch zum Wesen und Hervorbrechen des Wesens. Es ist die Erfahrung des Erwachens aus dem Wahn des gegenständlichen und gegensätzlichen Bewußtseins, das unsere »natürliche« Weltsicht bestimmt, als wirklich nur zuläßt, was sich der Ordnung unserer Begriffe einfügt und unser Tun und

[1] Die beste Darstellung des Wesens der japanischen Übung als Übung auf dem Weg der Verwandlung stammt von Eugen Herrigel: »Zen in der Kunst des Bogenschießens« (O. W. Barth Verlag).

14

---

er nicht.) Das Beste müsse noch folgen: Hieronymus, das *Neue Testament*. Daß er schließlich seit seinem Aufenthalt in Italien die Zeichen seines Ordens abgelegt habe und ein gewöhnliches geistliches Gewand trage, das könne er mit manchen Gründen entschuldigen[1]. Der Schluß war: Ich komme nicht nach Holland zurück: ‹Ich weiß, daß ich dort die Luft und die Nahrung nicht würde ertragen können. Aller Augen sähe ich auf mich geheftet. Ich würde zurückkehren als ein alter und grauer Mann mit schwacher Gesundheit, von wo ich als Jüngling weggegangen bin; ich wäre dort der Verachtung auch der Geringsten bloßgestellt, der ich gewohnt bin, auch von den Größten geehrt zu werden.› – ‹Man kann›, schließt er, ‹nicht gut alles in einem Brief sagen. Ich gehe nun nach Basel und von dort vielleicht nach Rom; aber wenn ich zurückkomme, werde ich sehen, daß ich dich besuchen kann ... Ich habe durch Sasboud und seine Frau vom Tod des Willem, Franz und Andreas vernommen[2]. Grüße Herrn Heinrich herzlich wieder und die andern, die mit dir wohnen; ich bin ihnen gesinnt, wie es sich für mich gebührt. Denn jene alten Tragödien rechne ich meinen Irrtümern zu oder, wenn du willst, meinem Verhängnis ... Laß nicht ab, mich in deinen Gebeten Christus zu empfehlen. Wenn ich gewiß wüßte, daß es ihm wohlgefälliger wäre, wenn ich zurückkehrte und mit euch zusammenwohnte, ich würde mich heute noch auf den Weg machen. Lebe wohl! einst mein liebster Kamerad, nun mein verehrungswürdiger Vater.›

Durch diese Weigerung gehorchte Erasmus dem Geist, der in ihm war, seinen tiefsten Überzeugungen und dem Bewußtsein der Kräfte, die ihm geschenkt waren. Er war für eine glänzendere Stelle als das stille, düstere Kloster bei Gouda berufen. Doch unter dem Hauptmotiv sitzen alte, peinliche Flecken seiner Seele: Regungen von Widerwillen und Scham.

[1] Unter anderem mit der Gefahr, die er in Bologna gelaufen habe, wo man die Abzeichen, die er trug, die für eines Pestarztes angesehen habe. A. no. IV. 112, t. l. p. 59, 296. 171; 447. 471 ss.
[2] Willem Hermans, sein alter Freund und Dichtergenosse, gest. 1510; Franz Dirks, siehe A. 10, 12, 14; Andreas unbekannt. Sasboud ist der Freund, mit dem zusammen Erasmus gemalt hatte, siehe A. 16. Herr Heinrich, siehe A. 83, 76, 95, 8, 190.

114

Links

Fußnote mit Ziffer

ohne Einzug.

Der Leerraum zwischen

Grundtext und Notentext

ist zu eng.

Die Ziffer im Notentext

darf in normaler Größe

sein.

Mitte

Fußnote mit Ziffer

und Einzug.

Der Größenunterschied

von Grundtext und Notentext

ist richtig.

Der Einzug im Notentext

ist kleiner als der

im Grundtext.

Grundtext 9 p Garamond-Antiqua

Notentext 7 p Garamond-Antiqua

Karlfried Graf Dürckheim,

Wunderbare Katze,

Otto Wilhelm Barth Verlag, 1979.

Grundtext 9 p Palatino-Antiqua

Notentext 7 p Palatino-Antiqua

Johan Huizinga,

Erasmus,

rororo, 1993.

Fußnote und Anmerkung

Grundtextes Abstand. Das kann von Fall zu Fall etwas mehr oder etwas weniger sein, da ab der Note der übliche Zeilenraster nicht mehr eingehalten wird.

Der Zeilenabstand innerhalb des Notentextes wird der Schriftgröße der Note angepaßt, ist also etwas kleiner als der des Grundtextes.

Die erste Zeile des Notentextes, das ist die mit dem Notenzeichen, kann

mit dem übrigen Text bündig, sie kann eingezogen sein oder so angeordnet, daß die Notenzeichen überstehen.

Werden die Notenzeichen eingezogen und existiert schon ein Einzug im Grundtext, sollten beide Einzüge gleich groß sein. Das heißt nicht, daß beide ein Geviert betragen sollen. Bei einer neun Punkt Grundschrift mißt ein Geviert neun Punkt. Bei einer sieben Punkt

Notenschrift mißt es sieben Punkt. Hier sollte die Note dann auch mit neun Punkt eingezogen werden.

Werden Noten numeriert, ist es nicht verpflichtend, bei jeder neuen Seite mit eins zu beginnen. Numeriert man sie fortlaufend, entfällt eine eventuell notwendig werdende Ziffernkorrektur während des Umbruchs. Der Nachteil dieser Zählung ist für den Leser lediglich

---

– Lachesis D10–D15, am besten als Injektion[1], bei Neigung zu Sepsis (Blutvergiftung), starke Blähungen und Berührungsempfindlichkeit im Oberbauch, morgendliche Verschlimmerung.

Leibschmerzen durch Blinddarmentzündung
Im akuten Fall Arzt aufsuchen!
– Echinacea D2, mit hohem Fieber und drohender Blutvergiftung.
– Lachesis D6–D10, zweistündlich 1 Gabe oder als Spritze, bei Neigung zu Sepsis.
– Bryonia Urtinktur, zu Beginn der ersten Erscheinungen stündlich einige Tropfen.
– Belladonna D3–D4 oder
– Atropinum sulfuricum D3–D4, häufige Gaben, bei akuter Entzündung und hoher Berührungsempfindlichkeit.

◍ Biologische Heilverfahren

Akupunktur. Symbioselenkung. Ggf. Anregung oder Ersatz der Fermentproduktion.

◔ Diät

Blähbauch
Zeitweilig Mayr-Diät, insbesondere, wenn Blähbauch mit »Reizdarm« und chronischer Verstopfung verbunden ist. Sonst Vollwert-Ordnungsnahrung in Ableitung für Erkrankungen der Verdauungsorgane unter Ausschaltung erfahrungsgemäß unverträglicher

Nahrungsmittel und Speisen. Insbesondere ausschalten. Hülsenfrüchte, grobe Kohlgemüse, Pilze, Nüsse, Rosinen, frisches Brot, grobes Brot, Hefeteiggebäcke, kohlensäurehaltige Getränke. Empfehlenswerte Getränke: Fencheltee, Kümmeltee, Kamillentee, Anistee.

Blinddarmentzündung
Vorübergehend keine Nahrungsaufnahme. Fasten mit Kamillentee (ärztliche Anweisungen maßgeblich).

Gallenblasenentzündung
Vollwert-Ordnungsnahrung in Ableitung für Erkrankungen der Verdauungsorgane unter Ausschaltung erfahrungsgemäß unverträglicher Nahrungsmittel und Speisen. Evtl. in akuten Stadien einige Tage Vollkornschleim-Diät oder Weizenbrei-Diät oder Mayr-Diät oder Kartoffel-Diät.

S. auch unter *Gallensteinleiden* und *Gallengangentzündung* in Teil III.

▢ Hämorrhoiden

Das Wort ·Hämorrhoiden· stammt aus dem Griechischen. Es bedeutet ·Blutfluß· und kennzeichnet eines der Symptome – die Blutung – das neben Schmerzen, Jucken, Brennen und Nässen bei Hämorrhoiden auftreten kann. Hämorrhoiden sind in der Bevölkerung weit verbreitet und machen im allgemeinen wenig Beschwerden, können jedoch zu schweren Komplikationen führen.
Man unterscheidet innere und äußere Hämorrhoiden. Sie erscheinen als krampfaderähnliche, knotenförmige Erweiterungen der Mastdarm- und Aftervenen. Ihre Entstehung beruht auf einer allgemeinen Venenschwäche.

1 Die Einspritzung von Arzneimitteln unter die Haut kann von jedermann erlernt werden. Beispiel dafür sind die vielen Zuckerkranken, die sich täglich ein- oder zweimal Insulin spritzen müssen. Die Angaben über die Möglichkeiten der Injektion sind also für Patienten gedacht, die unter schweren, chronisch wiederkehrenden Krankheitszuständen leiden.

konnte, wie immer er von seinem Träger verstanden wurde, beim Volk ein Echo hervorrufen, das sich in Aufruhr und Empörung fortpflanzen konnte.«[21] »Hat Jesus selbst sich als Messias gesehen, gar bezeichnet?« so fragt der katholische Theologe Thomas Sartory und fährt fort: »Lange Zeit sprachen die Theologen von einem messianischen Selbstverständnis Jesu. Heute zögern sie, viele verneinen es mit guten Gründen.«[22] Günther Klein ist ähnlicher Meinung: »Jesus lehrt über seine eigene Person, kurz gesagt, gar nichts (...) Er hat auch keine Aussagen über seine eigene Zukunft gemacht.«[23] »Hat Jesus sich als Messias verstanden?« So lautet auch die Frage von Ernst Käsemann, die er schlechterdings verneint: »Ich bin davon überzeugt, daß es keinerlei Beweismöglichkeit für die Bejahung der Frage gibt.«[24] Doch nun zurück zum Richtstuhl des Pilatus.
Wir hören hierauf keine genauen Angaben über die Art der »vielen Anklagen«, die die »Oberpriester« gegen Jesus erhoben (Mk 15, 4), noch antwortet Jesus auf diese uns unbekannten Anklagen, worüber Pilatus *sich wundert«* (Mk 15, 5). Nach Matthäus (27, 1–2 und 11–14), der den Markustext fast wörtlich übernimmt, ist Pilatus ein wenig besorgter um Jesus, der sich ja, mit Ausnahme der unklaren Worte »Du sagst es«, in Schweigen hüllt: »Hörst Du denn nicht«, beschwört ihn der Römer, »wie viele Dinge sie gegen Dich bezeugen?« (Mt 27, 13) Auch hier schweigt Jesus, und Pilatus *»wundert sich sehr«* (Mt 27, 14).
Lukas (23, 2–5) ist der einzige Evangelist, der uns deutlich den politischen Charakter der sadduzäischen Anklagen vermittelt: »Wir haben festgestellt, daß unser Volk aufwiegelt, denn er verbietet, dem Kaiser Steuern zu zahlen und gibt sich für den Messias-König aus.«
Jede dieser drei Anklagen müßte nach römischem Recht genügen, um Jesus ans Kreuz zu bringen, um so mehr, als die Worte Jesu *»Du sagst es«*, die Lukas von Markus übernimmt, einem

21. Was wissen wir von Jesus? Stuttgart/Berlin, 1965, S. 63.
22. Die Hoheitstitel Jesu, München 1971, S. 5.
23. Drei Kapitel moderner Theologie, Köln 1969, S. 14.
24. Das Problem des historischen Jesus. Exegetische Versuche und Besinnungen, Band I, 1960, S. 187 f.

77

Links

Fußnote mit Ziffer

und Linie

ohne Einzug.

Der Größenunterschied

zwischen Grundtext und Notentext

ist normal.

Der Leerraum zwischen Grundtext

und Note ebenso.

Die Linie dient

zur Klärung der Verhältnisse.

Mitte

Fußnote mit Ziffer

Ziffer freigestellt.

Für den Leser ist diese Art

der Notenanordnung

die übersichtlichste und

deshalb die beste.

Der Notentext könnte

geringfügig kleiner sein.

Grundtext 9 p New Century Schoolbook

Notentext 7 p New Century Schoolbook

Grundtext 9 p Times-Antiqua

Notentext 8 p Times-Antiqua

Dr. med. G. Seng (Hrsg.), Dr. med. J. Abele,

Dr. med. H. Anemueller, Dr. med. H. Baltin,

Apotheker H. Gäbler,

Naturheilverfahren und Homöopathie,

Methoden, Krankheiten und ihre Behandlung,

Trias Thieme, Hippokrates, Enke, 1989.

Pinchas Lapide,

Wer war schuld an Jesu Tod?

GTB Siebenstern, 1989.

der, daß er es mit größeren Zahlen zu tun hat.

Nicht als Fußnote, sondern als Anmerkung muß man jene Erläuterungen bezeichnen, die nicht mehr am Fuß der Seite angebracht sind, sondern gesammelt als Anhang am Ende eines Kapitels stehen. Verschiedentlich, aber seltener, werden sie zusammengefaßt am Ende des Buches aufgeführt.

Diese Art der Erläuterung ist einfacher im Umbruch, deshalb kostengünstiger und bei Setzereien und Verlagen beliebter. Für den Leser jedoch ist sie eine Zumutung. Wer schlägt schon bei jedem Notenzeichen hinten nach, noch dazu, wenn die Erläuterungen erst umständlich gesucht werden müssen. Und eine Erläuterung, die man auf diese Weise nicht annimmt, braucht erst

gar nicht gesetzt zu werden. Ausnahmen bilden solche Texte, die in wissenschaftlichen Büchern den letzten Stand der Forschung oder Technik erläutern oder solche, die nachprüfbar sein müssen und eine Art Quellennachweis darstellen. Hier läßt sich dann sogar schneller feststellen, aus welchen Büchern hauptsächlich zitiert wurde und wie oft ein Autor erwähnt wird.

---

gnügen nennt, zurückgezogen hatte. Ich hatte einen kleinen Freund, den ich stets unter meinen eigenen Augen erzogen habe, dessen Malerei mich entzückte, dessen Musik mich hinriß und dessen lebhafter und lebensfroher Geist mir ein ununterbrochenes Fest war. Es hat Gott gefallen, ihn von mir zu nehmen.« [57]

Wie läßt sich der Atheismus widerlegen?
Die Hauptstütze des Unglaubens ist der Materialismus. Die philosophischen Systeme, die eine selbständige »nichtdenkende Materie« behaupten und auf sie alles zurückführen, untergraben den Glauben an einen weisen und gütigen Gott, der die Materie aus Nichts geschaffen hat und der uns einst im Jenseits richten wird. Daher: »Ist einmal die Materie aus der Natur ausgetrieben, so nimmt sie so manche skeptischen und unfrommen Vorstellungen mit sich fort.« [58] – Wie kann die in Frage stehende selbständige »materielle Substanz« als Irrtum erkannt werden? Wie läßt sich die Unhaltbarkeit des Materialismus – und damit auch die des Atheismus – erweisen?
Der materialistische Grundgedanke, daß die natürlichen, materiellen Dinge eine Existenz außerhalb oder unabhängig von einem sie wahrnehmenden Bewußtsein haben, enthält einen logischen Widerspruch. Es ist nicht möglich, eine Vorstellung von einem Gegenstand zu haben, dessen Existenz von dieser Vorstellung völlig unabhängig wäre. Ein Gedankenexperiment, das Hylas (»Materialist«) und Philonous (»Freund des Geistes«) in einem Dialog von Berkeley durchführen, soll diesen Widerspruch aufdecken:
»Phil.: Wenn du dir die Möglichkeit vorstellen kannst, daß irgendein beliebiger sinnlicher Gegenstand unabhängig vom Geist Dasein habe, so will ich zugeben, daß er wirklich so besteht.
Hyl.: Wenn es dazu kommt, so wird die Frage bald entschieden sein. Was leichter, als sich einen Baum oder ein Haus vorzustellen, die für sich bestehen, von keinerlei Geist

41 B. Spinoza: Die Ethik, V, 36. Lehrsatz; a. a. O., S. 547.
42 G. W. Leibniz: Monadologie, Nr. 3; übers. und eingel. von H. Glockner: Stuttgart [2] 1954, S. 11. Vgl. G. W. Leibniz: Vernunftprinzipien der Natur und der Gnade/Monadologie, übers. von A. Buchenau, hrsg. von H. Herring [2] 1982, S. 27.
43 Leibniz korrespondiert mit Paris, übers. von G. Hess. Hamburg 1940, S. 38.
44 G. W. Leibniz: Hauptschriften zur Grundlegung der Philosophie, Bd. II, übers. von A. Buchenau, hrsg. von E. Cassirer (Brief Leibniz' an Remond vom 10.1.1714).
45 G. W. Leibniz: Monadologie, Nr. 67; a. a. O., S. 451 (übers. von A. Buchenau).
46 G. W. Leibniz: Hauptschriften, a. a. O., S. 459.
47 G. W. Leibniz: Betrachtungen über die Lebensprinzipien und über die plastischen Naturen, in: Hauptschriften, a. a. O., S. 63 f.
48 J. Locke: Über den menschlichen Verstand, II, 1, 2; übers. von J. H. v. Kirchmann und C. Winckler. Hamburg [3] 1976, Bd. I, S. 107.
49 E. Fechter: John Locke, ein Bild aus den geistigen Kämpfen Englands im 17. Jahrhundert. Stuttgart 1898, S. 282f.
50 J. Locke: Über den menschlichen Verstand, II, 8, 8; a. a. O., Bd. I, S. 146.
51 A. a. O., I, 2, 22; Bd. I, S. 76.
52 A. a. O., I, 3, 25; Bd. I, S. 103 f.
53 A. a. O., IV, 19, 14; Bd. II, S. 415.
54 A. a. O., I, 3, 24; Bd. I, S. 103.
55 A. a. O., II, 1, 2; Bd. I, S. 108.
56 G. Berkeley: Eine Abhandlung über die Prinzipien der menschlichen Erkenntnis, § 3; nach der Übers. von F. Überweg neu hrsg. von A. Klemmt. Hamburg 1964, S. 26.
57 A. C. Fraser: Life and Letters of George Berkeley. Oxford 1901, S. 325; übers. in: R. Metz: George Berkeley. Leben und Lehre. Stuttgart 1925, S. 43.
58 G. Berkeley: Eine Abhandlung über die Prinzipien der menschlichen Erkenntnis, § 96; a. a. O., S. 79.
59 G. Berkeley: Drei Dialoge zwischen Hylas und Philonous, übers. und eingel. von R. Richter. Leipzig 1901, S. 49 f.
60 J. Boswell: Dr. Samuel Johnson, übers. von F. Güttinger. Zürich 1951, S. 172f.
61 G. Berkeley: Philosophisches Tagebuch, Nr. 98; übers. und hrsg. von W. Breidert. Hamburg 1979, S. 12.

Links

Anmerkungen mit Ziffern.

Die Erläuterungen stehen

nicht mehr am Fuß der Seite,

sondern gesammelt am

Kapitelende.

Für den Leser die schlechteste

Anordnung.

Mitte

Die Erläuterungen

am Kapitelende.

Grundtext 9 p Times-Antiqua

Notentext 8 p Times-Antiqua

Volker Spierling,

Kleine Geschichte der Philosophie,

Piper, 1992.

Volker Spierling,

Kleine Geschichte der Philosophie,

Piper, 1992.

MARGINALIEN sind Randbemerkungen. Der Begriff ist dem lateinischen margo, der Rand, nachgebildet. Dort stand in alten Codices das handschriftlich angefügte Glossar. Das waren textliche Erläuterungen, ähnlich unseren Fußnoten. Sie wurden entweder gleichzeitig mit den Texten abgeschrieben oder nachträglich als Kommentar am Rand angebracht. Unter Marginalie versteht man heute meist Stichworte oder knappe Inhaltsangaben, die auf bestimmte Stellen im Text verweisen. Sie sind in Sach- oder Fachbüchern sinnvoll, wo sie zusammen mit einem Stichwortregister oder Namensverzeichnis zur schnellen Erläuterung gesuchter Begriffe führen. Man ist durch sie nicht genötigt, das ganze Kapitel, in dem sich der entsprechende Begriff befindet, durchzulesen. Auf diese Weise kann das Sach- oder Fachbuch gleichzeitig zu einem Nachschlageband werden.

Die Marginalie oder Randbemerkung wird in Konsultationsgröße gesetzt, das heißt, sie ist ein bis zwei Grad kleiner als der Grundtext. Sie steht mit jener Zeile auf Schrift- oder Grundlinie, die den Anfang der Erläuterung macht. Besteht die Marginalie aus mehreren Zeilen, so korrespondiert die erste Marginalzeile mit der entsprechenden ersten Grundtextzeile. In diesem Fall ist der Zeilenabstand des Marginaltextes etwas kleiner als der des Grundtextes, das heißt, er ist der Schriftgröße der Marginalie angepaßt.

Mehrzeilige Marginalien sind immer in Rauhsatz angeordnet. Blocksatz schließt sich auf Grund der zu geringen Zeilenlänge von selbst aus. Die Zeilen durch unterschiedliche Laufweiten oder gar durch verschiedene Schriftbreiten auf Block zu trimmen, ist typografischer Unfug, der nicht zuletzt auf Kosten der Lesbarkeit und Ästhetik getrieben wird.

Eine Textseite aus einem Bildband. Deshalb auch die verhältnismäßig große Grundschrift. Der lebende Kolumnentitel zählt wie die Marginalie zum Konsultationstext. Beide wurden aus diesem Grund kleiner gesetzt. Der Abstand von Grundtext zur Marginalie beträgt 12 p.

Das Stift unter weltlicher Verwaltung   111

urlaubt. In Schönering könne jetzt der neue Pfarrer ohne Irrung Gottesdienst halten. Im übrigen sei die Beschwerde der Pfarrgemeinde von Schönering von Steuber ausgegangen. Es stehe auch in Engelszell schlimm, weil der Verwalter nach seinem Gefallen Leute einsetze und »dabei meist lutheranische Praedikanten« nehme. Der Abt möchte zudem gern, daß ihm die Rechnung, Engelszell betreffend, übergeben werde. Er könnte dann nachweisen, ob dieser zum Schaden oder Nutzen des Gotteshauses gewirtschaftet habe.

Steuber dürfte 1591 verstorben sein. Um die Nachfolge in der Verwaltung von Engelszell bewarben sich E. Jobst Stichenpeckh, ein Lutheraner, der seinerzeit von Bischof Urban aus Passau entfernt wurde, und Georg Tattenpeck.

Gegen die Bewerbung beider gab es Einwände: gegen Stichenpeckh natürlicherweise von seiten des Passauer Bischofs, der sich sogar an den Rat des Kaisers und bischöflichen Generalvikar in Österreich unter der Enns, Melchior Khlesl in Wien,[185] wandte. Stichenpeckh habe nämlich in seinem Bittgesuch an den Kaiser irgend etwas gegen den Bischof gesagt, was dieser ahnden wolle. Nach Urbans Wissen solle Stichenpeckh Engelszell gegen 2.000 fl Gebühr bekommen. Der Bischof möge in Erfahrung bringen, welche Gründe Stichenpeckh in seinem Gesuch angeführt hat. Zudem solle Khlesl die Übertragung von Engelszell an diesen Mann rückgängig machen und ihm die 2.000 fl zurückgeben. Stichenpeckh sei von der katholischen Religion abgefallen und daher von Passau ausgewiesen worden.

Tattenpeck bekundete 1591 in einem Schreiben an den Klosterrat sein Interesse an der Verwaltung von Engelszell.[186] Er erklärte, finanziell in der Lage zu sein, den Steuberschen Erben, die ihr Interesse an den 6.000 fl fordern, zu bezahlen, nur sollte rasch gehandelt werden. Dies vor allem auch deswegen, weil die Bauern, die eine gute Ernte zu verzeichnen hatten, das Getreide noch nicht voll ablieferten und aus diesem Grund zu befürchten steht, daß sie es für ihre Zwecke verwenden. Schließlich waren die vergangenen zwei Jahre wenig ertragreich. Der Klosterrat scheint sich, wie aus einer Niederschrift hervorgeht, für Tattenpeck ausgesprochen und ihm die Verwaltung von Engelszell übertragen zu haben. Im Herbst 1591 lesen wir aber in einem Schreiben des Erzherzog Ernst an den Kaiser,[187] daß er Tattenpeck für nicht sehr geeignet halte, da dieser ein Schwager des Passauer Bischofs sei. »Es

Gerangel um die Nachfolge Steubers

Karl Pömer, Eduard Wiesner, Engelszell, ein bayerisch-österreichisches Grenzkloster, Verlag Eduard Wiesner 1993.

Grundtext 11 p Concorde. Lebender Kolumnentitel sowie auch die Marginalie 9 p Concorde.

Marginalien

Im hier abgebildeten Buch

sind die Marginalien

durchgehend linksbündig

ausgeschlossen. Linke Seiten

erhalten so einen größeren

Marginalabstand als rechte.

Auf dieser Abbildung

wurde die Marginalie

rechtsbündig angeordnet,

um zu zeigen,

daß sie so für den

Leser günstiger steht.

38　　　　Auf den geschichtlichen Spuren des Zisterzienserstiftes

brecht und alle ihre Vorfahren und Nachkommen einen Jahrtag mit »vigil und selenmessen und mit anderen göttlichen sachen« begehen. 1345 befreit Herzog Albrecht von Österreich den Abt und Konvent des Klosters zu Engelszell von aller »Gastung«. Und Erzherzog Rudolf IV. bestätigt auf Bitten des Abtes Heinrich von Engelszell, die von Albrecht, Elisabeth und von Herzog Friedrich gemachten Privilegien.

Förderung
von bayerischer Seite

Zu den Persönlichkeiten, die zur Existenzsicherung des Stiftes beitrugen, gehört auch Herzog Otto von Niederbayern,[59] ein Schwiegersohn des Habsburgers Rudolf. Otto, »König von Ungarn, Pfalzgraf am Rhein und Herzog von Bayern gibt dem Kloster die Erlaubnis«, heißt es 1311 in der Dotationsurkunde, »jährlich zwei Pfund Salz größeren Bandes und acht kleineren Bandes mautfrei durch Burghausen und Schärding zu fahren. Dafür soll für ihn, seinen Vater, seine Brüder, Schwestern und Ahnen ein Jahrtag mit Vigil und feierlicher Messe begangen werden.« In Herzog Otto tritt uns eine bemerkenswerte originelle, ja geradezu abenteuerliche Gestalt entgegen. Er zog 1305 mit einigen Getreuen nach Ungarn, um dort die ungarische Königskrone in Empfang zu nehmen. 1301 war nämlich Bela IV. gestorben; Otto glaubte, als Sohn von Belas Tochter Elisabeth erbberechtigt zu sein. Leider erlaubte man ihm österreichischerseits den Durchzug von Truppen nicht. So schlug er sich als Kaufmann verkleidet nach Ungarn. Dort erhielt er tatsächlich die Königskrone. Nach einem Jahr wurde er vom Woiwoden von Siebenbürgen in eine Falle gelockt, gefangengesetzt und schließlich gegen ein hohes Lösegeld freigelassen und vertrieben. Nach einem Gastaufenthalt am schlesischen Herzogshof kehrte er ohne Geld nach Landshut zurück. Um das Lösegeld auftreiben zu können, mußte er sich zur Einhebung einer Notsteuer entschließen. Als 1308 der Habsburgerkönig Albrecht einem Mordanschlag zum Opfer fiel, glaubte Otto, daß für ihn die Stunde der Rache an Österreich gekommen sei, und er rüstete zum Krieg. Der Angriff auf Neuburg am Inn 1309 endete insofern mit einem moralischen Erfolg, als sich die Österreicher zunächst schleunigst zurückzogen. Insgesamt aber hatte das Unternehmen die Schuldenlast Niederbayerns noch beträchtlich erhöht. Herzog Otto von Niederbayern verhandelte mit dem Adel und erreichte mit der sogenannten »Ottonischen Handfeste« von 1311, daß das ganze Land zur Übernahme der Steuer bereit war. Den geistlichen und weltlichen

---

Karl Pömer,

Eduard Wiesner,

Engelszell,

ein bayerisch-

österreichisches

Grenzkloster,

Verlag Eduard Wiesner

1993.

Zeilenzähler

Dergleichen Flausen findet man leider immer häufiger.

Es gibt zwei Möglichkeiten, Marginalien anzuordnen: entweder sie alle linksbündig zu stellen, oder sie einmal links- und einmal rechtsbündig zum Grundtext hin auszuschließen.

Der Abstand zwischen Marginalie und Grundtext kann in der Größe der Grundschrift sein. Bei einer 9 p Grundschrift also 9 p Abstand. Zu groß sollte man ihn nicht gestalten, um den Bezug zum Text nicht zu verlieren. Zu eng wirkt er störend, weil er zu ähnlich mit dem Wortabstand des Grundtextes wird.

Von den oben genannten Möglichkeiten ist die mit den zum Grundtext hin ausgeschlossenen Marginalzeilen nicht nur die optisch bessere, wenn auch vom Umbruch her gesehen, etwas zeitaufwendigere, sondern auch die dem Leser gegenüber freundlichere. Bei gleichmäßig links ausgeschlossenen Marginalzeilen geht meist der Anschluß zur Grundtextzeile verloren.

Man trifft immer häufiger auf Bücher, die kleine Abbildungen in den freien Rand stellen und den Rand deshalb breiter angelegt haben. Sie setzen dann meist auch die Unterrubriken in diesen Raum. Das sind keine Randbemerkungen im üblichen Sinne, obwohl sie manchmal kurze Inhaltsangaben darstellen.

ZEILENZÄHLER nennt man die in den Rand gestellten Ziffern, deren Sinn es ist, wie der Name sagt, die Zeilen zu zählen oder besser ausgedrückt, sie zu numerieren. Sie werden vor allem bei häufig zitierten Texten, wie den Evangelien, Psalmen oder altsprachlichen Epen, gebraucht. Bei Übersetzungen oder Zitaten zeigt der Zeilenzähler die Verslänge oder Zeilenfolge des Originals. Typografisch werden Zeilenzähler wie Marginalien behandelt.

Die hebräischen Verse stimmen zifferngemäß mit den Versen der anderen Sprachen überein. Hebräisch 14 p. Übersetzungen 8 p Bembo-Antiqua. Zeilenzähler 8 p Bembo-Antiqua.

9 אפריון עשה לו המלך שלמה
מעצי הלבנן :
10 עמודיו עשה כסף
רפידתו זהב מרכבו ארגמן
תוכו רצוף אהבה
מבנות ירושלם :
11 צאינה וראינה בנות ציון
במלך שלמה
בעטרה שעטרה־לו אמו
ביום חתנתו
וביום שמחת לבו :

6 מי זאת עלה מן־המדבר
כתימרות עשן
מקטרת מור ולבנה
מכל אבקת רוכל :
7 הנה מטתו שלשלמה
ששים גברים סביב לה
מגברי ישראל :
8 כלם אחזי חרב
מלמדי מלחמה
איש חרבו על־ירכו
מפחד בלילות :

6 Qu'est-ce là qui monte du désert,
comme une colonne de fumée,
vapeur de myrrhe et d'encens
et de tous les parfums exotiques?

7 Voici la litière de Salomon.
Soixante preux l'entourent,
élite des preux d'Israël:

8 tous experts à manier l'épée,
vétérans des combats.
Chacun a le glaive au côté,
craignant les surprises de la nuit.

9 Le roi Salomon s'est fait un trône
en bois du Liban.

10 Il en a fait les colonnes d'argent,
le baldaquin d'or,
le siège de pourpre.
Le fond est une marqueterie d'ébène.

11 Venez contempler, filles de Sion,
le roi Salomon, portant le diadème
dont sa mère l'a couronné
au jour de ses épousailles,
au jour de la joie de son cœur.

Wer steigt da herauf aus der Trift
in Säulen von Rauch,
umduftet von Myrrhen und Weihrauch,
von allerlei Gewürzstaub des Händlers?

Siehe, das ist Salomos Sänfte,
von sechzig Helden umgeben
aus Israels Helden.
Alle tragen sie Schwerter,
sind geübt im Kampfe;
ein jeder hat sein Schwert an der Seite
gegen nächtlichen Schrecken.

Einen Tragsessel ließ sich der König machen
aus Hölzern vom Libanon:
die Füße von Silber,
die Lehne von Gold,
der Sitz ein Purpurkissen,
das Innere mit Ebenholz ausgelegt.

Ihr Töchter Jerusalems,
kommt heraus und beschaut den König in der Krone,
mit der seine Mutter ihn krönte
am Tag seiner Hochzeit,
am Tag seiner Herzensfreude.

What is that coming up from the wilderness,
like a column of smoke,
perfumed with myrrh and frankincense,
with all the fragrant powers of the merchant?

Behold, it is the litter of Solomon!
About it are sixty mighty men
of the mighty men of Israel,
all girt with swords
and expert in war,
each with his sword at his thigh,
against alarms by night.

King Solomon made himself a palanquin
from the wood of Lebanon.
He made its posts of silver,
its back of gold, its seat of purple;
it was lovingly wrought within
by the daughters of Jerusalem.

Go forth, O daughters of Zion,
and behold King Solomon,
with the crown with which his mother crowned him
on the day of his wedding,
on the day of the gladness of his heart.

Das Hohe Lied Salomons, nach der Züricher Bibel, Flamberg-Verlag Zürich und Druckerei Winterthur AG.

Zeilenzähler

Auch hier ein oft zitierter Text.

Seine Verse müssen mit

dem Original übereinstimmen,

das der Leser nicht sieht.

Grundtext

9 p Optima.

Zeilenzähler

6 p Optima.

Die Briefe Karl Valentins

wurden wissenschaftlich

bearbeitet. Auf sie kann

jetzt verwiesen werden.

Grundtext

10 p Janson-Antiqua.

Zeilenzähler

6 p Janson-Antiqua.

22 Decken macht sie sich,
Leinen und Purpur ist ihr Gewand.
23 Angesehen ist ihr Mann auf dem Marktplatz,
wenn er zu Rat sitzt mit den Ältesten des Landes.
24 Tücher macht sie, die sie verkauft,
und Gürtel übergibt sie dem Krämer.
25 Kraft und Würde sind ihr Gewand,
und sie lacht des kommenden Tages.
26 Sie tut ihren Mund auf mit Weisheit,
und freundlicher Befehl ist auf ihrer Zunge.
27 Sie achtet darauf, wie es zugeht in ihrem Hause,
und ißt ihr Brot nicht mit Faulheit.
28 Ihre Söhne erheben sich und preisen sie glücklich.
Ihr Mann erhebt sich und rühmt sie:
29 »Es sind wohl viele tüchtige Frauen,
du aber übertriffst sie alle.«
30 Wandelbar ist die Anmut,
ein flüchtiger Hauch die Schönheit,
aber eine Frau, die Gott fürchtet,
ist wert, daß wir sie rühmen!

DIE GESCHICHTE VON RUTH

Ruth 1,1 In der alten Zeit, in der die Richter in Israel regierten,
kam einst eine Hungersnot in das Land. Da verließ ein
Mann aus Bethlehem in Juda mit seiner Frau und seinen
beiden Söhnen das Land, um als heimatloser Flüchtling
im Lande der Moabiter zu bleiben. Der Mann hieß
2 Elimelech, seine Frau Naëmi, und die Söhne hießen
3 Machlon und Kiljon. Im Lande der Moabiter starb Elimelech, so daß Naëmi mit den beiden Söhnen allein
4 blieb. Die beiden nahmen moabitische Frauen, die eine
hieß Orpa, die andere Ruth, und als sie ungefähr zehn
5 Jahre dort gelebt hatten, starben auch die Söhne, so daß
Naëmi ihren Mann und ihre Söhne überlebte.
6 Als sie nun hörte, der Herr habe sich seines Volkes angenommen und habe ihm Brot gegeben, brach sie mit
ihren beiden Schwiegertöchtern auf und kehrte aus dem
8 Lande der Moabiter zurück. Auf dem Wege sprach sie
zu ihnen: »Geht nun nach Hause, eine jede in das Haus
ihrer Mutter! Der Herr erweise euch Barmherzigkeit, wie
9 ihr sie den Toten und mir erwiesen habt. Er gebe euch
einen Platz des Friedens, einer jeden im Hause ihres

319

Du hast zu mir so oft gesagt, ich bin ein guter Mensch, nur in Deiner
Krankheit hast Du das alles anders empfunden.
Schreibe mir *sofort* daß Du mir wieder so gut bist, wie Du es immer
warst. Liebe gute Lisi schreibe mir *sofort*, daß wir wieder zusam-
5 [men] gehören *krank* oder *gesund*, ich verlasse Dich niemals, und
arbeite nur *mit Dir allein oder gar nicht.* – Daß ich nicht mit Dir nach
München gefahren bin ist *nicht meine Schuld*, sondern Herr
D. v. Trenk hat es *absolut* haben wollen daß ich *weiter* arbeite, *Du*
willst es haben sagte er mir. Wenn Herr Dr v. [der] Trenck, dem
10 Herrn Schindler schreibt ich muß sofort zu Dir kommen, komme
ich *sofort*. Liebe Liebe Lisi – Schreibe mir sofort ich tue Alles für
Dich, Du mußt wieder gesund werden es geht nicht anders. Ich habe
auch ohne Wissen v. H. Dr. v. [der] Trenck Herrn Geheimrat
geschrieben vor ungefähr 3 Tagen und habe in innigst gebeten er
15 möchte alles aufwenden Dich wieder gesund zu machen, ich erwarte
den Brief heute. Herr Dr. Seif habe ich auch vor 5 Tagen geschrieben, auch von diesem erwarte ich Antwort.
Nun liebe liebe gute Lisi, schreibe mir sofort daß wir wieder
zusammengehören wie ehedem..
20 Dein Valentin

Bitte mit Flugpost.
Liebe liebe Lisi! *Lebe für mich*, ich bitte Dich von ganzem Herzen
Gott sei mein Zeuge!
25 Halt aus! Halt aus!

80 Anfang 1936 an Liesl Karlstadt

30   11. I. 34
Liebe Liebe Liese!
Ich habe mich jeden Tag telefonisch nach Dir erkundigt, und Herr
Oberarzt v. d. Trenck hat mir gesagt, daß Du noch sehr müde bist
und etwas traurig. Brief schreiben hätte wohl jetzt keinen Werth,
35 weil Du keinen Besuch empfängst, wie Du mir selbst gesagt hast,
infolgedessen könntest Du auch keinen Brief bekommen. Wie es

76

Das Alte Testament,

ausgewählt, übertragen und

in geschichtlicher

Reihenfolge angeordnet

von Jörg Zink.

Kreuz-Verlag Stuttgart Berlin,

1975.

Karl Valentin,

Sämtliche Werke

in acht Bänden,

Band 6,

Piper München Zürich,

1991.

Die Überschrift

Grundtext

8 p Bembo-Antiqua.

Überschriften

8 p Bembo-Antiqua.

1 Blindzeile

vor der Überschrift.

Ohne Blindzeile

nach der Überschrift.

Das Layout   25

Kapitel- und Untertitel, ein ansprechender Haupttitel; das Ganze gut gedruckt und sorgfältig gebunden; sympathische Einbandmaterialien mit einer
zum Inhalt passenden Rückentitelgestaltung; vielleicht sogar ein erfreulicher
Schutzumschlag: Ein angenehmes Buch dieses Typs braucht keine aufwendi-
gen Mittel; die gestalterischen Elemente jedoch müssen zusammenstimmen,
die Materialien müssen echt und von einiger Dauerhaftigkeit sein. Dann
überlebt ein solches Buch, selbst als Industrieprodukt, die Generationen und
wird von den Nachgeborenen höher geschätzt als mancher bibliophile
Schmock. (Abb.13)

Der Gedichtband

  Fast mehr noch als für Romane, Erzählungen und ähnliche Literatur gilt die
Forderung nach Handlichkeit und Leichtigkeit für den Gedichtband. Die
Anordnung auf der Seite, besonders wenn mehr als ein Gedicht auf diese zu
stehen kommt, und der Umbruch von mehrseitigen Gedichten sind nur mit
besonderem Einfühlungsvermögen zu lösen. Ausgewogene Doppelseiten ergeben sich, wenn die Gedichte einzeln oder in Gruppen zusammengefaßt
mit ihrer optischen Mittelsenkrechte auf die Mittelachse des Satzspiegels gestellt werden. Für betont expressive, besonders zeitverhaftete Gedichte wird
man eine Anordnung suchen, die die Mittelachse des Bunds überspielt und
einen anaxialen, dynamischeren Eindruck vermittelt. (Abb.14)

Dramen

  Klassische Dramen der Weltliteratur und zeitgenössische Dramen, die sich
in ihrer Textstruktur an klassische Vorbilder anlehnen, erfordern in der Regel
eine zurückhaltende, aber unmißverständlich deutliche Typografie (Akt- und
Szenenbezeichnung, Orts- und Personenangaben, Anweisungen für Büh-
nenbild und Regie, Sprechtext). Experimentelle Stücke sollen typografisch so
eingerichtet sein, daß die Intentionen des Dramatikers visuell umgesetzt sind,
die Lesefolge aber in jedem Fall eindeutig ist. (Abb.15)

Illustrierte Belletristik

  Es gibt verschiedene Arten zu illustrieren – nicht nur technisch, sondern
auch von der Auffassung her. Illustrationen und Satz können ganz verschieden
zueinander in Beziehung treten: durch Übereinstimmung oder Kontrast be-
züglich der Grauwerte, der Größe, der Stellung. Wie immer hier entschieden
wird: Wenn künstlerisch noch so hervorragende Illustrationen nicht in einer
überzeugenden Beziehung zur Typografie stehen, bleiben sie zwar immer

Jost Hochuli,

Buchgestaltung in der Schweiz.

Schweizer Kulturstiftung

Pro Helvetia.

Zürich,

1993.

DIE ÜBERSCHRIFT ODER RUBRIK

Die Überschrift als Bezeichnung eines Abschnittes oder Kapitels hebt sich vom übrigen Text dadurch ab, daß sie eine eigene Zeile bildet. Der Setzer nennt sie auch Rubrik. Zu Beginn des Buchdrucks, als man nur einfarbig schwarz druckte, wurden die Überschriften rot eingeschrieben. Bei den Lateinern hieß das Rote »rubrum«, woraus der Begriff Rubrik entstand.

EINFACHE RUBRIK

Da die Überschrift eine selbständige Zeile bildet, kann sie aus der Grundschrift in Grundschriftgröße gesetzt sein. Will man die Überschrift auszeichnen, bietet sich als einfachste und beste Art ein Wechsel der Garnitur an. Dabei ist es lediglich eine Frage des Geschmacks, ob man die zur Grundschrift gehörende Kursive, ob man die Kapitälchen oder einen fetteren Schnitt wählt.

DER ABSTAND

Normal ist der Abstand vor der Überschrift größer als nach der Überschrift. In der Regel ist das je eine Blindzeile. Besser jedoch wären vor der Überschrift zwei Blindzeilen, um die Rubrik klarer ihrem Text zuzuordnen. Sie ohne Abstand vor ihren Text zu stellen, ist nur ratsam, wenn der Text stark von Überschriften durchsetzt ist, wie wir das auf unserem linken Beispiel zeigen. Halbe Blindzeilen, wie auf unserer Abbildung Seite 123 links, sind nur erlaubt, wenn der Leerraum insgesamt wieder auf ganze Blindzeilen ausgeht. Die Textzeilen einer Vorderseite müssen mit den

Grundtext

10 p Futura Buchschrift.

Überschrift

10 p Futura Buchschrift,

halbfett.

2 Blindzeilen

vor der Überschrift.

1 Blindzeile

nach der Überschrift.

von selbst zu einer guten Verbindung des gesetzten Briefkopfes mit dem geschriebenen Brief.
  Außer dem Briefkopf sind noch zahlreiche andere typografische Aufgaben genormt. So die Postkarte, die Rechnung und es wird noch manches andere folgen. Die größere Klarheit und die bessere Gesamtwirkung der in Gebrauch genommenen Drucksache ist in allen diesen Fällen dort, wo man auf das alte (und für den Setzer so bequeme) Schema der Mittelachse verzichtet hat.

Foto und Film

Fotografie und Kinematografie sind, wie ihr Name schon sagt, grafische Techniken, und insofern sie nichts als Techniken sind, mechanische Wiedergabeverfahren. Das war der Buchdruck ursprünglich auch. Man hat sogar behauptet, daß seine Erfindung mit der Heimlichkeit und dem schlechten Gewissen des Falschmünzers betrieben worden sei, weil die Drucke als Handschriften verkauft werden sollten. Anspruchsvolle Sammler wie die Medici haben die ersten Druckwerke, die heute von den reichsten Sammlern vergeblich gesucht werden, als minderwertigen Ersatz verschmäht und nicht in ihre Bibliothek aufgenommen; sie ließen ihre Bücher nach wie vor mit der Hand schreiben. Noch zu Turgenjews Zeiten las der russische Zar keine Zeile eines Buches oder einer Zeitung, die nicht zuvor ein Kalligraf in einer besonderen Zierschrift abgeschrieben hatte. Das geschriebene Buch ist dennoch vom gedruckten verdrängt worden, und der Buchdruck wird heute als eine selbständige Kunst anerkannt, deren Meisterwerke sich neben den alten Handschriften sehen lassen können.

78

Paul Renner,

Der Künstler

in der mechanisierten Welt,

Akademie für das

Grafische Gewerbe,

München,

1977.

DER URSPRUNG

DIE ENTWICKLUNG

Das Wort und sein Bild

Die Überschrift

Grundtext	Grundtext
9 p Baskerville-Antiqua.	9 p Univers 55.
Überschriften	Überschriften
9 p Baskerville-Antiqua.	9 p und 12 p Univers 65.
2 Blindzeilen	2 Blindzeilen
vor der Überschrift.	und
1 Blindzeile	1 Blindzeile
nach der Überschrift.	Abstand.

Jürgen Feuerpfeil, Franz Heigl,

Wahrscheinlichkeitsrechnung

und Statistik,

Bayerischer Schulbuch-Verlag,

München,

1984.

---

auch dessen Größe, Höhe und Breite, so umfaßt der Begriff Typografie auch mehr als nur Worte und Zeilen. Er meint die gesamte Tätigkeit, die einer sprachlichen Botschaft eine gleichrangige optische Form gibt.

1.2 Die Entwicklung

Zwei der entscheidendsten Momente in der Geschichte der Menschheit bleiben undatiert: der Tag, an dem der Mensch sich aufrichtete und senkrecht ging, und der Tag, an dem er zu sprechen begann. Womöglich war es derselbe Tag, denn es könnte sein, daß die Sprache ihm auch körperlich auf die Beine half.

Die Sprache, so dürfen wir annehmen, benützte der Mensch zunächst überwiegend als Werkzeug. Wobei er vermutlich auch die Technik erlernte, mit ihr die Angst zu beherrschen. Denn die Sprache als reines Mittel der Verständigung hätte ihn nicht sehr weit über das Animalische hinausgehoben. Worin er sich von allen anderen Wesen unterschied, war nicht allein der Glaube an eine höhere Macht, sondern die Möglichkeit, mit dieser zu kommunizieren. Diese Macht personifizierte der Mensch. Denn was er sich nicht vorstellen konnte, dem konnte er auch nicht gegenübertreten. Da er sie aber nie zu Gesicht bekam, machte er sich ein Bild von ihr.

1.2.1 Das Wort und sein Bild

Es ist, glaube ich, nicht falsch, wenn wir die Geschichte der Schrift dem Erwachsenwerden des Menschen gegenüberstellen. Denn so wie ein Kind das Sprechen zunächst mit dem Üben von Namen lernt, weil Gegenstände ihm etwas Vertrautes und Greifbares sind, so dürfen wir hinter den ersten Worten der Menschen auch Namen vermuten.

Diese Namen, die man den Dingen gab, konnten verhältnismäßig leicht mit einer Darstellung dieser Dinge verbunden werden. Zum Namen wurden die Worte aber erst, als man sie regelmäßig mit den Dingen in Verbindung brachte.

Schreiben und Lesen setzte also zweierlei voraus: einmal, daß ein bestimmtes Wort zu einem bestimmten Bild gehörte und dann, daß dieses Bild eben nur für das eine Wort gebraucht wurde.

1.2.2 Das Bild im Wandel

Der Gedanke des Weiterlebens, und sei es in anderer Gestalt, hat den Menschen von jeher bewegt. Die Schrift stellte auf ihre Weise solch eine Möglichkeit dar. Sie hielt das Wort des Menschen über seinen Tod hinaus gegenwärtig. Um diese Gegenwart recht lange zu erhalten, suchte man dem Wort das verläßlichste Material, das es gab: den Stein.

15

Philipp Luidl,

Typografie,

Herkunft, Aufbau, Anwendung,

Schlütersche Verlagsanstalt,

Hannover,

1989.

---

8. Testen von Hypothesen

8.1. Alternativ-Tests

8.1.1. Einführung

Beispiel 8.1

Ein Betrieb fertigt an zwei Maschinen elektrische Widerstände.
Bei der ersten Maschine halten erfahrungsgemäß 10% der produzierten Stücke die geforderten Toleranzen nicht ein, während bei der zweiten Maschine 30% aller hergestellten Widerstände außerhalb der Toleranzen liegen; wir wollen sie kurz Ausschußstücke nennen.
Normalerweise werden die Widerstände in Schachteln verpackt und zwar bei Maschine 1 mit dem Aufkleber „1.Wahl", bei Maschine 2 mit dem Aufkleber „2.Wahl".
Nun sind bei einigen Schachteln die Aufkleber verlorengegangen. Es soll möglichst rasch entschieden werden, ob es sich um 1. oder 2.Wahl handelt.
Naheliegenderweise werden jeder einzelnen Schachtel einige Widerstände entnommen und ausgemessen. Diese Auswahl von sagen wir zehn Stücken soll rein zufällig geschehen, daher sprechen wir auch von einer *Zufallsstichprobe vom Umfang 10*. Die Anzahl Z der Ausschußstücke in dieser Stichprobe hängt dann natürlich von dem Anteil p der Ausschußstücke in der Schachtel und vom Zufall ab. Dabei kann in unserem Fall p = 0,1 oder p = 0,3 sein, während Z einen der Werte von $W_z = \{0, 1, 2, \ldots, 10\}$ annehmen kann. Vor dem Ziehen der Stichprobe wird folgendes *Entscheidungsverfahren* festgelegt:
Sind höchstens zwei Ausschußstücke in der Stichprobe, so soll angenommen werden, daß es sich um eine Schachtel 1.Wahl handelt, sind dagegen mehr als zwei Ausschußstücke in der Stichprobe, so soll dies für die Annahme sprechen, daß es sich um eine Schachtel 2.Wahl handelt.

Mit diesem Verfahren soll also zwischen zwei Annahmen (Vermutungen), die wir auch *Hypothesen* nennen wollen, eine Entscheidung herbeigeführt werden, die unter anderem auch vom Zufall abhängt.
Wir können die Entscheidungssituation kurz so beschreiben:
Es ist zu entscheiden zwischen den beiden *Hypothesen*

$$H_1: 1.\text{Wahl, d.h. } p = 0,1$$

und

$$H_2: 2.\text{Wahl, d.h. } p = 0,3.$$

Entscheidungsregel

$$Z \leqq 2 \;\mapsto\; \text{Entscheidung für } H_1$$
$$Z > 2 \;\mapsto\; \text{Entscheidung für } H_2.$$

Wir nennen eine solche Entscheidung einen *Test*, und da es sich in diesem Fall um die Entscheidung zwischen *zwei* möglichen Hypothesen handelt, sprechen wir von einem *Alternativ-Test*. Die Anzahl der Ausschußstücke Z gibt bei der Entscheidung den Ausschlag, daher nennen wir Z die *Testgröße*. Durch die Entscheidungsregel werden die Werte von Z in zwei Teilbereiche aufgeteilt:

Grundtext

10 p Poliphilus-Antiqua.

Überschriften

10 p Versalien und Kursiv.

2 Blindzeilen vor den

Versalien, sonst je eine

halbe Blindzeile zwischen

Versalien, Kursiv und Text.

merkte nun, daß sich seine Begabung keineswegs auf Blasin-
strumente beschränkte. »Du hättest mir keine größere Freude
machen können«, sagte er, als das Stück zu Ende war. »Dein
Vater gilt als ausgezeichneter Zitherspieler. Aber du hast ihn
gewiß mehr als überflügelt . . . Nebenbei, ich hätte euch warnen
sollen, denn grade dort drin sitzt jemand, der wahrscheinlich
alles hören kann, was hier außen unter diesem Vordach vor-
geht. Also sollte heute nacht lieber nicht zuviel getrunken werden. Seid nicht gekränkt, denn ich dachte dabei wirklich mehr
an mich selbst als an euch. Nun, da ich in die Jahre komme,
finde ich den Wein viel gefährlicher als früher. Ich neige dann
dazu, die unvorsichtigsten Dinge zu sagen . . .« Tatsächlich
hörte Tamakatsura jedes Wort davon mit an, wie es ja auch
beabsichtigt war, und war froh, daß wenigstens er die Notwendigkeit einsah, sich in der Hand zu behalten. Die nahe
Gegenwart der beiden Besucher konnte nicht verfehlen, sie
äußerst neugierig zu machen, wenn aus keinem andern Grund,
so aus dem, daß die beiden, die zwar selber gar nichts davon
ahnten, doch so nahe mit ihr verwandt waren und weil sie selbst
seit langer Zeit insgeheim alle erreichbare Kunde über ihr
Wesen und Treiben gesammelt hatte. Kashiwagi war, wie sie
zu ihrem Kummer häufig festgestellt hatte, bis über beide Ohren
in sie verliebt. Wiederholt war er im Lauf des Abends nahe
daran, völlig die Fassung zu verlieren; aber nicht ein einziges
Mal hatte sich seine Aufregung auch nur einen Augenblick
in seinem Spiel gespiegelt.

DAS ACHTUNDZWANZIGSTE STÜCK

Der Taifun

In diesem Jahr hatte man große Mühe aufgewendet, um den
Bereich der Kaiserin Akikonomu zu verschönern. Und nun
erglühten ihre Gärten in den vielfältigen Tönungen unzähliger
Herbstblumen und vom Frost gefleckter Blätter. Vor allem
207

Die Geschichte

vom Prinzen

Genji,

Insel-Verlag,

Wiesbaden,

1954.

Textzeilen der Rückseite korrespondie-
ren, um bei durchscheinenden Papieren
einen Grauschleier zu vermeiden.

Da die meisten Werkdruckpapiere
lichtdurchlässig, also durchscheinend
sind, ist diese Regel wichtig.

GEGLIEDERTE RUBRIKEN

Werden mehrere Überschriften von
unterschiedlicher Wichtigkeit verlangt,
bieten sich zunächst zwei Möglichkeiten
an: Entweder man behält die Größe der
Grundschrift bei und numeriert die
Überschriften nach der Dezimal-Klassi-
fikation, wie das auf der linken Seite
zu sehen ist, oder man gliedert sie ihrem
Rang entsprechend, indem man sich
typografischer Betonungsmittel bedient.
Dazu haben wir ein Beispiel auf dieser
Seite rechts abgebildet. Hier gilt die
Regel, wonach eine größere Type einen
wichtigeren Text beinhaltet. Ein anderes
Betonungsmittel besitzen wir in den
Auszeichnungsgarnituren.

Unter Schriftgarnitur versteht man
das Mitglied einer Schriftfamilie, das
den gleichen Familiennamen wie die
anderen trägt. So besitzt die Garamond-
Familie beispielsweise die Garnitur der
Kursive, der Kapitälchen und der fetteren Schnitte. Man könnte sie auch die
Bindestrich-Schriften nennen, da sie
jeweils mit einem Bindestrich zum
Namen geschrieben werden, wie Gara-
mond-Kursiv.

Die gegenüberliegende Seite zeigt
links oben, wie man von drei verschiedenen Wichtigkeitsgraden ausgehend
und mit nur einer Schriftgröße gliedern
kann. Dabei ist es ratsam, von der
untersten Rubrik in der hierarchischen
Leiter nach oben zu rechnen. Versalien
sollten ausgeglichen und Kapitälchen
immer ein wenig gesperrt sein.

Grundtext

10 p Garamond-Antiqua.

Überschriften

14 p und 12 p

Garamond-Antiqua.

5 Cicero von der ersten

zur zweiten Rubrik.

1 Cicero von der zweiten

Rubrik zum Text.

Teil I

Kapitel 1

Der Tag war am Erlöschen; kaum ließen die im Westen
lagernden violetten Wolken die roten Strahlen hindurch,
die sich auf den Dachsteinen der Türme und den leuch-
tenden Kuppeln des Klosters spiegelten. Man läutete
den Abendgottesdienst ein; Mönche und Klosterdiener
liefen auf den Steinplatten, die von der Klause des Ar-
chimandriten zum Gotteshaus führten, hin und her; rau-
schend fegte der lange, schwarze Mandyas hinter ihnen
den Staub; und mit so dünkelhafter Miene stießen sie
die Gläubigen zur Seite, als sei dies ihr wichtigstes Amt.
Unter dem Dunstschleier des Weihrauchs schien das
flackernde Licht der Kerzen trüb und rot; die Kirchgän-
ger drängten sich um die klammen Säulen, und das
dumpfe, feierliche Raunen der Menge, das von den Bö-
gen wiederholt wurde, zeigte an, daß der Gottesdienst
noch nicht begonnen hatte.
Am Klostertor bot sich ein anderes Bild dar. Ein paar
Bettler und Krüppel warteten auf die Almosen der Gläubigen; sie stritten, schimpften, teilten die Kupfermün-
zen, die in den großen hanfenen Säcken klimperten; es
waren von der Natur und Gesellschaft Ausgestoßene
(nur in diesem Fall pflegt die Gesellschaft mit der Natur
im Einvernehmen zu sein); es waren Menschen, die an
dem Mangel oder der Verstiegenheit ihrer Hoffnungen
zugrunde gegangen waren, fleischgewordene Vorwürfe
wider die Vorsehung; Geschöpfe, die das Recht eingebüßt hatten, Mitleid zu fordern, weil sie keine einzige
Tugend besaßen, und die keine Tugend ihr eigen nann-
ten, weil sie niemals der Barmherzigkeit begegnet waren.

Michail Lermontow,

Wadim,

Romanfragment,

Gustav Kiepenheuer Verlag,

Leipzig und Weimar,

1985.

Die manipulierte Schriftform

DIE REIN PROPORTIONALEN VARIATIONEN

Die Weite

Die Überschrift

Grundtext

10 p Centennial 45.

Überschriften

18 p Centennial 45,

10 p Centennial 75 und 46.

6 Blindzeilen von der

Hauptrubrik zum Text.

Sonst je 1 Blindzeile.

VII. Die manipulierte Schriftform

Aus den verschiedensten Gründen, zu sachbedingten oder rein ornamentalen Zwecken, wurde der Grundtyp der Schrift immer wieder *willentlich* verändert, manipuliert. Diesen Abweichungsvorgang möchten wir deutlich in zwei klar unterschiedliche Gruppen trennen.

Die erste besteht nur in einer sogenannten Variation oder Dehnung, in der die Grundform stets erkennbar vorhanden ist und in der sich nur die Ausmaße des Zeichens proportional verändert haben. So drängen seitliche Begrenzungen die Schrift zu engerem Ablauf, zum Beispiel in Zeitungstiteln oder auf Signaltafeln, während horizontalbetonte Unterlagen wie Frontbalken, lange Mauern etc. die Buchstaben zur Raumfüllung eher in die Breite ziehen.

Die zweite Art Abwandlung liegt meist in einem Schmückungsprozeß oder in der Annäherung der Buchstaben an eine bildhafte Darstellung. Als Beispiel führen wir eine Initiale aus einem irischen Manuskript an, deren Lesbarkeit nur noch aus dem Zusammenhang mit den angeschlossenen Buchstaben des ersten Wortes erkennbar wird.

1. Die rein proportionalen Variationen

a Die Weite

Der Weitenlauf der heute allgemein verwendeten Textschriften hat sich durch einen jahrhundertelangen Gebrauch zu einer ganz bestimmten Proportion herausgebildet. Diese »Normal-Silhouette« ist durch das Verhältnis zwischen den schwarzen Vertikal-Abstrichen einerseits und den dazwischenliegenden Weißräumen (Buchstaben-Innenräumen und Buchstaben-Zwischenräumen) andererseits gegeben. Dieses Verhältnis gibt einer Schrift den Duktus, der in der Fachsprache als Weite bezeichnet wird.

Zur bildlichen Erläuterung dieser Form und der daraus entwickelten Variation müssen wir uns auf das Bild eines einzigen Buchstabens beschränken; wir wählen das H seines einfachen Aufbaus wegen. Alle anderen Buchstaben

175

Adrian Frutiger,

Der Mensch

und seine Zeichen,

Fourier Verlag GmbH,

Wiesbaden,

1991.

DIE ALPHA-NUMERISCHE GLIEDERUNG

Werden die Mittel der typografischen Betonung als nicht ausreichend erachtet, bietet sich die zusätzliche römische und arabische Numerierung an. Darüber hinaus kann noch das lateinische und das griechische Alphabet herangezogen werden. Jedoch ist von einer zu starken Gliederung abzuraten, da der Leser mehr als drei Auszeichnungen nur noch schwer nachvollziehen kann. Bei nur drei Auszeichnungen ist die alphanumerische Gliederung aber unnötig, wie das am Beispiel links oben zu sehen ist.

FAMILIENFREMDE RUBRIK

Damit sind Überschriften gemeint, die nicht der Schriftfamilie der Grundschrift entstammen. Schriften mit einer anderen Familienbezeichnung wie beispielsweise die Bodoni-Antiqua und die Unger-Fraktur. Familienfremde Schriften können den grafischen Reiz einer Rubrik wesentlich steigern. Da es sich hierbei aber nicht um eine Auszeichnung, sondern um eine Schriftmischung handelt, sind ein paar Grundsätze zu beachten. Der Duktus der Grundschrift und der der Rubrik sollte gleich oder annähernd gleich sein. Die Haltung beider Schriften sollte gegensätzlich sein. Ein Gegensatz wäre steif und bewegt, streng und verspielt.

FARBIGE RUBRIK

In Büchern sind farbige Überschriften selten, da dies einen weiteren Druckgang bedeuten würde. Es sei denn, es wird sowieso farbig gedruckt, weil Bilder im Buch sind. Dennoch wäre davon abzuraten, da Skalenfarben nicht schön sind.

Grundtext

9 p Garamond-Antiqua.

Überschrift

12 p Manuskript-Gotisch.

3 Blindzeilen

vor der Überschrift.

1 Blindzeile

nach der Überschrift.

Herkunft und Heirat gaben ihm gesellschaftliches Ansehen. Mit den regimentsfähigen Familien war er verwandtschaftlich verbunden. Unter den Patriziern hatte er die besten Freunde. Die Humanisten, Gelehrten und Geistlichen waren für ihn und seine Kunst eingenommen. Er erhielt Aufträge für Altäre und Bildnisse von seinen Mitbürgern. In dem einflußreichen Kurfürsten Friedrich dem Weisen hatte er schon 1496 einen großzügigen Mäzen gewonnen, der ihm laufend gut honorierte Aufträge erteilte. Trotzdem mußte ihm von Venedig aus die Heimat und seine Stellung dort bedrückend und eng erscheinen. Der venezianische Adel hatte eine andere, höhere Lebensart als die Nürnberger Patrizier und der Besuch des Dogen zeichnete ihn mehr aus als der des ersten Losungers. Die führenden italienischen Künstler waren damals schon dem Handwerksstande entwachsen und gehörten zur Gesellschaft. Andrea Mantegna war gegraft worden, Gentile Bellini von Friedrich III. zum Ritter geschlagen und Giovanni Bellini erhielt aus den Einkünften des deutschen Fondaco einen stattlichen Ehrensold. In der größten, berühmtesten, reichsten und mächtigsten Stadt der Welt so viel Ruhm und Anerkennung zu gewinnen, das mußte das Daseinsgefühl des deutschen Malers erhöhen und ihm tiefe innere Beglückung schenken.

Wieder in der Heimat

Anfang Februar 1507 war Albrecht Dürer wieder in Nürnberg. Auf der Rückreise hat er nochmals Conrad Fuchs von Ebenhofen besucht, sich aber nicht lange bei ihm aufgehalten. Während des Faschings haben sich Dürer und Pirckheimer in Nürnberg bacchantisch ausgetobt. Sie veranstalteten allerlei Vorführungen, Schauspiele, italienische Ballette – alles Dinge, deren Kenntnis Dürer von Venedig mitbrachte. Zu den Mitbringseln gehörten übrigens auch die so beliebten venezianischen Spiegel.

Von den Freunden wurde er herzlich willkommen geheißen. Der Kanonikus Lorenz Beham in Bamberg, jahrzehntelang Haushofmeister und oberster Geschützmeister beim Papste Alexander VI., erbittet sich gleich von Dürer eine Zeichnung mit einem antiken Motiv. Er macht sich über den »Barbatus« lustig, nachdem ihm Pirckheimer mitgeteilt hat, daß ihr Freund auch in Venedig seinen Bart nicht abgelegt habe. »Er drehe und kräusele

77

Ludwig Grote,

›Hier bin ich Herr‹

Dürer in Venedig,

Prestel-Verlag,

München,

1956.

Anfangs- und Schlußkolumne

Nur wenn alle Seiten, von der ersten bis zur letzten, gestalterisch übereinstimmen, ist das Buch ein gutes Buch geworden. Das wußten die frühen Drucker, das wissen die heutigen. Dabei legten die frühen Drucker auf die erste und letzte Seite eines Kapitels besonderen Wert, was die heutigen nicht mehr in diesem Maße tun. Anfang und Ende waren jene Punkte, die es besonders zu würdigen galt, gleichviel, ob im Leben oder in der Arbeit. Auf ihren ersten und letzten Seiten brachten sie das gebührend zum Ausdruck. Dabei war die erste Seite häufig illuminiert, das heißt bunt ausgemalt. Etwas später war sie immer noch mit Bildern versehen, die den Text erläuternd begleiteten, wobei die Künstler nicht oder selten genannt wurden. Immer aber waren die Bilder stilistisch der Schrift angepaßt. Der Drucker und der Künstler des Holzschnitts waren in der Regel miteinander bekannt, so daß man sich absprechen konnte, was heute kaum noch der Fall ist.

Die letzte Seite, die wir heute gelegentlich noch als Spitzkolumne bezeichnen, war tatsächlich spitz zulaufend. Der Endpunkt wurde hier auch in der Satzform zum Ausdruck gebracht. Unsere Abbildung links zeigt eine solche Spitzkolumne. Es handelt sich um die Seite vor dem neuen Kapitelbeginn rechts.

Der Anfang und das Ende eines Kapitels oder eines Buches gaben dem Setzer und Drucker Gelegenheit, sich und seine Werkstatt ins rechte Licht zu rücken. Sie galten mehr oder weniger als die Visitenkarte des Hauses, was ihre besondere Pflege verständlich macht.

Bilder verwenden wir heute nicht mehr, wie wir überhaupt mit Illustrationen in Büchern sehr sparsam verfahren, wenn wir von Kinderbüchern einmal

Eine klassische Spitzkolumne, wie man sie in alten Büchern antrifft. Am Fuß der Seite ein Kustos (lateinisch Hüter), der das erste Wort der nächsten Seite nennt und verhindern soll, daß man beim Lesen eine Seite überschlägt.

Eine klassische Anfangsseite aus der Zeit der Renaissance. Die Überschrift ist hier ausnahmsweise in griechischer Schrift, während der Text in lateinischer Type gesetzt ist. Das Buch beinhaltet ein Kunsttraktat in Form eines allegorischen Liebesromans.

Francesco Colonna,
Hypnerotomachia Poliphili,
Aldus Manutius,
Venedig,
1499.

absehen. Unser aufgeklärtes und säkularisiertes Zeitalter ist nüchterner geworden. Bilder sind heute in der Regel fotografische Bilder. Zu was wir uns gelegentlich noch hinreißen lassen, sind Initialen. Ein Initial, von lateinisch initium, der Anfang, ist der erste Buchstabe eines Kapiteltextes. Das muß kein verzierter oder bebilderter Buchstabe sein. Wir begnügen uns schon mit einem etwas größeren. Wie groß man ihn wählt, hängt letztlich von der gesamten Konzeption des Buches ab. Zwei Grade größer als die Grundschrift sollte er aber mindestens sein. Ob er freistehend bleibt oder umsponnen wird, das heißt in den Text eingebaut, ist letztlich auch eine ökonomische Frage. Ist der Platz kostbar, wird man nicht gerne Zeilen verschenken, die ein freistehendes Initial verlangt.

Freistehend heißt nach oben über den Text hinausragend und mit der ersten Kapitelzeile auf Schriftlinie stehend, wozu der Text entsprechend tiefer begonnen wird. Diese Seiten zählen ein paar Zeilen weniger als die anderen.

Seltener trifft man Seiten, die das Initial links außen stehend haben, das heißt, außerhalb der Satzkante. Das erfordert einen sehr breiten Bund. Da der Bund in der Regel der schmalste der vier Ränder ist, kann man hier nur mit Initialen wie I oder J arbeiten.

Als Initial werden in der Regel nur Versalien, das heißt Großbuchstaben verwendet, wenn auch vereinzelt mit Kleinbuchstaben die Probe aufs Exempel gemacht wurde. Wie wir schon auf Seite 2, sowie auf Seite 26 und 27 besprochen haben, lassen sich unsere Antiqua-Versalien in drei Gruppen teilen: in solche, deren Basisform ein Kreis, in solche, deren Basisform ein Dreieck oder ein Rechteck ist. Kreis, Dreieck und Rechteck sind konzen-

Alles war Zufall. Daß die Ingrams zwischen London und Oxford das alte Herrenhaus Garsington Manor fanden. Daß sie dort ein Opernfestival gründeten, mit das exklusivste der Britischen Inseln. Daß Haydns Opern die Spezialität ihres Hauses wurden. Das

Das Initial A ist zwar in seiner Größe richtig, steht aber zu weit innen und zu weit von der ersten Zeile ab.

Alles war Zufall. Daß die Ingrams zwischen London und Oxford das alte Herrenhaus Garsington Manor fanden. Daß sie dort ein Opernfestival gründeten, mit das exklusivste der Britischen Inseln. Daß Haydns Opern die Spezialität ihres Hauses wurden. Das

Das richtiggestellte A mit der linken Serife überstehend und mit der dazugehörenden Silbe *lles* verbunden.

Bewässerung ist ein kostspieliger Vorgang. Weniger als die Hälfte des zur Bewässerung verwendeten Wassers erreicht überhaupt die Pflanze, für die es bestimmt ist. Manchmal fließt das Wasser in ein unterirdisches Aquifer und

Die untere Serife des B ist mit der Satzkante bündig, dadurch gerät die Senkrechte des B, die optisch dominant wirkt, zu weit nach innen.

Bewässerung ist ein kostspieliger Vorgang. Weniger als die Hälfte des zur Bewässerung verwendeten Wassers erreicht überhaupt die Pflanze, für die es bestimmt ist. Manchmal fließt das Wasser in ein unterirdisches Aquifer und

Die Serifen stehen über. Der senkrechte B-Strich schließt mit der Satzkante ab, was optisch besser aussieht.

Initial Q,

von Hermann Zapf, Darmstadt,

1979.

Anfangs- und Schlußkolumne

trische Figuren. Sie besitzen links und rechts gleich viel Fleisch oder Freiraum. Nun gibt es aber auch Mischformen, die halb Kreis, halb Dreieck oder halb Rechteck sind, die also auf der linken Seite einen anderen Freiraum aufweisen als auf der rechten.

Zunächst ist die linke Kante die wichtigere. Es soll nämlich das Initial mit dem Text optisch eine einheitliche Senkrechte bilden. Dabei ist es unwesentlich, ob wir von einem Initial mit oder ohne Serifen ausgehen. Die Vor- und Nachbreite (siehe Seite 21) ändert sich nicht nur hier, sondern auch von Größe zu Größe der Schrift. Möchte man zwischen Initial und Satz eine genaue Senkrechte erreichen, dann muß das Initial rechnerisch überstehen, und das je nach Größe mehr oder weniger viel, wobei Serifen sichtbar die Kante durchbrechen dürfen.

Rechts vom Initial verläuft der Satz meist linksbündig als zweite Senkrechte. Das ist dann richtig, wenn auch das Initial rechts eine Senkrechte besitzt. Ist das nicht der Fall, so bereitet es heute keinerlei Schwierigkeiten mehr, den Satz der Initialform anzupassen. Zumindest die erste Zeile, der das Initial gilt, muß an dieses anschließen, auch wenn uns das sonderbar anmutet, da wir es in den meisten Fällen anders gesetzt sehen.

Wir haben den Beginn dieses Kapitels auf Seite 125 so gehalten. Es bedarf keiner großen Erläuterungen, daß diese Anordnung so richtig ist. Sie wird vom Leseablauf her begründet.

Um nach dem Initial den Text nicht gleich gewöhnlich fortlaufen zu lassen, wird in manchen Büchern das zum Initial zählende Wort in Versalien oder Kapitälchen gesetzt. In anderen Büchern sind es die ersten drei Worte, in wieder anderen ist es die ganze erste Zeile.

Das zum Initial gehörende Wort ist in Kapitälchen gesetzt. Die Zusammengehörigkeit beider wird dadurch unterstrichen. Außerdem wird das Wort so auch sprachlich betont.

Diese Seite beginnt sieben Zeilen tiefer als die anderen Seiten. Daß die erste Zeile in Kapitälchen gleichzeitig mit dem ersten Satz endet, ist nur möglich, wenn Autor und Typograf die selbe Person sind.

ZWEI Konstanten regieren die Proportionen eines gut gemachten Buches: Hand und Auge. Das gesunde Auge ist immer um zwei Spannen von der Buchseite entfernt, und alle Menschen fassen Bücher auf die gleiche Weise an.

Die Buchgrößen werden vom Gebrauchszweck bestimmt. Sie sind auf die durchschnittliche Größe und die Hände von Erwachsenen bezogen. Schon Kinderbücher dürfen nicht in Foliogröße hergestellt werden, weil einem Kinde dieses Format unhandlich ist. Ein hoher oder wenigstens genügender Grad von Handlichkeit wird erwartet: ein Buch in Tischgröße ist ein Unding, Bücher von Briefmarkengröße sind Spielereien. Sehr schwere Bücher sind ebenso unwillkommen; ältere Leute könnten sie vielleicht nicht ohne fremde Hilfe bewegen. Riesen müßten viel größere Buchformate und Zeitungen haben; Zwergen wären viele unserer Bücher zu groß.

Zwei Hauptgruppen von Büchern gibt es: jene, die wir auf den Tisch legen, um sie zu studieren, und die andern, die wir im Stuhl zurückgelehnt, im Sessel oder in der Eisenbahn lesen. Studierbücher sollten wir schräg vor uns aufstellen. Dazu raffen sich aber nur wenige auf. Uns über das Buch zu beugen, ist der Gesundheit genau so abträglich wie die übliche Schreibhaltung, die der flache Tisch fordert. Der Schreiber des Mittelalters schrieb auf einem Pult, das wir kaum noch Pult zu nennen wagen, so steil war es (zuweilen bis fünfundsechzig Grad). Das Pergament war mit einem quergespannten Band festgehalten und wurde nach und nach aufwärts geschoben. Die Schreiblinie, stets waagerecht, war in Augenhöhe, und der Schreiber saß nahezu aufrecht vor dem Pergament. Noch um die Jahrhundert-

&, GELESEN ET, IST LATEINISCH UND BEDEUTET ›UND‹. Die vielen Erscheinungsformen dieses Zeichens sind Ligaturen ganz eigener Art. Das et-Zeichen ist stets eine besonders innige Buchstabenverschmelzung, in der ein Teil des einen Buchstabens entweder in einen Teil des andern übergeht oder diesen gar zugleich bildet. Die Geschichte dieser Zeichen ist fast so alt wie die der römischen Schrift. Zwar kommt ein et-Zeichen weder in den altrömischen Inschriften noch in den monumentalen Majuskelhandschriften der Römer vor. Aber bereits 79 nach Christus begegnen wir in den flüchtigeren graffiti, schnell hingekratzten Inschriften, einer Ligatur et (Figur 1), die vielleicht als Urahn der et-Sippe angesprochen werden darf. Zwar berührt hier nur der Mittelstrich des E den Grundstrich des T, aber schon Figur 2, 131 nach Christus, der ältern römischen Kursive entnommen und nur um einen Strich kürzer, ist ein et-Zeichen, das unserer Begriffsbestimmung völlig entspricht. Der Mittelstrich des E bildet zugleich den Querstrich des T. Beide Figuren sind noch sehr einfach. Figur 3, der Mitte des 4. Jahrhunderts nach Christus und ebenso schwungvoll, aber schon weniger sinnfällig. Wie der T-Teil zustandekam, geht aus einer andern Variante derselben Schriftart (4) hervor: dem T liegt die spätere runde Unzialform zugrunde. Figur 5 ist die gleiche Form, nur mit äußerster Schnelligkeit hingeschrieben.

Jan Tschichold,

Willkürfreie Maßverhältnisse

der Buchseite

und des Satzspiegels,

Papierhandelsgesellschaft

Bucherer, Kurrus & Co.,

Basel,

1962.

Jan Tschichold,

Formenwandlungen

des et-Zeichens,

D. Stempel AG,

Frankfurt am Main,

1953.

Anfangs- und Schlußkolumne

Üblich ist es auch, den Text der ersten Buch- oder Kapitelseite zu senken, ihn also ein paar Zeilen tiefer anfangen zu lassen. Mitunter steht auf der Satzspiegeloberkante eine Linie oder Schmuckleiste. Das alles wird heute immer seltener, teils aus Sparsamkeit, da hier jeder Kapitelbeginn eine neue Seite verlangt, teils aus Askese, weil man die Seite so streng wie möglich halten will.

Eine andere Art, den Kapitelbeginn als Blickfang zu gestalten, besteht darin, anstelle eines größeren Buchstabens die Kapitelüberschrift in den Initialraum einzubauen. Dabei wird jede Überschrift einen unterschiedlich großen Raum beanspruchen, da die Titel verschieden lang sind. Das beeinträchtigt die Korrespondenz der Seiten aber nicht. Die Überschriftzeilen stehen günstiger, wenn sie zum Text hin, also rechtsbündig angeordnet werden. Sie linksbündig auszuschließen, also mit der linken Satzkante in einer Senkrechten zu halten, ergibt ein weniger reizvolles Bild.

War die Schlußseite früher nach unten spitz zulaufend in Trichterform gesetzt, so ist sie heute eine normale, vielleicht auf nicht volle Zeilenzahl endende Seite, auch wenn diese immer noch als Spitzkolumne bezeichnet wird. Zu beachten ist, daß diese letzte Seite nicht weniger als ein Drittel des Textes einer vollen Seite enthalten soll. Wobei es auf ein zwei Zeilen mehr oder weniger nicht ankommt.

Es ist nicht immer leicht, sich an solche Vorgaben ohne größere Korrekturen zu halten. Hier mit etwas weiteren Zeilenabständen zwischen den Absätzen zu mogeln, ist nicht erlaubt, da die Zeilen dann nicht mehr Register halten. Das ist keine ästhetische Schwärmerei, sondern eine leseerleichternde Notwendigkeit, die wir schon auf Seite 86 erläutert haben.

Anstelle des Initials stehen Verfasser und Titel des Kapitels. Der Gegensatz beider Schriften, sowohl im Charakter wie im Tonwert, sind hier wichtig.

Diese Schluß- oder Spitzkolumne enthält sechs Zeilen Text. Die volle Seite umfaßt zweiundzwanzig Zeilen, womit etwa ein Drittel der vollen Seite erreicht ist.

EDITH TSCHICHOLD VIRL EIN FREUND Es war nicht nur eine verhältnismäßig kurze Zeit, in der wir einander begegneten – was sind schon sechs von sechzig Jahren –, es war zudem eine bescheidene Zeit. Von dem Überfluß, in dem wir heute leben, konnten wir damals nur träumen. Hermann Virl kam ein paar Jahre später als Jan Tschichold an Paul Renners Schule. Dennoch wurde aus dieser Bekanntschaft eine Freundschaft, die später auch nicht durch Landesgrenzen unterbrochen wurde. Zumindest blieben wir uns in der Erinnerung nahe. So habe ich einen Sommertag noch deutlich vor Augen: Wir fuhren nach Gröbenzell, wo Virls ein kleines Haus bewohnten. Dort verbrachten wir die längste Zeit im Garten. Da Virl zuweilen auch sonntags arbeitete, er hatte Aufträge, die termingebunden waren, nahm er einen Holzstock mit ins Freie und schnitt. Ihm dabei zuzuschauen, wie er geschickt und schnell den Stichel führte, war für uns alle faszinierend. Wir beobachteten, welche Kraft nötig war, das Material zu beherrschen, wir erkannten den Widerstand des Holzes, der nur unter gewissen Bedingungen überwunden werden konnte. Virl besaß dabei seine Arbeit wieder und wieder. Er legte sie erst beiseite, als es zu dämmern begann. Die Sprache in der Runde war bayrisch und auch die Dinge, um die es dabei ging, waren es. Derlei Erlebnisse wurden später immer wieder wach, sobald Virl sich meldete. Er tat das regelmäßig zum Jahreswechsel mit einem kleinen Kalender, den er und seine Frau Friedel von 1948 bis 1958 als Neujahrsgruß verschickten. Tschichold hat für die Kalender eine Kassette gemacht und sie als große Kostbarkeit in seiner Bibliothek aufbewahrt. Es mag sein, daß die Entfernung (sowohl die zeitliche wie auch die räumliche) manches verklärt. Aber immer habe ich mir in den letzten Jahren, wenn ich gelegentlich in München zu Besuch war, gewünscht, ich möchte wieder einmal in eine so spezifisch bayrische Atmosphäre einbezogen werden, wie sie im Hause Virl herrschte.

18

sie zu verleihen. Mit welcher Bewunderung denkt doch das Volk von seinen Federn! Gut in Schuß, haben sie tatsächlich etwas Feminines. Nicht bloß, weil sie sich nicht sträuben; jeder weiß, sie schmücken sich auch gern. Da schieben wir aber gleich den Riegel vor. Und die Muse unseres Metiers, wo ist sie geblieben? Versucht sie nicht, als Feder zu überleben? Jetzt muß man sie konkret anrufen. Wunderbar hat es einer getan: ›Die Hand ist leicht, das Werkzeug ist gestählt …‹ O wenn das auf das Konto meiner Feder ginge!

Hermann Virl, Eine Jahresgabe der Typographischen Gesellschaft München, 1980.

Die Titelei

TITELEI lautet der Sammelbegriff jener Seiten, die dem Text vorangestellt sind. Eine Titelei kann vier bis sechzehn Seiten umfassen, selten mehr. Sie ist formal den übrigen Seiten des Buches angepaßt und wird als letzter Teil des Buches ge-setzt. Der Grundbaustein des Ganzen ist die normale Buchseite. Von ihr gehen alle anderen gestalterischen Möglichkeiten aus. Wie der Baum von innen nach außen wächst, so sollte auch der Aufbau eines Buches organisch von innen nach außen voranschreiten. Deshalb zählen Titelei und Verzeichnisse zu den abschließenden Gestaltungsaufgaben, und nicht zu den ersten. Da es keine bindenden Vorschrif-ten für eine Titelei gibt, stellen wir sie hier in ihrer gebräuchlichsten Form vor.

Seite	Bezeichnung	Inhalt	Pagina
1	Schmutztitel	Verlagssignet	keine
		*Verfassername und Buchtitel	keine
2	Sammeltitel	Verfassername, Gesammelte Werke, Band, Verlag	keine
	*Frontispitz	Abbildung	keine
	*leer (vakat)		keine
3	Buchtitel	Verfassername, Buchtitel, Verlag	keine
	Innentitel	wie Buchtitel	keine
	Haupttitel	wie Buchtitel	keine
4	Druckvermerk	CIP-Angaben, Copyright, ISBN, Herstellerangaben	keine
	(Impressum)		
5	Vorwort	Vorworttext	5 oder V
	*Widmung	*Widmungstext	keine
	(Dedikationstitel)		
6	Vorwort	Vorworttext	6 oder VI
	*leer (vakat)		keine
7	Inhaltsverzeichnis	Überschriften mit dazugehörenden Seitenzahlen	7 oder VII
8	Inhaltsverzeichnis	Überschriften mit dazugehörenden Seitenzahlen	8 oder VIII
	*leer (vakat)		keine

*Bei diesen Angaben handelt es sich um mögliche Alternativen.

DER SCHMUTZTITEL ist ein Relikt aus der Inkunabelzeit. Als Anton Koberger (1440 bis 1513) mit seinem Ochsengespann über Land fuhr, um seine Bücher zu verkaufen – er verkaufte sie ungebunden –, da schützte er sie durch ein umgeschlagenes Blatt, das mit dem Titel des Buches bedruckt war. So jedenfalls erzählen es uns die Historiker. Dieses Blatt hat sich erhalten und ist in den Buchblock eingegangen. Vielleicht wurde es damals schon mit eingebunden.

Der Schmutztitel trägt heute das Verlagssignet, wenn dieses nicht im Buch-, Haupt- oder Innentitel steht. Andernfalls zeigt er den Verfassernamen und Titel des Buches. Die Schriftgröße entspricht in der Regel der Grundschrift. Ob man den Schmutztitel normal, in Kursiv, Kapitälchen oder Versalien setzt, hängt von der Gesamtkonzeption des Buches ab.

Manchmal, vor allem bei Taschenbüchern, steht statt der erwähnten Angaben ein Sammelvermerk der Taschenbuchreihe oder, was seltener vorkommt, eine Kurzinformation über Buchinhalt und Autor.

DER SAMMELTITEL vertritt eine nicht häufige Gattung. Er steht dort, wo ein Werk mehrere Bände umfaßt, und ist ähnlich wie der Haupttitel gestaltet. Bei Taschenbüchern findet man an seiner Statt häufig eine Kurzangabe über Buchinhalt und Autor, wenn diese nicht auf Seite eins anstelle des Schmutztitels untergebracht wurde.

DAS FRONTISPIZ ist eine auf Seite zwei des Buches gedruckte Abbildung. Der Name dürfte sich aus Front, vorne, und Spiz von Spitzkolumne, herleiten. Als Abbildung wird meist das Bild des Autors oder eine zum Buch passende Illustration verwendet. Zuweilen erhält das Frontispiz auch ein eigenes Blatt. Dann steht es auf Seite vier des Buches.

DER BUCHTITEL kann dreierlei Bezeichnungen tragen. *Innentitel* nennt man ihn dann, wenn er in gleicher Aufmachung auch auf dem Umschlag gedruckt wird. Als *Haupttitel* wird er bezeichnet, wenn das Buch noch Abteilungstitel besitzt. Das sind Titel, die rangmäßig zwischen Buchtitel und Kapitelüberschriften stehen. *Buchtitel* ist der gebräuchliche Name für die beiden oben genannten Bezeichnungen.

Der Buchtitel steht normal auf Seite drei. Auf Seite fünf steht er nur, wenn ein Blatt als Frontispiz vorgeschaltet wurde.

Verfassername, Titel des Buches und Verlag sind Angaben, die ein jeder Buchtitel enthält. Darüber hinaus können noch Untertitel, Vorwort-, Abbildungs- und Übersetzungsvermerke angegeben sein. Die Vermerke sind dann interessant, wenn es sich bei den im Vermerk Genannten um bekannte Personen handelt.

Um eine Übereinstimmung zwischen Buchtitel und Buchtext auch optisch zu sichern, empfiehlt es sich, eine der Angaben auf der Buchtitelseite aus der Grundschriftgröße zu setzen. Das kann die Verlagszeile sein. Demnach wäre der Verfassername ein bis zwei Grad größer, die Titelzeile dann noch einmal ein bis zwei Grad größer. Die Schriftart muß nicht von der Textschrift abweichen. Allenfalls können einzelne Zeilen in einer Auszeichnungsschrift, also in entsprechender Kursiv oder in entsprechenden Kapitälchen gesetzt sein. Die Titelzeilenschrift aus einer anderen Schriftfamilie zu holen, ist nur sinnvoll, wenn auch die Kapitelüberschriften im Buch aus einer solchen gesetzt sind, wie das bei unserer Abbildung auf Seite 124 der Fall ist.

In vielen unserer Bücher ist der Buchtitel zu groß gesetzt. Vor allem die

Gestalter von Bildbänden glauben, sie könnten mit Schrift das Gewicht der zumeist ganzseitigen Abbildungen aufwiegen, was häufig zu Titeln im Format eines Kleinplakates führt.

Der normale Leseabstand beim Lesen von Büchern beträgt zwischen fünfundzwanzig und dreißig Zentimeter. Bei dieser Entfernung zwingt jede Zeile, die über vierzehn Punkt Schriftgröße hinausgeht, den Leser zum Buchstabieren. Das ist, bei den wenigen Angaben, die eine Titelseite trägt, nicht besorgniserregend, nimmt dem Werk aber den typisch buchhaften Charakter.

Die Titelseite durchgehend aus der Grundschriftgröße zu setzen, wie das der Deutsche Taschenbuch Verlag praktiziert, mißachtet das typografische Instrumentarium der Verdeutlichung und der Interpretation. Schließlich kommt größeren Schriftgraden eine wichtigere Bedeutung zu. Diese Ansicht muß keineswegs zu uniformen Titelseiten beitragen. Vielmehr will sie dem rechten Maß zur Geltung verhelfen. Immerhin ist der Buchtitel jene Seite, die das Buch dem Leser vorstellt. Deshalb eignet sie sich nicht dazu, zum Spielfeld des Gestalters zu werden.

Der Sammel- und der Buchtitel unserer ersten Abbildung in Fraktur hat sich an die alten Gestaltungsvorschriften gehalten, die sagen, daß beide Titelseiten gleich sein sollen. Wir haben sie ausgewählt, um zu zeigen, welche Kraft in dieser Schrift und der strengen Anordnung beider Titelseiten steckt. Daß im Sammeltitel bei dem Wort Tolstoj zwischen o und l das Spatium vergessen wurde, das heißt, der Abstand kleiner ist, als bei den anderen Buchstaben, zeigt, daß auch früher nicht immer mit der nötigen Sorgfalt gearbeitet wurde. Auch der folgende Sammel- und Buchtitel weist typografische Unebenheiten auf.

Schmutztitel

Eigentlich müßte er ja

Leo N. Tolstoj

Gesammelte Werke lauten.

Um zwei gleich lange

Zeilen zu bekommen,

hat man den Titel gekürzt.

Sammeltitel

Die Verfasserzeile ist nicht

nur größer als die Titelzeile,

sondern auch gesperrt.

Das, um wiederum

zwei gleich lange

Zeilen zu bekommen.

Buchtitel

In der ersten Serie nimmt

das Werk ›Krieg und Frieden‹

den vierzehnten Platz ein.

Innerhalb von

›Krieg und Frieden‹ ist der

vorliegende Band der vierte.

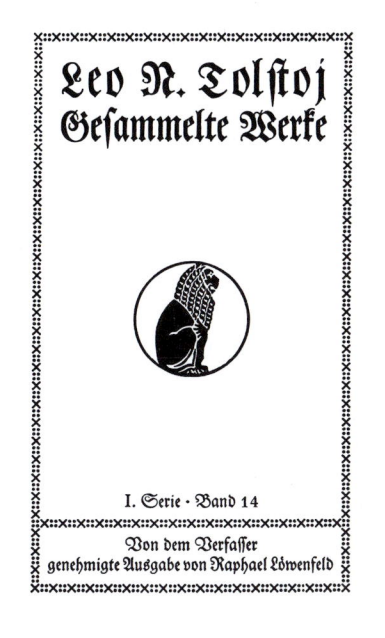

Breitkopf-Fraktur

Das Signet stammt

von F.H. Ehmcke (1908).

Leo N. Tolstoj,

Gesammelte Werke,

Krieg und Frieden,

vierter Band,

Eugen-Diederichs-Verlag,

Jena,

1911.

Schmutztitel

Das Verlagssignet anstelle

von Verfasser und Titel

steht auf Mitte,

da die Gesamtkonzeption

der Bände

auf Mittelachsensatz baut.

Sammeltitel

Er ist wie der Buchtitel zweifarbig.

Die Zeile Gesammelte Werke

ist in Ocker, der Rest ist in Schwarz.

Die Zeilenabstände

stimmen leider nicht

mit denen des Buchtitels überein.

Buchtitel

Hier handelt es sich um den vierten Band

von ›Joseph und seine Brüder‹ der mit

›Joseph, der Ernährer‹ betitelt ist.

Die beiden Zeilen in Kursiv sind in

der gleichen Farbe wie Gesammelte Werke

auf dem Titel gegenüber.

THOMAS MANN

Gesammelte Werke
IN EINZELBÄNDEN

FRANKFURTER AUSGABE

HERAUSGEGEBEN
VON
PETER DE MENDELSSOHN

S. FISCHER VERLAG

THOMAS MANN

Joseph und seine Brüder
IV

JOSEPH, DER ERNÄHRER
ROMAN

NACHWORT VON
ALBERT VON SCHIRNDING

S. FISCHER VERLAG

Bembo-Antiqua

mit Bembo-Antiqua-Kursiv.

Das Signet stammt

von E. R. Weiß (1925).

Thomas Mann,

Gesammelte Werke,

Joseph und seine Brüder,

Band IV,

S. Fischer Verlag

Frankfurt am Main,

1983.

Die Titelei

Schmutztitel

In Versalien gehalten,
entspricht er den
folgenden Titelseiten.
Konsequent wäre es
gewesen, die Zeile
›Gesammelte Werke‹
in Fraktur zu setzen.

Sammeltitel

Auch hier ein Sammeltitel,
der in der Gestaltung
dem Buchtitel entspricht.
Das Signet wurde an dieser Stelle
angebracht, um ein optisches
Gegengewicht zur gegenüberliegenden Seite zu bekommen.

Buchtitel

Konventioneller Mittelachsensatz wie das gesamte Werk.
Die Schriftmischung
Antiqua und Fraktur unterstreicht das Folkloristische
der Erzählungen des
Bajuwaren Ludwig Thoma.

LUDWIG THOMA
GESAMMELTE WERKE

LUDWIG THOMA

Gesammelte Werke

IN SECHS BÄNDEN

Erweiterte Neuausgabe

LUDWIG THOMA

Gesammelte Werke

ERSTER BAND

Autobiographisches
Ausgewählte Aufsätze

R. PIPER & CO VERLAG
MÜNCHEN

Garamond-Antiqua
mit Unger-Fraktur.
Das Signet stammt
von Paul Renner
(ab 1940 verwendet).

Ludwig Thoma
Gesammelte Werke
Erster Band
R. Piper & Co. Verlag
München
1968.

Schmutztitel

Hier ist er zur ungewöhn-

lichen Ankündigung einer

Taschenbuch-Sammelreihe

genützt. Das Signet

gibt die Buchstabierform

d-t-b, also Diogenes

Taschenbuch wieder.

Sammeltitel (hier Seite drei)

Die Schriftmischung Antiqua mit

Schwabacher verwendet zwei

Schriften aus der annähernd

gleichen Stilepoche,

was dem Ganzen ein solides

und glaubwürdiges Aussehen

verleiht.

Buchtitel (hier Seite fünf)

Der Setzer beherrscht noch die

Schreibweise der langen

und der runden s und wendet

sie richtig an.

Ein guter Mittelachsensatz

mit abwechselnd langen und

kurzen Zeilen.

DIOGENES TASCHENBUCH 160/7

Gottfried Rellers Werke

IM DIOGENES VERLAG

ZÜRCHER AUSGABE

HERAUSGEGEBEN VON

GUSTAV STEINER

——

BAND VII

GOTTFRIED KELLER

Martin Salander

——

Ein Bettagsmandat

——

Therese

——

Autobiographische
Schriften

DIOGENES

Garamond-Antiqua-Kapitälchen

mit Alter Schwabacher.

Das Signet stammt

von Hans Höfliger,

in Zusammenarbeit mit

Daniel Keel und Otto Dörries

(1973).

Gottfried Kellers Werke

Züricher Ausgabe

Herausgegeben von Gustav Steiner

Band VII

Diogenes Verlag

Zürich

1978.

Schmutztitel

Das Fischer-Taschenbuch-

Signet an den rechten Rand

gestellt, kündigt schon

auf der ersten Seite

das anaxiale

Gestaltungsschema des

Buches an.

Seite zwei

Es ist in Taschenbüchern üblich,

die sonst leere Seite zwei

mit jenem Text auszustatten,

der bei gebundenen Bänden

die Umschlagklappen einnimmt,

also mit Angaben über den

Inhalt und Autor des Buches.

Buchtitel

Eine interessante Seiten-

achsenlösung, die trotz

des vielen Textes einen

erstaunlich aufgeräumten

Eindruck hinterläßt.

Das Signet hier noch einmal

wäre nicht nötig gewesen.

Über dieses Buch »Mit Lust, sinnlicher und intellektueller Lust, sehen wir dem Künstler beim Bauen seines Kartenhauses zu und beobachten, wie sich das Kartenhaus in ein herrliches Schloß aus Stahl und Glas verwandelt.« So begann Vladimir Nabokov seine Vorlesungsreihe über die Meisterwerke der Weltliteratur: fast zwanzig Jahre führte der große Romancier immer wieder neue Hörer an amerikanischen Universitäten in die Freuden wahrhaft kunstgemäßen Lesens ein.

Mit diesem Band sind nun allen leidenschaftlichen Lesern die berühmtesten seiner Vorträge zu bedeutenden Romanen und Erzählungen europäischer Dichter zugänglich: zu *Mansfield Park* von Jane Austen, *Bleakhaus* von Charles Dickens, *Madame Bovary* von Gustave Flaubert; zu Robert Louis Stevensons *Der seltsame Fall von Dr. Jekyll und Mr. Hyde*, Marcel Prousts *In Swanns Welt*, Franz Kafkas *Die Verwandlung* und *Ulysses* von James Joyce. Ein besseres Angebot, sich unter witziger und kundiger Führung erneut mit Weltliteratur vertraut zu machen, läßt sich nicht denken: Nabokov enthüllt hier, wie ein Meisterwerk funktioniert. Er rekonstruiert die Handlung, beschreibt liebevoll all ihre Verwicklungen und Kehrtwendungen – und ihren verborgenen Sinn. Er zeichnet Skizzen, um uns den Aufbau und die Szenerie eines Romans vor Augen zu führen. Vor allem aber lehrt Nabokov uns lesen – unsere Phantasie und unser Gedächtnis zu gebrauchen.

Der Autor Vladimir Nabokov (1899–1977) wuchs in einer aristokratischen Familie Rußlands auf. 1919 begab er sich ins Exil, zunächst nach England, wo er an der Universität Cambridge studierte, dann nach Deutschland, Frankreich und 1940 in die Vereinigten Staaten, um eine akademische Laufbahn zu beginnen. Er unterrichtete Literatur – zunächst am Wellesley College (1941–1948), dann an der Cornell University (1948–1958). Nach dem enormen weltweiten Erfolg seines Romans *Lolita* widmete er sich ganz seinen literarischen und insektenkundlichen Arbeiten. Vladimir Nabokov starb 1977 in Montreux.

Vladimir Nabokovs *Die Kunst des Lesens. Meisterwerke der russischen Literatur* erscheint ebenfalls im Fischer Taschenbuch Verlag (Band-Nr. 10496).

Vladimir Nabokov
Die Kunst des Lesens
Meisterwerke der europäischen Literatur

Jane Austen – Charles Dickens
Gustave Flaubert – Robert Louis Stevenson
Marcel Proust – Franz Kafka – James Joyce

Herausgegeben von Fredson Bowers
Mit einem Vorwort von John Updike
Aus dem Englischen von Karl A. Klewer
unter der Mitarbeit von Robert A. Russell

 Fischer
Taschenbuch
Verlag

Times-Antiqua

mit Times-Antiqua-Kursiv.

Das Signet stammt

von Wolf. D. Zimmermann (1960).

Vladimir Nabokov

Die Kunst des Lesens

Meisterwerke der europäischen Literatur

Fischer Taschenbuch Verlag GmbH

Frankfurt am Main

1991.

Schmutztitel
Ein Novum ist es,
wie hier in der
Salto-Reihe des
Klaus Wagenbach Verlages,
auf der ersten Seite
den Buchinhalt
zu umreißen.

Frontispiz
Die Person,
um die sich das Buch dreht,
wird im Foto vorgestellt.
Die alte Aufnahme
verhinderte
eine bessere Wiedergabe
der Abbildung.

Buchtitel
Ein kleiner,
aber zur
schmalen Reihe
passender Titel,
der den
intimen Charakter des
Buches unterstreicht.

SVLTO

*N*atalia Ginzburgs Buch ist einem der größten europäischen Schriftsteller gewidmet, dem »äußerst scharfsinnigen und empfindsamen Analytiker menschlicher Beziehungen« (Virginia Woolf).
Mit ihrer großen Kenntnis innerfamiliärer Konstellationen und stiller Leidenschaften erzählt Natalia Ginzburg das kurze Leben Anton Čechovs (1860–1904), von seiner Jugend im südrussischen Taganrog und den frühen Jahren in Moskau, den Anfängen als humoristischer Schriftsteller und der Arbeit als Landarzt, bis zur Reise in die Straflager auf der Insel Sachalin, den ersten Erfolgen als Theaterautor, der Erkrankung, den letzten Jahren in Yalta und dem Tod in Badenweiler.

Čechov,
Moskau im Mai 1901

NATALIA GINZBURG
Anton Čechov
Ein Leben

Aus dem Italienischen von
Maja Pflug

Verlag Klaus Wagenbach   Berlin

Walbaum-Antiqua
mit Walbaum-Antiqua-Kursiv.
Der Schriftzug Salto
ist von Rainer Groothuis
(1987).

Natalia Ginzburg
Anton Čechov
Ein Leben
Verlag Klaus Wagenbach
Berlin
1990.

Die Titelei

DER DRUCKVERMERK, die lateinische Bezeichnung lautet Impressum, ist verlagsrechtlich gesehen die wichtigste Seite des Buches. Damit diese nicht schadlos aus dem Buch getrennt werden kann, sollte sie, nach internationaler Gepflogenheit, die Rückseite des Buchtitels einnehmen. Das ist in den meisten Fällen die Seite vier, kann aber, je nach Anlage der Titelei, auch Seite sechs sein. Was an Daten in den Druckvermerk gepackt wird, hängt davon ab, welche Angaben der Verlag wichtig findet. Denn gelesen wird der Druckvermerk in erster Linie von den Fachleuten. Der Käufer des Buches interessiert sich kaum, wer den Text und eventuell auch die Bilder in die vorliegende Form gebracht hat. Deshalb gibt es keine bindenden Vorschriften über Inhalt und Reihenfolge der Vermerke. Sie gliedern sich in zwei nicht voneinander getrennte Teile und zwar in verlagstechnische und in drucktechnische Angaben.

Verlagstechnische Angaben *

© bedeutet Copyright	Betrifft die Verlagsrechte am Buch.
ISBN heißt Internationale Standard Buch Nummer	Es ist die beim Börsenverein des Deutschen Buchhandels eingetragene Buchnummer. Beispiel: 3-7654-1876-5 Die erste Nummer ist das Sprachgebiet (hier Deutsch), die zweite Zahlengruppe nennt den Verlag, die dritte betrifft das Buch, die letzte Zahl ist die Prüfnummer.
CIP heißt Cataloging in publication	Das ist der für Bibliotheken und Büchereien vorgegebene Text zum Bibliografieren und Katalogisieren. Die Abkürzung NE heißt Neben Eintrag. Der Buchtitel ist also auch unter dem Namen des Autors zu finden. Die Abkürzung PT heißt Parallel Titel und besagt, daß der Titel gleichlautend mit der Eintragung im Katalog ist.
1 2 3 4 5 98 97 96 95 94	Die linken Ziffern nennen die Auflage, die rechten das Erscheinungsjahr. Bei jeder weiteren Auflage wird je eine Zahl auskopiert.
Titel	Bei Übersetzungen Titel des Originals und Name der Übersetzerin oder des Übersetzers.

Drucktechnische Angaben *

Printed in Germany	Hier wird das Land, in dem das Buch gedruckt wurde, genannt.
Gesetzt auf… in…	Hier folgt die Bezeichnung der Satzanlage, auf der erfaßt und belichtet wurde, sowie Schrift und Schriftgröße.
Die Lithos fertigte…	Falls die Bilder nicht digital erfaßt wurden, wird hier die Lithoanstalt genannt, die die Lithos fertigte.
Gedruckt auf… von… gebunden…	Gesagt wird, auf welchem Papier und von welchen Firmen das Buch gedruckt und gebunden wurde.
Typografie und Herstellung	Manchmal liegen Typografie und Herstellung in getrennten Händen, dann wird das getrennt angegeben.

* Alle anderen Angaben sind nicht bindend auf Seite vier, beziehungsweise Seite sechs unterzubringen. Ebenso gibt es keine feste Regel in der Reihenfolge der Angaben.

Die Titelei

Druckvermerk (Impressum)
Die Ziffern im unteren Teil
zeigen, daß es sich um die
erste Auflage aus dem
Jahr 1994 handelt. Bei der
nächsten Auflage wird die
Eins abgedeckt und rechts
die entsprechende Jahreszahl.

Druckvermerk (Impressum)
Ein umfangreicher Vermerk,
wie er immer häufiger
zu finden ist. Die links-
bündige Anordnung entspricht
der Gesamtkonzeption des
umfangreichen und konsequent
durchgestalteten Kataloges.

Typografisch wird der Druckvermerk leider häufig stiefmütterlich behandelt, obwohl sich viele Ansatzpunkte einer guten Anordnung bieten.

Da Werkdruckpapiere in der Regel durchscheinend sind, beeinträchtigt ein häßlicher Druckvermerk auch noch den Buchtitel. Der Schwerpunkt eines Buch-

Titel der Originalausgabe:
Operation Shylock. A Confession
Simon & Schuster, New York
© Philip Roth 1993

1 2 3 4 5   98 97 96 95 94

ISBN 3-446-17693-4
Alle Rechte der deutschen Ausgabe
© Carl Hanser Verlag München Wien 1994
Satz: Fotosatz Reinhard Amann Aichstetten
Druck und Bindung: Friedrich Pustet Regensburg
Printed in Germany

Dieser Katalog erschien anläßlich der Ausstellung
in der Städtischen Galerie im Lenbachhaus, München,
vom 29. Juli – 1. November 1992
und in der Schirn Kunsthalle, Frankfurt
vom 29. November 1992 – 10. Februar 1993.
Übersetzung aus dem Englischen (Behr, Heller):
Magda Moses und Bram Opstelten
Übersetzung aus dem Schwedischen (Öhrner):
Dorothea Bjelfvenstam

Umschlagbild: Gabriele Münter,
Garten in Murnau, 1910 (Kat. 79)

Frontispiz: Gabriele Münter, Dresden 1905
Photographie von Wassily Kandinsky

CIP-Kurztitelaufnahme der Deutschen Bibliothek:
Gabriele Münter: 1877–1962; Retrospektive;
[anläßlich der Ausstellung in der Städtischen Galerie
im Lenbachhaus, München, vom 29. Juli – 1. November 1992
und in der Schirn Kunsthalle, Frankfurt,
vom 29. November 1992 – 10. Februar 1993;
Liljevalchs Konsthall, Stockholm, vom 4. April – 31. Mai 1993]
/ hrsg. von Annegret Hoberg und Helmut Friedel.
Mit Beitr. von Shulamith Behr... – München : Prestel, 1992.
ISBN 3-7913-1216-2
NE: Münter, Gabriele [Ill.]; Hoberg, Annegret [Hrsg.];
Behr, Shulamith: Städtische Galerie im Lenbachhaus
‹München›: Münter.

© Prestel-Verlag, München 1992
2., verbesserte Auflage 1992
© der abgebildeten Werke: Gabriele Münter bei
Gabriele Münter- und Johannes Eichner-Stiftung, München;
Wassily Kandinsky, Paul Klee bei VG-Bild-Kunst, Bonn, 1992;
Alexej Jawlensky bei COSMOPRESS, Genf, 1992
Gestaltung: Ingeborg Geith & Willem Weijers
Reproduktionen: Repro-center Färber, München
Satz: Typostudio GmbH, München
Druck: Karl Wenschow–Franzis Druck GmbH, München
Bindung: Conzella GmbH, Pfarrkirchen

ISBN 3-7913-1216-2

Bembo-Antiqua
Grundschrift 10 p
Druckvermerk 8 p

Goudy Sans normal
Grundschrift 10 p
Druckvermerk 8 p

titels liegt in den meisten Fällen im oberen Drittel der Seite. Deshalb sollte nach Möglichkeit auch der Druckvermerk seinen Schwerpunkt im oberen Drittel der Seite haben.

Da der Druckvermerk ein Befragungs- oder Konsultationstext ist, wird er auch in Konsultationsgröße gesetzt, und ist zwischen sechs und neun Punkt groß. Zu einem größeren Schriftgrad berechtigt nur ein großer Grundtext, einer, der über zwölf Punkt Schriftgröße hinausgeht.

Philip Roth,
Operation Shylock,
Ein Bekenntnis,
Carl Hanser Verlag,
München,
1994.

Gabriele Münter
1877 – 1962,
Retrospektive,
Prestel-Verlag,
München,
1992.

Widmung (Dedikation)

Das Buch handelt
vom Transport Jorge Semprúns
ins KZ Buchenwald.
Im Wagon lernte er
einen Jungen kennen,
der auch sechzehn Jahre
alt war, wie Jaime.

Widmung (Dedikation) und Motto

Das jeweilige Motto,
hier sind es drei Mottos,
hat die Schriftgröße des
Grundtextes. Die Widmung ist
größer gesetzt und samt Linien
den Kapitelbezeichnungen des
Bandes typografisch angepaßt.

DIE WIDMUNG, lateinisch Dedikation, gelegentlich auch Widmungs- oder Dedikationstitel genannt, kann familiären oder öffentlichen Personen gelten und wird demnach das einemal mehr familiären, das anderemal mehr amtlichen Charakter haben. Sie kann sich auch an die Allgemeinheit wenden, wie es Juan Ramón Jiménez, spanischer Nobelpreisträger für Literatur, in einem Gedichtband formuliert hat: A la inmensa minoría (Der unendlichen Minderheit) J.R.J.

Die typografische Ausstattung der Widmungstexte kennt keine Regel. Die Schrift sollte in der Schriftfamilie des Grundtextes bleiben. Ob man Normal, Kursiv, Kapitälchen oder gar Halbfett wählt, hängt nicht zuletzt vom Inhalt der Widmung ab. Die Kursiv wird durch ihre Anlehnung an die Handschrift mehr dem persönlichen Inhalt gerecht, während Kapitälchen eher das amtliche unterstreichen.

Auch wenn, oder gerade weil die Widmung aus nur wenigen Zeilen, wenn nicht aus nur einer Zeile besteht, ist ihre Gestaltung nicht nebensächlich. Für den guten Gestalter gibt es keine nebensächliche Seite im Buch.

DAS MOTTO, manchmal auf der ersten Textseite obenan gestellt, manchmal einer eigenen Seite zugeordnet, gibt die Intention des Verfassers wieder, die dieser sich für den Text des Buches zu Grunde gelegt hat. Es handelt sich also immer um ein Zitat. Dabei wird neben dem Zitat auch der Verfasser des Zitats genannt.

Steht das Zitat über dem normalen Buchtext, wird es in der Regel zwei Grad kleiner als dieser gesetzt. Steht das Zitat hingegen auf einer eigenen Seite, kann es in Grundtext-Größe gehalten werden. Der Schriftcharakter sollte, wie der der Widmung, nicht aus der Familie des Grundtextes ausscheren.

Für Jaime
weil er
16 Jahre alt ist

Meiner Mutter
und meiner Schwester Erika
gewidmet

This, then, is life: here is what has come
to the surface after
so many throes and convulsions…
How curious! how real!
Walt Whitman

Il y a dans tout aveu profond plus d'éloquence
et d' engseignement qu'on ne peut croire tout d'abord
André Gide

Wer spricht von siegen? Überstehn ist alles.
Rainer Maria Rilke

Janson-Antiqua
Grundschrift   10 p
Widmung   10 p

Times-Antiqua mit Times-Antiqua-Kursiv
Grundtext   8 p
Motto   8 p
Widmung   10 p

Jorge Semprún,
Die große Reise,
Roman,
Suhrkamp Taschenbuch Verlag,
Frankfurt am Main,
1994.

Klaus Mann,
Der Wendepunkt,
Ein Lebensbericht,
sonderausgabe edition spangenberg
im Ellermann Verlag,
München,
1981.

Das Inhaltsverzeichnis besteht aus Überschriften und Seitenzahlen. Ein Werk, das nur eine Überschrift oder zwei Überschriften enthält, wird auf ein Inhaltsverzeichnis verzichten. Ist ein Buch hingegen stark gegliedert, besitzt also mehrere Unterteilungen, so sind diese auch im Inhaltsverzeichnis wieder- zugeben. Wobei die Rangfolge in der gleichen Auszeichnung wie im Werk gehalten sein soll. Ansonsten kann es aus der Grundschrift in Grundschrift- größe gesetzt werden.

Inhaltsverzeichnisse gibt es fast so viele, wie es Bücher gibt. Daß sie der Gesamtkonzeption des Buches angepaßt sein müssen, braucht nicht betont zu wer- den. Sie entscheidet auch über Seitenachse und Mittelachse, über auspunktierten oder nicht auspunktierten Blocksatz. Das alles hängt auch mit dem Umfang des Ver- zeichnisses zusammen. Das Inhaltsver- zeichnis muß weder die Satzspiegelhöhe, noch die Satzspiegelbreite ausfüllen.

Inhalt

---

2. Der kompetente Säugling

Untersuchungsmethoden

Ausgangspunkt der bisherigen Überlegungen war die Tatsache, daß die präverbale Zeit über Analysen auf der Couch nur sehr beschränkt zu- gänglich ist, und weiter, daß man kleine Kinder nicht fragen kann, was sie sehen, hören, schmecken und fühlen. Die Säuglingsforscher haben in den letzten 20 Jahren eine Reihe faszinierender Experimente entwik- kelt, um das Rätsel der frühen Kindheit zu lösen. Sie haben Säuglinge mit Hilfe von Experimenten »gefragt«, und ihr beobachtetes Verhalten als »Antwort« auf die im Experiment gestellte Frage verstanden. Einige dieser experimentellen Anordnungen möchte ich nun darstellen.*

Das Präferenzparadigma

Man kann einen drei Monate alten Säugling nicht fragen, ob er einen Unterschied zwischen zwei Gesichtern sieht. Aber man kann folgendes Experiment machen: Man zeigt ihm nebeneinander zwei verschiedene Gesichter und mißt die Zeitdauer der visuellen Fixierung. Dabei stellt sich heraus, daß der Säugling eines der beiden Gesichter länger anblickt als das andere. Er zeigt eine visuelle Präferenz für eines der beiden Ge- sichter, beispielsweise für das seiner Mutter. Daraus kann man schlie- ßen, daß er einen Unterschied zwischen beiden Gesichtern wahr- nimmt, denn sonst müßte die Fixierungsdauer für beide Gesichter un- gefähr gleich sein. Die Antwort des Säuglings – abgelesen an seinem visuellen Verhalten – lautet also: Ja, ich sehe einen Unterschied!

Dieser Typus von Experiment hat weite Verbreitung gefunden. Man nennt ihn das Präferenzparadigma. Im obigen Beispiel wurde eine spezifische Variante dieses Paradigmas geschildert, das sogenannte paarweise Präferenzparadigma. In ihm werden zwei Reize gleichzeitig präsentiert, und der Säugling kann dann wählen. Ein Beispiel für ein

* Die grundlegenden Methoden werden in allen einschlägigen Monographien behandelt. Beson- ders empfehlenswert sind, Bower (1977, 1979), Keller/Meyer (1982), Lamb/Bornstein (1987) und Rauh (1987a).

34

Inhaltsverzeichnis

Dieses Inhaltsverzeichnis zeigt im unteren Teil deutlich, daß es die Rangfolge der Überschriften getreu dem Text der nebenstehenden Kolumne wiedergibt.

Das Inhaltsverzeichnis in der rechten Spalte besitzt weniger Unterteilungen, wirkt dafür vor allem durch den größeren Zeilenabstand übersichtlicher und liest sich angenehmer.

Garamond-Antiqua mit
Garamond-Antiqua-Kursiv
Grundschrift   9 p
Inhaltsverzeichnis 9 p

Martin Dornes,
Der kompetente Säugling,
Die präverbale Entwicklung des Menschen,
Fischer Taschenbuch Verlag GmbH,
Frankfurt am Main,
1993.

Garamond-Antiqua mit
Garamond-Antiqua-Kursiv
Grundschrift   10 p
Inhaltsverzeichnis 10 p

Edgar Allan Poe,
Aus den Tiefen der Seele,
Phantastische Geschichten,
Verlag Der Greif, Walther Gericke,
Wiesbaden,
1955.

Die Titelei

Inhaltsverzeichnis

Die Gliederung wird hier nicht

durch den Einzug,

sondern durch die normale

und halbfette Schrift deutlich.

Auch sorgt ein

nicht zu enger Zeilenabstand

für angenehmes Lesen.

Inhaltsverzeichnis

Die Seitenzahlen sind nicht

auf Blocksatz auspunktiert,

sondern mit einem

etwas größeren Abstand

hinter den Text gestellt.

Trotzdem bleibt

das Verzeichnis übersichtlich.

Inhaltsverzeichnis

Die Seitenzahlen nicht

am Zeilenende,

sondern am Zeilenbeginn,

widersprechen zwar

der richtigen Abfolge,

bewirken aber keinerlei

Einbuße der Übersicht.

Inhaltsverzeichnis

Inhalt

INHALT

Futura-Buchschrift mit

Futura-Buchschrift halbfett

Grundschrift 10 p

Inhaltsverzeichnis 10 p

Paul Renner,

Der Künstler in der mechanisierten Welt,

Akademie für das Grafische Gewerbe,

München,

1977.

Garamond-Antiqua

Grundschrift 9 p

Inhaltsverzeichnis 9 p

Marie Luise Kaschnitz,

Ferngespräche,

Erzählungen,

Insel Verlag,

Frankfurt am Main,

1966.

Garamond-Antiqua

Grundschrift 12 p

Inhaltsverzeichnis 10 p

Ruth Tassoni,

Lichtpunkte,

Autobiographische Splitter,

pendo-verlag,

Zürich,

1990.

Die Titelei

Inhaltsverzeichnis

Das Verzeichnis auf Mittelachse

entspricht der Konzeption

des dazugehörenden Buches.

Für umfangreiche Verzeichnisse

ist diese Anordnung

nicht empfehlenswert, weil

sie unübersichtlich wird.

Inhaltsverzeichnis

Durch die klare Gliederung

bleibt dieses Verzeichnis,

trotz seines Umfangs, übersichtlich.

Zu erkennen ist,

daß die Titelei römisch,

der Textteil aber

arabisch paginiert ist.

Inhaltsverzeichnis

Hier wurde der Satzspiegel eingehalten,

was nicht notwendig

gewesen wäre und was

nur mit Hilfe der Linien

gelungen ist. Sie bewirken

aber, daß das Verzeichnis

übersichtlich bleibt.

Inhalt

INHALT

Inhalt

Baskerville-Antiqua

Grundschrift 8p

Inhaltsverzeichnis 8p

Jorge Luis Borges,

Rose und Münze,

Gedichte 1973 – 1977,

Fischer Taschenbuch Verlag GmbH,

Frankfurt am Main,

1994.

Palatino-Antiqua

Grundschrift 9p

Inhaltsverzeichnis 8p

Johan Huizinga,

Herbst des Mittelalters,

Alfred Kröner Verlag,

Stuttgart,

1975.

Modern-Antiqua

Grundschrift 10p

Inhaltsverzeichnis 10p

Ernst Hoferichter,

Das wahre Gesicht,

Die Handschrift als Spiegel des Charakters,

Kreisselmeier Verlag,

Icking und München,

1966.

DER ANHANG als letzter Bogen des Buches kann mehrere Teile umfassen: den Quellennachweis, das Literaturverzeichnis, ein Register und unter Umständen noch eine Zeittafel. Die belletristische Literatur wird kaum einen Anhang führen, um so wichtiger ist er bei geschichtlichen Werken, in wissenschaftlichen Büchern und in der Fachliteratur. Dabei sind die Bezeichnungen nicht immer einheitlich, wie auch das Literaturverzeichnis und der Quellennachweis nicht immer genau getrennt werden.

DER QUELLENNACHWEIS, auch Quellenverzeichnis, kann ebenso Abbildungsnachweis oder Abbildungsverzeichnis heißen, wenn es sich um die Quellenangaben von Bildern handelt. Nachgewiesen wird die Herkunft des im Buch verwendeten Text- oder Bildmaterials. Wobei es sich beim Text nicht um Zitatstellen handeln muß, sondern allgemein um die Darlegung gewisser Sachverhalte. Angegeben wird, woraus der Autor sein Wissen geschöpft hat. Zitiert werden in der Regel Autor, Titel, Untertitel, Band, Erscheinungsort, Verlag und Erscheinungsjahr. Der Verlag erscheint nicht immer, wie auch der Vorname des Autors abgekürzt wiedergegeben werden kann. Der Abbildungsnachweis nennt je nach Art des Buches den Fotografen oder das Museum, wenn es sich um archäologische oder kunsthistorische Bilder handelt. Manchmal stehen diese Angaben schon in der Bildunterschrift (Bildlegende).

Der gesamte Anhang ist zum Nachschlagen gedacht und wird entsprechend in Konsultationsgröße gesetzt. Aber auch hier kann von der Regel abgewichen werden. Im Quellennachweis wird meist der Name des Autors ausgezeichnet. Das kann in den Auszeichnungsarten wie in Kursiv oder

Quellennachweis.

Eine ungewöhnliche,

dennoch übersichtliche

und reizvolle Anordnung.

Die Überschrift reicht

in ihrer Schriftgröße aus,

da sie freigestellt

ihre Wichtigkeit unterstreicht.

Quellennachweis

Ein konventionell gehaltener

Quellennachweis, der

in der Auszeichnung

und den Abkürzungen

den Vorschriften entspricht.

Leider ist die

Überschrift zu groß.

Quellen

d'Agoult	Marie d'Agoult, *Memoiren.* Mit einem Geleitwort von Siegfried Wagner. Erster Band. Dresden: Reissner 1928.
Arnim	Achim von Arnim, *Novellen.* Herausgegeben von Wilhelm Grimm. Fünfter Band. *Der Wintergarten.* Erster Theil. Grünberg und Leipzig: Levysohn 1842.
Betz	*Bettine und Arnim. Briefe der Freundschaft und Liebe.* Herausgegeben, eingeführt und kommentiert von Otto Betz und Veronika Straub. Band I 1806–1808. Band II 1808–1811. Frankfurt am Main: Knecht 1986/87.
Brentano I	Clemens Brentano, *Werke.* Erster Band. Herausgegeben von Wolfgang Frühwald, Bernhard Gajek und Friedhelm Kemp. München: Hanser 1968. Zweiter Band. Herausgegeben von Friedhelm Kemp. München: Hanser 1963.
Brentano II	Lujo Brentano, *Clemens Brentanos Liebesleben. Eine Ansicht.* Frankfurt am Main: Frankfurter Verlags-Anstalt 1921.
Diel-Kreiten	*Clemens Brentano. Ein Lebensbild nach gedruckten und ungedruckten Quellen* von Johannes Baptista Diel. Ergänzt und herausgegeben von Wilhelm Kreiten. Zwei Bände. Freiburg im Breisgau: Herder 1877/78.
FDH	Freies Deutsches Hochstift/Frankfurter Goethe-Museum, Handschriftensammlung. (Die der Sigle folgende Zahl ist die Handschriften-Nummer.)
FDH I	Freies Deutsches Hochstift/Frankfurter Goethe-Museum, *Clemens Brentano.* Ausstellungs-Katalog. Bad Homburg: Gehlen 1970.

237

Quellenverzeichnis

Andree, R. Braunschweigische Volkskunde. 2. Auflage. Braunschweig 1901.

Arnim, A. v. Des Knaben Wunderhorn. Alte deutsche Lieder, gesammelt von A. v. A. und C. Brentano. Drei Bände. Heidelberg 1806–1808.

Bartsch, K. Sagen, Märchen und Gebräuche aus Mecklenburg. Zwei Bände. Wien 1880.

Birlinger, A. Nimm mich mit! Kinderbüchlein. Zweite, ganz umgearbeitete Auflage. Freiburg im Breisgau 1871.

Böhm, M. Volkslied, Volkstanz und Kinderlied in Mainfranken. o. O. 1928.

Böhme, F. M. Deutsches Kinderlied und Kinderspiel. Volksüberlieferungen aus allen Landen deutscher Zunge. Leipzig 1897.

Bösch, H. Kinderleben in der deutschen Vergangenheit. Monographien zur deutschen Kulturgeschichte, Band V. Leipzig 1900.

Brentano, C. Siehe Arnim, A. v.

Cock, A. de, und *Teirlinck*, I. Kinderspel en Kinderlust in Zuid-Nederland. Acht Bände. Gent 1902–1908.

Curtze, L. Volksüberlieferungen aus dem Fürstenthum Waldeck. Arolsen 1860.

Dillmann, J. Hunsrücker Kinderlieder und Kinderreime. Ein Beitrag zur Volkskunde. Frankfurt am Main 1909.

Dillmann, J., und *Wehrhan*, K. Vierzehn Engel fahren. Kinderlieder, Frankfurt gesammelt. Frankfurt am Main 1923.

Dittmar, H. Der Kinder Lustfeld. 2. Auflage. Bielefeld 1872.

Dunger, H. Kinderlieder und Kinderspiele aus dem Vogtlande. 2. Auflage. Plauen im Vogtland 1894.

Drosihn, F. Deutsche Kinderlieder und Verwandtes aus dem Munde des Volkes, vornehmlich in Pommern gesammelt. Leipzig 1897.

Enders, H. Ringa Ringa Reia. Kinderlieder und Kinderspiele. Wien 1924.

377

Walbaum-Antiqua

mit Walbaum-Antiqua-Kursiv

Grundschrift 9 p

Quellennachweis 9 p

Hans Magnus Enzensberger,

Requiem für eine romantische Frau,

Friedenauer Presse,

Berlin,

1988.

Garamond-Antiqua

mit Garamond-Antiqua-Kursiv

Grundschrift 12 p

Quellennachweis 9 p

Allerleirauh,

Viele schöne Kinderreime

versammelt von

Hans Magnus Enzensberger,

Suhrkamp Verlag,

Frankfurt am Main,

1961.

Der Anhang

Kapitälchen geschehen. Versalien und fettere Schnitte eignen sich weniger, da sie zu häufig angewendet, störend wirken. Die Verzeichnisse werden in alphabetischer Reihenfolge der Autoren oder der Titel aufgeführt und können auch zweispaltig gesetzt werden.

Das Literaturverzeichnis, gelegentlich heißt es auch Literaturhinweis, manchmal wird auch von Bibliografie gesprochen, ist nicht mit dem Quellennachweis zu verwechseln, was in den Büchern leider manchmal geschieht. Während der Quellennachweis ausdrücklich verwendete Literatur zitiert, handelt es sich beim Literaturverzeichnis um eine Liste von Büchern, die vom gleichen Thema oder von weiterführenden Themen des entsprechenden Fachgebiets handeln. Es ist dies also ein Entgegenkommen des Autors und des Verlages dem Leser gegenüber, die diesem anzeigen, daß es neben dem vorliegenden Werk noch andere Veröffentlichungen zum gleichen Thema gibt. Die Angaben umfassen wieder, wie beim Quellennachweis, den Namen des Autors, wobei der Vorname wieder abgekürzt werden kann, den Titel des Buches, den Untertitel, den Erscheinungsort, den Verlag, der auch entfallen kann, und das Erscheinungsjahr. Die Schriftart entspricht, wie übrigens auch beim Quellennachweis, der Grundschrift des Buches. Die Schriftgröße wird entsprechend dem Charakter der Verzeichnisse, die Konsultationsgröße nicht überschreiten, soll aber auch nicht zu klein gehalten werden. Umfaßt ein Vermerk mehr als eine Zeile, wird die folgende ein Geviert eingezogen. Werden mehrere Bücher eines Autors aufgeführt, so kann der Name des Autors bei den nachfolgenden Angaben durch einen Gedankenstrich ersetzt werden.

Literaturverzeichnis

Die Autorennamen sind

wie der übrige Text

normal gesetzt,

was der Übersicht

abträglich ist.

Der Doppelpunkt hinter dèn

Autoren wäre überflüssig.

Literaturverzeichnis,

Bibliografie ist die

andere Bezeichnung

für den gleichen Gegenstand.

Die Überschrift ist zu groß.

Der Gedankenstrich

anstelle des wiederholten

Autorennamens ist üblich.

352

Literaturverzeichnis

Badinter, E.: Der Krieg der Geschlechter ist zu Ende. Persönl. Interview, Bücherpick 4, 26–31, 1987
Badinter, E.: Ich bin Du. Die neue Beziehung zwischen Mann und Frau oder die androgyne Revolution. Piper, München 1987 (Edition Odile Jacob, Paris 1986)
Balint, M.: Die Urformen der Liebe und die Technik der Psychoanalyse. Fischer, Frankfurt a. M. 1969 (Tavistock Publications, London 1965)
Beck, U.: Risikogesellschaft. Auf dem Weg in eine andere Moderne. Suhrkamp, Frankfurt 1986
Beck, U. und Beck-Gernsheim, E.: Das ganz normale Chaos der Liebe. Suhrkamp, Frankfurt a. M. 1990
Beck-Gernsheim, E.: Von der Liebe zur Beziehung? Veränderungen im Verhältnis von Mann und Frau in der individualisierten Gesellschaft. In: J. Berger (Hg.): Die Moderne – Kontinuitäten und Zäsuren. Soziale Welt, Sonderband 4, 209–233, 1986
Berger, P. L. und Kellner, H.: Die Ehe und die Konstruktion der Wirklichkeit. Soziale Welt 15, 220–235, 1965
Berger, P. L. und Luckmann, Th.: Die gesellschaftliche Konstruktion der Wirklichkeit. Fischer, Frankfurt a. M. 1980 (Doubleday Inc., New York 1966)
Bischof, N.: Das Rätsel Oedipus. Piper, München 1985
Boesch, E. E.: Kultur und Handlung. Einführung in die Kulturpsychologie. Huber, Bern 1980
Bösch, J.: Sind Verliebtheit, Symbiose und Idealisierung für den Aufbau einer Paarbeziehung wichtig? Familiendynamik 13, 116–126, 1988
Boeven, H.: Teilzeitbeschäftigte Männer und Hausmänner – eine neue Form partnerschaftlichen Zusammenlebens. In: E. Brähler und A. Meyer (Hg.): Partnerschaft, Sexualität und Fruchtbarkeit. Springer, Berlin 1988, pp 33–45
Boszormenyi-Nagy, I. und Spark, G. M.: Unsichtbare Bindungen. Klett-Cotta, Stuttgart 1981 (Harper & Row, New York 1973)
Boszormenyi-Nagy, I. und Krasner, B. R.: Between Give and Take. A Clinical Guide to Contextual Therapy. Brunner/Mazel, New York 1986

320

Bibliographie

Abramowski, O. L. M,, M. D. „Heilung durch Früchte" (Fruitarian Healing System). Natal, Südafrika: Essence of Health, 1976
—. „Früchtediät und physische Verjüngung" (Fruitarian Diet and Physical Rejuvenation). Wethersfield, Connecticut: Omangod Press, 1973
Accraido, Marcia M. „Leicht essen, um zu überleben" (Light Eating for Survival), Wetherfield, Connecticut: Omangod Press, 1978
Agres, Ted. „Ihre Nahrung, Ihre Gesundheit" (Your Food, Your Health). Chicago: Inter-Direction Press, 1972
Airola, Paavo. „Fleisch wegen Vitamin B$_{12}$?" (Meat for B$_{12}$?). Nutrition Health Review Summer 1983: 13
Allen, Hannah. „Die glückliche Wahrheit über Eiweiß" (The Happy Truth About Protein). Austin, Texas: Life Science, 1976
—. „Lektion Nr. 33, Warum wir keine Tierprodukte essen sollen" (Why We Should Not Eat Animal Products in Any Form). In The Life Science Health System, von T. C. Fry. Austin, Texas: Life Science, 1984
Altman, Nathaniel. „Essen für das Leben" (Eating for Life). Wheaton, Illinois: Theosophical Publishers, 1974
Ames, Bruce N. „Diätabhängige krebserzeugende Substanzen und krebsverhindernde Substanzen" (Dietary Carcinogens and Anti-Carcinogens). Science, 23. September 1983: 1256
Armstrong, J. W. „Wasser des Lebens" (The Water of Life). Devon, England: Health Science Press, 1978
Bach, Edward. „Heile dich selbst" (Heal Thyself). London: Daniel, 1946
Ballentine, Martha. „Die Küche des Himalayas" (Himalayan Mountain Cookery). Honesdale, Pennsylvania: Himalayan International Institute, 1978
Barr, Stringfellow, und Stella Standard. „Das Gemüsekochbuch" (The Kitchen Garden Book). New York: Viking Press, 1956
Baumann, Edward u.a. „Handbuch der holistischen (ganzheitlichen) Gesundheit" (The Holistic Health Handbook). California: And/Or Press, 1978
Bealle, Morris A. „Die Geschichte der Medikamente" (The Drug Story). Spanish Fork, Utah: The Hornet's Nest, 1949
—. „Die neue Geschichte der Medikamente" (The New Drug Story). Washington D.C.: Columbia Publishing Co., 1958
Bieler, Henry G. „Lebensmittel sind deine beste Medizin" (Food is Your Best Medicine). New York: Random House, 1965

Bembo-Antiqua

Grundtext 10 p

Literaturverzeichnis 8 p

Jürg Willi,

Was hält Paare zusammen?,

Der Prozeß des Zusammenlebens

in psycho-ökologischer Sicht,

Rowohlt Taschenbuch Verlag GmbH,

Reinbek bei Hamburg,

1993.

Times-Antiqua

Grundtext 9 p

Literaturverzeichnis 8 p

Harvey und Marilyn

Diamond,

Fit fürs Leben,

Fit for Life,

Goldmann Verlag,

München,

1986.

Der Anhang

Quellennachweis und Literaturverzeichnis

Eine Mischung aus

Quelle und Literatur,

die dankenswerter Weise

in der Überschrift

und im Text

zur Klarstellung für den

Benützer angegeben wird.

DAS SACHREGISTER, manchmal nur Register genannt, manchmal als Stichwortverzeichnis oder Namens- und Ortsregister betitelt, hat zwar viele Namen, aber nur einen Zweck, nämlich alle im Buch enthaltenen wichtigen Begriffe aufzuzählen. Das geschieht in alphabetischer Reihenfolge. Genannt wird der für den Leser wichtige Begriff, dahinter die Seitenzahl, unter der dieser Begriff zu finden ist. Falls der Begriff auf mehreren Seiten genannt wird, stehen hinter ihm mehrere Zahlen. Erscheint bei den Zahlen eine in Kursiv oder in einem fetteren Schnitt, so kann sie auf eine Abbildung zum Begriff hinweisen oder sie kann, wie in einem unserer Beispiele, auf den Hauptverweis des Begriffes aufmerksam machen. Ein umfangreiches und sorgfältig ediertes Register macht jedes Sach- und jedes Fachbuch, aber auch jede wissenschaftliche Publikation zu einem wertvollen Nachschlagewerk. Besitzt das Buch zudem auch noch Marginalien (siehe Seite 17 und Seite 118), so kann der gesuchte Begriff innerhalb von wenigen Sekunden gefunden werden. Umfaßt das Stichwort mit Seitenzahl mehr als eine Zeile, so wird die zweite und jede weitere Zeile ein Geviert eingerückt. Die verwendete Schriftart ist die der Grundschrift. Die Schriftgröße ist, da es sich um einen Konsultationstext handelt, auch in Konsultationsgröße, also etwas kleiner als die Größe der Grundschrift. Man wählt hier eher im oberen als im unteren Bereich der Skala. Um die Suche des Stichworts zu erleichtern, wird der Beginn eines neuen Buchstabens im Alphabet durch eine Blindzeile angekündigt. Manchmal wird der erste Buchstabe des neuen Stichwortes fett gedruckt, manchmal wird dieser als eine eigene Zeile über die Wortfolge gestellt. In der Regel geschieht das ohne Blindzeile zum dazugehörenden Text.

Namenregister

Die Ziffern nach den

Geburtsdaten verweisen

auf die Seiten,

auf welchen der

angegebene Name

in einem gewissen

Zusammenhang genannt wird.

Verwendete und weiterführende Literatur

Die folgenden Literaturangaben dienen in erster Linie dem Quellennachweis, sollen aber auch eine weiterführende Beschäftigung mit der Thematik erleichtern helfen. Ausführlichere Bibliographien zur Rechts-Links-Problematik finden sich in den wissenschaftlichen Sammelwerken der einzelnen Fachgebiete, so bei W. Ludwig zur Zoologie, bei N. N. Bragina und T. A. Dobrochotowa zu den Funktionellen Asymmetrien des Menschen, bei Hückel zur Stereochemie und so weiter.

Babel, N.: Linkshänder sind bessere Menschen. Frankfurt/M. 1992.
Bachofen, J. J.: Das Mutterrecht. Basel 1861.
Beier, W.: Biophysik. Leipzig 1975.
Beust, T.: Unser Sternhimmel. Leipzig, Jena, Berlin 1967.
Bonner, W. R.; Dort, M. A.; Yearian, M. R.: Search for selectivity in interactions of chiral solvated electrons. In: Nature, Jg. 1975.
Boveri, T.: Die Entwicklung von Ascaris megalocephala mit besonderer Berücksichtigung auf die Kernverhältnisse. Jena 1899.
Bragina, N. N.; Dobrochotowa, T. A.: Funktionelle Asymmetrien des Menschen. Leipzig 1984.
Buchik, R.: Sternkunde und Erdgeschichte. Leipzig 1927.
Büsgen, M.: Bau und Leben unserer Waldbäume. Jena 1927.
Burfield, S. T.: The Spiral in Nature. Liverpool 1927.

Compton, R. H.: On right- and left-handedness in barley. Cambridge 1910.
Compton, R. H.: A further contribution to the study of right- and left-handedness. Cambridge 1912.
Coren, S.: The Left-Hander Syndrom. New York 1992.
Crampton, H. E.: Studies on the variation, distribution and evolution of the genus Partula. Washington 1925.

Daber, R.: Das Einfache und das Komplizierte in der Pflanzenwelt in Struktur und Prozeß. Berlin 1977.

191

Garamond-Antiqua

Grundschrift 10 p

Nachweis und Verzeichnis 9 p

Siegfried Wachtel und Andrej Jendrusch,

Der Linksdrall in der Natur,

Eine Entdeckung und ihr Schicksal,

Deutscher Taschenbuch Verlag,

München,

1993.

Janson-Antiqua

Grundschrift 10 p

Namenregister 8 p

Arthur Hübscher,

Denker unserer Zeit,

62 Porträts,

R. Piper & Co Verlag,

München,

1956.

Der Anhang

Register

Erlaubt es

das Buchformat,

wie es hier

der Fall ist,

dann kann

das Register auch

dreispaltig gesetzt werden.

Register

Die Sterne hinter

den Ziffern sagen

in diesem Fall,

daß der Begriff

bebildert ist.

Die fett gedruckte Ziffer

steht für den Hauptverweis.

Register

Meist wird ein

neuer Buchstabe im Alphabet

mit einer Blindzeile

angedeutet. Hier wie

links daneben,

hat man eine

stärkere Betonung gewählt.

Bembo-Antiqua

Grundschrift 10 p

Register 10 p

Imprimatur,

Ein Jahrbuch für Bücherfreunde,

Neue Folge Band IX,

Herausgegeben von Georg Ramseger.

Gesellschaft der Bibliophilen,

Frankfurt am Main,

1980.

Times-Antiqua

Grundschrift 9 p

Register 8 p

Wolfram Franke,

Gartenanlage Schritt für Schritt,

Von der Baustelle zum blühenden Garten,

BLV Verlagsgesellschaft,

München, Wien, Zürich,

1985.

Garamond-Antiqua

Grundschrift 12 p

Register 8 p

Allerleirauh,

Viele schöne Kinderreime

versammelt von Hans Magnus Enzensberger,

Suhrkamp Verlag,

Frankfurt am Main,

1961.

Zeittafel

Die Breite des

Texteinzuges richtet

sich durchgehend

nach der Breite

der Jahreszahl,

wenn es mehrere sind,

der Jahreszahlen.

Zeittafel

Die in Kapitälchen

gesetzte Zeile

zeigt deutlich,

wo wir uns

im Buch befinden.

Eine sehr

angenehme Hilfestellung

für den Leser.

DIE ZEITTAFEL im Anhang hat nur in Biographien und geschichtlichen Abhandlungen ihre Berechtigung. Sie zählt in übersichtlicher und chronologischer Anordnung die Lebensdaten der beschriebenen Person auf oder nennt die geschichtlichen Geschehnisse, ebenfalls chronologisch datiert, des entsprechenden Zeitabschnittes, in dem das Buch handelt. Die Daten können, wie hier abgebildet, freigestellt werden, wobei sich der Texteinzug durchgehend nach dem längsten Datum richtet, oder man stellt sie in eine eigene Zeile über den dazugehörenden Text. In einer eigenen Zeile angeordnet, wird das Datum meist fett gedruckt. Ob man das Datum freistellt oder wie eine Überschrift behandelt, hängt von der Häufigkeit des Datumwechsels und der Länge des dazugehörenden Textes ab. Auf der einen Seite muß der Text jeweils um die Datumslänge eingerückt werden, auf der anderen Seite beansprucht das Datum nicht nur eine eigene Zeile, sondern auch noch den Abstand zum vorherigen Text. Das ist mindestens eine Blindzeile. Es kann sogar mehr sein, wenn die Jahreszahl auch noch Abstand zum ihr folgenden Text hält. Die Schriftart entspricht der Grundschrift. Die Schriftgröße bewegt sich in der Regel im Konsultations-Größenbereich. Selten hat sie Grundschriftgröße.

ZEITTAFEL

1804 Am 8. September wurde Eduard Friedrich Mörike in Ludwigsburg als siebentes Kind (von dreizehn, von denen sechs im Kindesalter starben) des Arztes Karl Friedrich Mörike und Charlotte, geb. Beyer, geboren. Die väterliche Familie stammt aus der Mark Brandenburg, von wo ein Vorfahre Ende des 17. Jahrhunderts nach Württemberg einwanderte und sich dort verheiratete. Die Mutter stammt aus einem schwäbischen Pfarrhaus. Besonders enges Verhältnis zu den älteren Geschwistern Luise und Karl und dem jüngeren Bruder August. Besuch der Lateinschule in Ludwigsburg, zusammen mit den späteren Freunden Friedrich Theodor Vischer und David Friedrich Strauß. Jugendfreundschaft mit der Base Klärchen Neuffer.
1817 Tod des Vaters. Übersiedlung der Mutter mit den Kindern zu Mörikes Oheim, dem späteren Obertribunalpräsidenten Georgii in Stuttgart, einem literarisch und künstlerisch interessierten Mann. Besuch des Gymnasium illustre.
1818 Obgleich kein »guter Schüler«, Aufnahme in das »Niedere theologische Seminar« in Urach. Freundschaft mit Wilhelm Hartlaub (dem »Urfreund«) und Johannes Mährlein, Bekanntschaft mit dem auf dem Oberamt Urach tätigen Wilhelm Waiblinger, der Mörike Calderon, Shakespeare, Jean Paul, Novalis und vor allem Goethe nahebringt.
1822 Theologiestudent im »Stift« in Tübingen mit den alten Freunden.
1823 Begegnung mit Maria Meyer, der »Peregrina« der Gedichte, der Elisabeth des »Maler Noltens«. »Freundschaftsbund« mit Ludwig Bauer und Waiblinger. Dichterischer Aufbruch.
1824 Tod des Bruders August.
1825 Die Freunde Strauß und Vischer kommen nach Tübingen.
1826 Theologisches Examen. Im Herbst Beginn der fast achtjährigen Vikariatszeit in Oberboihingen, Möhringen, Köngen, Pflummern, Plattenhardt, Owen, Eltingen, Ochsenwang, Weilheim, Ötlingen.

ANHANG

Zeittafel

1931 geboren am 9. Februar in Heerlen/Holland, als Sohn des Tischlers Alois Zuckerstätter und der Tochter des Schriftstellers Johannes Freumbichler, Herta Fabjan
1932 bei den Großeltern mütterlicherseits in Wien Übersiedlung mit den Großeltern nach Seekirchen am Wallersee (bei Henndorf)
1938 Übersiedlung mit den Großeltern nach Traunstein, Oberbayern
1943–45 Internat in Salzburg, Gymnasium
1943 Tod des Vaters
Geigenunterricht bei Prof. Steiner
1945 Musikästhetik bei Prof. Theodor W. Werner
Gesangsunterricht bei Maria Keldorfer
1946 Übersiedlung nach Salzburg
Arbeit als Gärtner-Gehilfe
1947 Kaufmännische Lehre
1949–51 Aufenthalte in der Lungenheilstätte Grafenhof
1949 Tod des Großvaters
1950 Tod der Mutter
1951 Freiplatz der Hochschule für Musik und darstellende Kunst in Wien
1952 Wiederaufnahme des Musik- und Schauspielunterrichts in Salzburg
1952–55 Freie Mitarbeit beim Demokratischen Volksblatt (Salzburg). Gerichtssaalberichte, Reiseberichte, Buch-, Theater- und Filmkritiken

109

Poliphilius-Antiqua

Grundschrift 9 p

Zeittafel 8 p

Eduard Mörike,

Sämtliche Werke,

Carl Hanser Verlag,

München,

1954.

Walbaum-Antiqua

Grundschrift 10 p

Zeittafel 10 p

Marcel Reich-Ranicki,

Thomas Bernhard,

Aufsätze und Reden,

Amann Verlag,

Zürich,

1990.

Bogensignatur, Bogennorm und Flattermarken sind Hilfsmittel für den Buchbinder. DIE BOGENSIGNATUR besteht
aus einer Ziffer, die dem Buchbinder
sagt, den wievielten Bogen eines Werkes
er vor sich hat. DIE BOGENNORM
nennt in gekürzter Form den Verfasser
und Titel des Buches. DIE FLATTER-
MARKEN dienen der Kontrolle, ob die
Reihenfolge der Bogen stimmt. Man
spricht hier auch von Kollationieren.

Die Bogensignatur, also die Bogen-
ziffer, steht in etwas größerem Abstand
vor der Bogennorm. Beide etwa 6 p
groß, sind linksseitig im Fußbeschnitt
der ersten Bogenseite angeordnet.
Früher nannte man diese Ziffer auch
Prim, da auf der dritten Seite eines
jeden Bogens die gleiche Ziffer mit
einem Stern Secunde genannt wurde.
Legte man die Seite mit der Prim auf
die Seite mit der Secunde, so war der
entscheidende erste Falz richtig. Die
Secunde hat für die heutige industrielle
Buchbinderei keine Bedeutung mehr.

Die Zahl der verschiedenen Roh-
bogenreste, welche in einer Buchbinderei lagern, kann in die Hunderttausend
gehen. Oft muß nach vielen Jahren eine
Restauflage gebunden werden, da ist es
unerläßlich, daß an jedem Bogen Signatur und Norm erkennbar vorhanden
sind. Aber auch für Kontrollarbeiten
beim Falzen und Zusammentragen sind
Signatur, Norm und Flattermarken
unverzichtbare Hilfsmittel.

Die Flattermarken bestehen aus einer
etwa 4,5 mm langen Linie und sind im
Bund zwischen erster und letzter Bogenseite angebracht, so daß sie nach dem
Falzen am Bogenrücken sichtbar werden.
Die Linie wird bei jedem weiteren
Bogen um ihre eigene Länge zum Fuß
der Seite hin verschoben. Das ergibt bei
allen zusammengetragenen Bogen eine
lückenlose nach unten laufende Treppe.

Flattermarke
Signatur und Norm
Um eine Verwechslung
zwischen Signatur und Norm
auszuschließen,
wurde hier der Begriff
Signatur abgekürzt
der Ziffer vorangestellt.

Flattermarke,
Signatur und Norm
War die Sig. 2
die erste Seite
des zweiten Bogens,
so ist Sig. 3
die erste Seite
des dritten Bogens.

Unter den masten auf rüstig furchendem kiele
Über der wasser und strahlen schimmerndem spiele
In glücklicher ferne vom ziele:

Auf einem silbernen wagen
Wo lichtgrüne spiegel dich tragen
Und schaumgewinde dich fächeln
Herniedertauche
Mit frohem lächeln
Und kosendem hauche!

Lang ist nach jauchzendem tode die sonne verschollen ·
Mit den planken der brausenden wogen grollen
Und dumpfe gewitter rollen:

Auf einem stählernen wagen
Wo lavaschollen dich tragen
Und grell lohe wolken dich fächeln
Herniedertauche
Mit wildem lächeln
Und sengendem hauche!

EIN HINGANG

Die grauen buchen sich die hände reichen
Den strand entlang · vom wellendrang belecht ·
Dem gelben saatfeld grüne wiesen weichen ·
Das landhaus unter gärten sich verdeckt.

15

Sig. 2   George, Werke Band 1

Mächtige mildelose ·
Schon tropfen tau beklömmen ihren adel.
Zu früh noch. . . will ich mich am wohlgeruche
Erster veilchen beleben :
In heissen häusern ich sie spärlich suche ·
IHR in die nähe zu schweben
Erlös ich freunden duft aus meinem tuche.

GESICHTE I·II

Wenn aus der gondel sie zur treppe stieg
So liess sie lässig die gewande wallen
Und wie nach grollend anerkanntem sieg
Des greisen Edlen stütze sich gefallen.

Kein sanfter ton verfing in ihrem ohr ·
Bei festen sass sie eisig in den sälen ·
Nur an dem decken brauner engel chor
Verstand es ihr von freuden zu erzählen.

In schweren sammet hat sie sich gebauscht ·
Den ersten hub aus unerhörten frachten
Und an dem reichen öle sich berauscht
Das neulings ihr die Inderschiffe brachten.

Nun hat sie in vergangenem gemach
Zu einem ruhmeslosen fant gesprochen :
Vermelde man am markte meine schmach ·
Ich liege vor dir niedrig und gebrochen.

Ich darf so lange nicht am tore lehnen ·
Zum garten durch das gitter schaun ·
Ich höre einer flöte fernes sehnen ·
Im schwarzen lorbeer lacht ein faun.

31

Sig. 3   George, Werke Band 1

Stefan George,
Werke,
Ausgabe in zwei Bänden,
Klett-Cotta,
Stuttgart,
1984.

Kurioser Weise
wurden die Seiten
falsch gezählt.
Sig. 2 müßte
Seite 17,
Sig. 3 müßte
Seite 33 sein.

Bogensignatur, Bogennorm und Flattermarken

Ineinander gesteckte Bogenteile müssen übereinstimmende Bogenbezeichnungen tragen und eventuell mit dem zusätzlichen Vermerk »Umleger« oder mit einem Sternchen versehen werden. Hier besitzt dann nur der umgelegte Bogenteil eine Flattermarke.

Auch wenn uns diese drei Hilfsmittel für den Buchbinder als nicht nennenswert und für den Typografen uninteressant erscheinen mögen, um so bedeutender sind sie für die letzte Station einer langen Reihe von Produktionszwängen, der Buchbinderei. Hier handelt es sich nicht nur um eine kleine Handreichung von einem Kollegen zum anderen, sondern um eine dringliche Notwendigkeit innerhalb eines umfangreichen arbeitsteiligen Herstellungsprozesses. In ihm ist der Buchbinder einer unter vielen Kollegen und einer inmitten oder genauer am Ende eines streng organisierten Arbeitsablaufes. Der Buchbinder steht als letztes Glied in einer langen Kette von Fertigungsstationen. Bedenkt man, daß an der Ware Buch außer dem Buchbinder, Papiermacher, Schriftsetzer, Lithografen und Drucker beteiligt sind, so läßt sich ermessen, wie von Verarbeitungsstation zu Verarbeitungsstation der Wert eines Bogens Papier steigt. Der Buchbinder als der, der am Ende dieser Produktionskette steht, übernimmt nicht nur die Verantwortung der vorhergehenden Wertsteigerung, er hat auch die Aufgabe, den gestalterischen Ansatz des Ganzen zu einem gelungenen Abschluß zu verhelfen. Dabei bieten sich ihm hundert Möglichkeiten, das bisher Geschaffene zu einem guten Ende zu bringen, wie auch umgekehrt, das bis hierher gelungene Ergebnis zu zerstören. Um aber einem Scheitern möglichst wenig Ansatzpunkte zu bieten, sind Bogensignatur, Bogennorm und Flattermarken keine lästigen typografi-

Flattermarken So sieht der Buchbinder nach dem Falzen und Zusammentragen den unbeschnittenen und ungeleimten Buchblock.

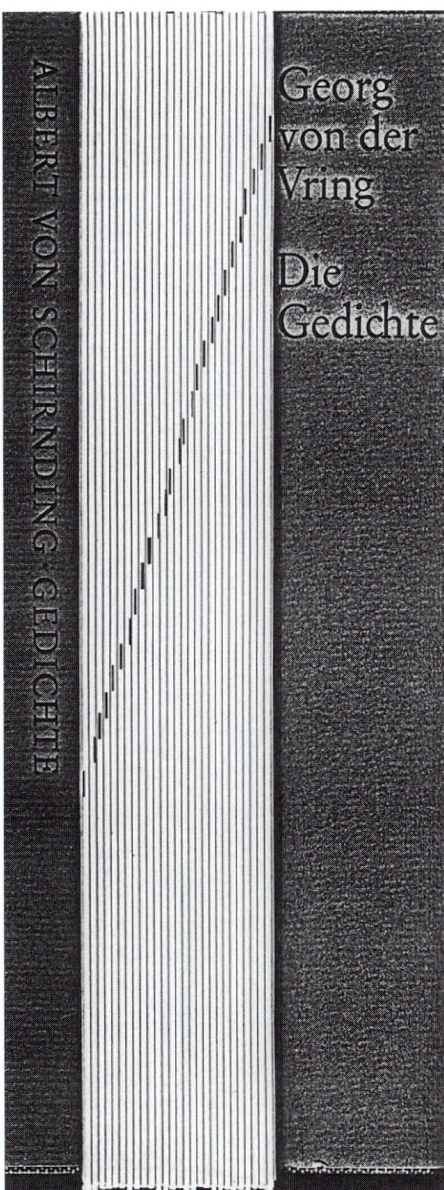

Diese Bogen (Lagen), zwischen zwei Büchern aufgenommen, sind unbeschnitten. Sie lassen erkennen, daß sie unten ungleich lang sind. Der Buchblock wird deshalb unten etwas mehr als oben beschnitten.

schen Beigaben, sondern zum gesamten Werk gehörende notwendige Informationsträger.

Der Leser erleidet durch sie keinerlei Einbußen, weil diese Information entweder so klein am linken unteren Rand der Seite steht, daß er sie nicht bemerkt, oder er sie überhaupt nicht zu sehen bekommt, weil sie wie die Bogensignatur und die Bogennorm mit dem Beschnitt fortfallen. Die Flattermarken nimmt er nicht wahr, weil sie nach dem Falzen und Zusammentragen der Bogen im Bund oder Rücken des Bogens verschwinden.

Bei Flattermarken werden anstelle der Linien manchmal die Bogensignatur und die Bogennorm in den Bund gestellt und um ihre eigene Länge zum Fuß der Seite hin von Bogen zu Bogen verschoben. Dabei erübrigt es sich, sie noch einmal an den unteren Rand der Seite oder in den Beschnitt zu stellen.

Sollte die Anzahl
der Bogen
so umfangreich sein,
daß die Flattermarken
in einer Reihe
zu viel werden,
kann man eine
zweite Reihe bilden.

Der Beschnitt
des Buchblocks beträgt
am Kopf 3 mm,
seitlich 4 mm
und am Fuß 5 mm.
Manchmal liegt er
seitlich und unten
zwischen 4 und 5 mm.

3

4

5

Hier wurde die

Bogennorm über die

Flattermarke

gestellt, um sicher

zu sein, daß

sich kein falscher

Bogen eingeschlichen

hat.

Die erste und letzte Seite

des zehnten Bogens.

Sie gehören

zu nebenstehendem

Buchblock.

Signatur, Norm

und Flattermarke

sind deutlich zu sehen.

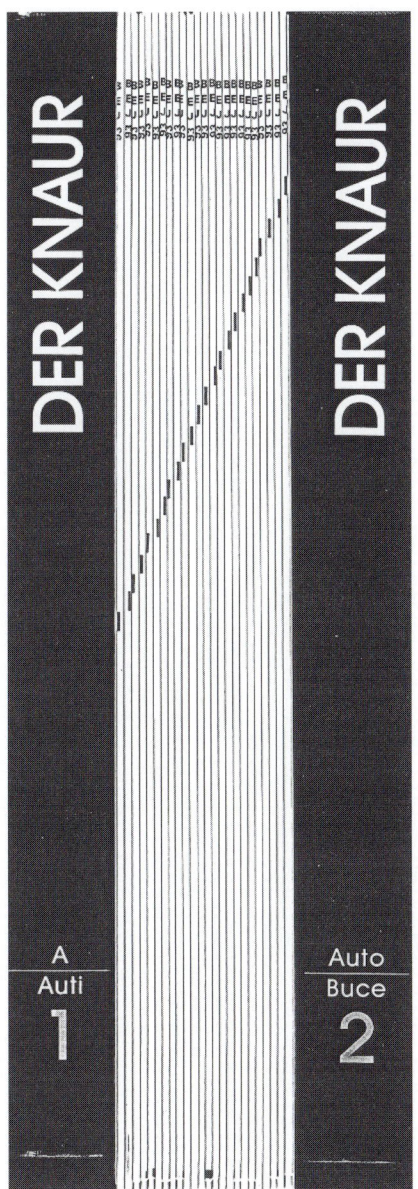

10 ist die Bogensignatur,

JBE 93 ist die Bogennorm,

abgekürzt für Jahrbuch,

Brockhaus Enzyklopädie.

Brockhaus

Enzyklopädie,

Jahrbuch 1993,

F. A. Brockhaus

Leipzig, Mannheim,

1994.

Der Bogen

Bogensignatur, Bogennorm und Flattermarken

Bogen	Seite	**Signatur**	Signatur und Norm	**Erste Bogenseite**	Flattermarke	**Letzte Bogenseite**
1	1	**1**	1 George, Werke Band 1	1		16
2	17	**2**	2 George, Werke Band 1	17		32
3	33	**3**	3 George, Werke Band 1	33		48
4	49	**4**	4 George, Werke Band 1	49		64
5	65	**5**	5 George, Werke Band 1	65		80
6	81	**6**	6 George, Werke Band 1	81		96
7	97	**7**	7 George, Werke Band 1	97		112
8	113	**8**	8 George, Werke Band 1	113		128
9	129	**9**	9 George, Werke Band 1	129		144
10	145	**10**	10 George, Werke Band 1	145		160
11	161	**11**	11 George, Werke Band 1	161		176
12	177	**12**	12 George, Werke Band 1	177		192
13	193	**13**	13 George, Werke Band 1	193		208
14	209	**14**	14 George, Werke Band 1	209		224
15	225	**15**	15 George, Werke Band 1	225		240
16	241	**16**	16 George, Werke Band 1	241		256
17	257	**17**	17 George, Werke Band 1	257		272
18	273	**18**	18 George, Werke Band 1	273		288
19	289	**19**	19 George, Werke Band 1	289		304
20	305	**20**	20 George, Werke Band 1	305		320

Der Raster

WAS IST EIN RASTER? Eine Täuschung! Licht wird von einem weißen Blatt Papier reflektiert, von einem schwarzen nicht.

Zwischen diesem weißen und dem schwarzen Ton gibt es vielerlei Grautöne, die in feinen Abstufungen vom fast weißen bis zum fast schwarzen Ton reichen.

Dem menschlichen Auge sind auf Grund seiner physischen Beschaffenheit gewisse Vorbehalte auferlegt. Einer dieser Vorbehalte besteht darin, daß das menschliche Auge Punkte nur ab einer gewissen Größe wahrnehmen kann. Zu kleine Punkte werden nicht als solche erkannt. Mehrere solcher Punkte, die unterhalb dieser Wahrnehmungsgrenze liegen, erscheinen gedruckt dem Auge grau, weil es das Schwarz der Druckfarbe mit dem Weiß des Papiers mischt. Je nach dem, wieviel Weiß vom Schwarz der Druckfarbe zugedeckt wird, erscheint der Grauton heller oder dunkler. Bei mehr dunkler, bei weniger heller.

Nun können diese Punkte aber nicht nur größer oder kleiner gehalten werden, sie können auch weiter oder enger stehen. Diese Weite nennen wir *Rasterweite*. Die Rasterweite meint den Abstand vom Zentrum des einen Punktes zum Zentrum des nächsten Punktes.

Die Größe der Punkte bezeichnet man als *Tonwert*. Dieser Tonwert wird in unserem Fall in Prozenten angegeben. Er besagt nämlich, wieviel Prozent der weißen Fläche des Papiers vom Schwarz der Druckfarbe zugedeckt wird. Je größer die Punkte, desto mehr.

Schließlich gibt es noch die sogenannte *Rasterzahl*. Sie besagt, wieviele Rasterpunkte auf einer Linie von einem Zentimeter Länge untergebracht werden können. Wir sind in unserem Beispiel unten von dreißig Punkten je Zentimeter ausgegangen. Man spricht hier also von einem *dreißiger Punktraster* mit *zehn, dreißig oder fünfzig Prozent Deckung*. Man kann natürlich auch Rasterweiten wählen, die zwischen den im Beispiel genannten liegen.

Die Rasterzahl besagt also, wieviele Punkte je Zentimeter wir wählen und damit, wie fein der Raster ist. Die Rasterweite gibt an, wieviel Abstand die Punkte zueinander halten. Der Tonwert gibt Auskunft über die Größe der Punkte.

Unsere Druckverfahren, der Tiefdruck ausgenommen, können aber, wie ja die Elektronik auch, nur Ja-nein-Informationen übermitteln. Mit anderen Worten heißt das, daß unsere Maschinen nur drucken oder nicht drucken können, so wie die Belichter nur belichten oder nicht belichten können. Die sogenannten Halb- oder Zwischentöne werden also nicht durch halben Druck oder durch eine halbe Belichtung erzeugt, sondern durch eine optische Täuschung. Sie nützt die Grenzen unserer Wahrnehmung aus.

Rasterzahl
von
oben
nach
unten
10
20
28
40

30er Raster   10%

30er Raster   30%

30er Raster   50%

1 cm

Schrift positiv	10 %		10 %	Schrift positiv
	10er Raster		40er Raster	
Schrift positiv	20 %		20 %	Schrift positiv
	10er Raster		40er Raster	
Schrift positiv	30 %		30 %	Schrift positiv
	10er Raster		40er Raster	
Schrift positiv	40 %		40 %	Schrift positiv
	10er Raster		40er Raster	
Schrift positiv	50 %		50 %	Schrift positiv
	10er Raster		40er Raster	
Schrift negativ	50 %		50 %	Schrift negativ
	10er Raster		40er Raster	
Schrift negativ	60 %		60 %	Schrift negativ
	10er Raster		40er Raster	
Schrift negativ	70 %		70 %	Schrift negativ
	10er Raster		40er Raster	
Schrift negativ	80 %		80 %	Schrift negativ
	10er Raster		40er Raster	
Schrift negativ	90 %		90 %	Schrift negativ
	10er Raster		40er Raster	

Times-Antiqua
Schrift mit Serifen

Größe der
Punkte
Zahl der Punkte
je cm

Flächen-
deckung

Größe der
Punkte
Zahl der Punkte
je cm

Schrift   positiv | 10 % · 10er Raster | 10 % · 40er Raster | Schrift   positiv

Schrift   positiv | 20 % · 10er Raster | 20 % · 40er Raster | Schrift   positiv

Schrift   positiv | 30 % · 10er Raster | 30 % · 40er Raster | Schrift   positiv

Schrift   positiv | 40 % · 10er Raster | 40 % · 40er Raster | Schrift   positiv

Schrift   positiv | 50 % · 10er Raster | 50 % · 40er Raster | Schrift   positiv

Schrift   negativ | 50 % · 10er Raster | 50 % · 40er Raster | Schrift   negativ

Schrift   negativ | 60 % · 10er Raster | 60 % · 40er Raster | Schrift   negativ

Schrift   negativ | 70 % · 10er Raster | 70 % · 40er Raster | Schrift   negativ

Schrift   negativ | 80 % · 10er Raster | 80 % · 40er Raster | Schrift   negativ

Schrift   negativ | 90 % · 10er Raster | 90 % · 40er Raster | Schrift   negativ

Avant-Garde
Schrift ohne Serifen

Größe der
Punkte
Zahl der Punkte
je cm

Flächen-
deckung

Größe der
Punkte
Zahl der Punkte
je cm

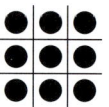

0 Grad   45 Grad

Diese Seite zeigt die wichtigsten Raster-
formen: Punkt- und Linienraster. Während der Linienraster keine andere Raster-
struktur kennt, besitzt der Punktraster
drei Arten: die runde, die quadratische
und die elliptische Punktform. Punkt-
wie Linienraster lassen sich drehen und
ergeben ein anderes Muster. Die Dre-
hung wird in Grad angegeben. Der
Winkel, nach dem sie gemessen wird,
heißt *Rasterwinkel*. Er geht immer von
einer Senkrechten aus. Rechts oben ist
ein Rasterwinkel von 0 Grad und einer
von 45 Grad abgebildet. Linienraster
können auch nach links geneigt werden.

Für Schriftunterlegungen als Fläche
wird die runde Form des Punktrasters
verwendet. Die quadratische wie die
elliptische Punktform werden zur Repro-
duktion von Bildern benötigt. Bei der
Flächengestaltung können sie eine ähnliche Wirkung wie der Linienraster
erzeugen, der seiner interferierenden
Struktur wegen selten einem Text unterlegt wird. Das heißt, die senkrechten
oder waagerechten Buchstabenformen
können auf senkrecht oder waagerecht
verlaufende Linien treffen und den
Leser irritieren. Ansonsten hat der Linienraster die gleiche Aufgabe wie der Punktraster. Auch ihn gibt es in verschiedenen
Tonwerten.

Wie uns die vorhergehenden Seiten
zeigen, eignet sich nicht jeder Raster zu
jeder Schrift. Die Punkte beeinflussen
die Schrift, und ein grober Raster zerstört sie. Will man Schrift mit einem Ton
unterlegen, ist mindestens ein dreißiger
Raster notwendig. Bis zu einem Tonwert
von 50 Prozent ist positive Schrift noch
und negative Schrift ab 50 Prozent
lesbar. Je glatter das Papier ist, auf dem
gedruckt wird, desto höher kann die
Rasterzahl sein und umgekehrt. Als
Standardwert gilt in der Regel ein 60er
Punkt- oder ein 48er Linienraster.

Punktraster

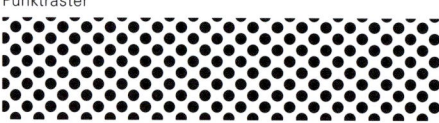

runde Form

0 Grad   45 Grad
Punkt rund   Punkt rund

quadratische Form (Schachbrett)

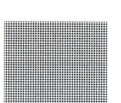

0 Grad   45 Grad
Punkt   Punkt
quadratisch   quadratisch

elliptische Form

Linienraster

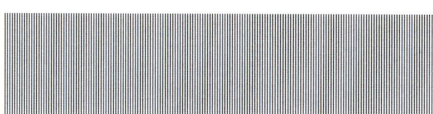

0 Grad

+ 45 Grad   – 45 Grad

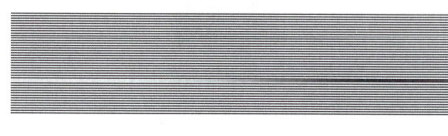

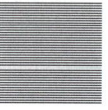

90 Grad

Typografie
Philipp Luidl

Schrift
9p Baskerville-Antiqua
9p Univers 65
7p Univers 45

Satz
TypoSatz Bauer, Fellbach

Papier
Umschlag 350 g/m² glänzend BD
Inhalt 90 g/m² mattgestrichen BD

Druck
Dr. Cantz'sche Druckerei
73760 Ostfildern (Ruit)

© 1996 by Deutscher Drucker
Verlagsgesellschaft mbH,
73760 Ostfildern (Ruit)
ISBN 3-920226-75-5